MARIE-NOËL RIO

EINFACH KOCHEN!

200 REZEPTE AUS
ALLER WELT
FÜR EINSTEIGER,
ANFÄNGER UND
FORTGESCHRITTENE

WILHELM HEYNE VERLAG
MÜNCHEN

Heyne Kochbuch
07/4715

Titel der französischen Originalausgabe:
JE NE SAIS PAS CUISINER
200 recettes pour apprendre gaiement
erschienen 1996 bei Flammarion, Paris
ins Deutsche übertragen von Ingel Groeger und Angelika Schlenk

Copyright © 1996 by Flammarion, Paris
Copyright © 1998 der deutschsprachigen Ausgabe
by Wilhelm Heyne Verlag GmbH und Co. KG, München
Gekürzte Taschenbuchausgabe
Printed in Germany 1998
Umschlaggestaltung: Atelier Ingrid Schütz, München
Umschlagfoto in Vignette: Ulla Mayer-Raichle, Kempten
Zeichnungen: Designstudio Fleischer, München
(in Anlehnung an die Zeichnungen der Originalausgabe)
Satz: Schaber Satz- und Datentechnik, Wels
Druck und Bindung: RMO-Druck, München

ISBN 3-453-13268-8

INHALT

Vorwort	7
Ein Wort zuvor	10
Allgemeine Empfehlungen	11
Pflanzenkost	15
Salate	16
Getreide	44
Nudeln	45
Risotti	54
Gemüse	62
Saucen	97
Suppen	104
Wassertiere	107
Weichtiere, Krustentiere und andere Meeresfrüchte	109
Frischer Fisch	126
Konservierter Fisch	154
Landtiere	163
Geflügel oder das kleine Tier	165
Fleisch vom Metzger oder das große Tier	194
Das Rind	195
Das Kalb	214
Das Lamm	225
Das Schwein	237
Die tierischen Nebenprodukte	250
Eier	250
Käse	255
Das reine Vergnügen	266
Desserts aus Früchten	268
Süßspeisen	286
Selbstgebackene Kuchen	302

Zum Abschluß 313
Was Sie griffbereit haben sollten 314

Rezeptverzeichnis nach Sachgruppen 317
Alphabetisches Rezeptregister 321

Für Robert

und allen meinen Freunden,
die zwar Köpfchen haben
(und den Rest natürlich auch),
aber Nieten in der Küche sind.

Abkürzungen und Erklärungen:

EL   = Eßlöffel
TL   = Teelöffel
Msp. = Messerspitze
g   = Gramm
l   = Liter
ml   = Milliliter ($^1/_{1000}$ l, 1 g)

VORWORT
von Michel Rio

Die Ernährung als biologisches Phänomen, hat in mir stets eine Art Mißbilligung hervorgerufen. Und das nicht so sehr des gigantischen Räubertums und der galoppierenden Sterblichkeit wegen, die sie hervorruft (der Pflanzenfresser tötet die Pflanze, der Fleischfresser tötet das Tier, und der Allesfresser, den unsere Spezies verkörpert, tötet alles, was da kreucht und fleucht auf dieser Welt), als vielmehr wegen der Willkürlichkeit des Stoffwechsels – von der Nahrungsaufnahme bis zur Verdauung. Dieser Kreislauf muß meines Erachtens ein Individuum, das mit etwas gesundem Menschenverstand – um nicht zu sagen, mit gutem Geschmack – ausgestattet ist, in eine gewisse Hilflosigkeit stürzen, milde ausgedrückt.

Stellen wir uns nur einmal einen weniger philosophisch vorbelasteten Wanderer vor, der melancholisch betrachtend vor dem materiellen Ergebnis dieses Zyklus, der unser Leben prägt, steht, wo er nicht nur die Transformation einer großen Vielfalt an Formen und reizvollen Farben in ein farb- und lebloses Gemisch betrachtet, sondern, sobald seine Überlegungen einen Schritt weiter gehen, auch das offenkundige Schicksal einer erschreckend großen Anzahl von miteinander verschmelzenden, mikroskopisch kleinen Einzelwesen der verschiedensten Arten. Ich für meinen Teil sehe darin eine verwerfliche Laune, ja schlimmer noch, eine echte Boshaftigkeit des Naturgesetzes.

Dies nur, um den allgemeinen Geisteszustand bezüglich meiner Aufgabe, eine Einleitung zu diesem Werk zu schreiben, darzustellen. Eine leichte Verirrung in bezug auf die Absicht der Autorin ist nicht abzuleugnen, und so komme ich von der Biologie auf die Kultur zu sprechen, vom Lebenden auf das Bewußte. Das heißt, von der Notwendigkeit auf die Kunst – wobei die angeborenen spezifischen Reaktionen des menschlichen Individuums nichts anderes sind als die Manie, auf geistvolle und vollkommene Art und Weise die exakte Befriedigung des Bedürfnisses in eine ästhetische und moralische Perspektive zu integrieren. Dieselbe Manie hat uns aus der Höhle zur Architektur geführt, den Schrei in Musik oder Beredsamkeit verwandelt, die Zeichen in literarische oder plastische Poesie, und die Nahrungsaufnahme in Kochkunst. Diese letzte Transformation hat in mir stets nicht nur eine vage Ablehnung, sondern eine deutliche Verärgerung ausgelöst. Es ist zweifellos die Reaktion des französischen Lakedämoniers (niemand würde »primitiv« oder »beschränkt« sagen) angesichts dieser ärgerlichen Neigung der Franzosen, den kulinarischen Anteil an der Nationalkultur weiter zu sublimieren und unberechtigterweise neben – wenn nicht gar über – Leute wie Lorrain, Hugo, Lamarck, Rameau und andere, wenn auch zweitrangige Helden in ihrem Bereich der Kunst, wie Vatel, Carême oder Brillat-Savarin, zu setzen.

Denn mir scheint, wenn auch diese Vorliebe für Verfeinerungen des Eßbaren bei einer geistvollen Person auf der unermüdlichen Suche nach Wissen und Vergnügen verzeihbar ist, so ist sie, sobald der Status einer Monokultur oder Religion erreicht ist, doch der »Ruin der Seele« (und des Magens), um hier die Worte eines neugierigen Zwitters aus Genie und Freßgier zu zitieren. Hier liegt der ganze Unterschied zwischen Epikureern und Stoikern. Ich selbst fühle mich eher zu den Stoikern hingezogen, überzeugt davon, daß der Gedanke im Gegensatz zum Menschen um so stärker ist, je nüchterner er ist, und daß Fett, selbst das »gute Fett« dazu beiträgt, die Erfindungsgabe zum »Gerinnen« zu bringen, wobei das universelle »künstlerische Feuer« des Zenon mit dem des Herdes nichts zu tun hat. Kurz und gut, Sie werden verstanden haben, ich bin der Küche eher feindselig gestimmt, ich ernähre mich von anständigen Milchprodukten und, ohne mir dabei etwas Schlimmes zu denken, von Spaghetti mit Ketchup.

Diese Einstellung hat die Autorin dieses Buches, der ich brüderlich verbunden bin, schon seit jeher empört. Sie hat sich eines Tages dazu entschlossen – ihre Entrüstung drohte sich schlicht und einfach in Verzweiflung zu verwandeln –, mir und meinesgleichen ein Licht aufgehen zu lassen, und hat trotz übervollem Zeitplan und vornehmeren

Aufgaben das Schreiben dieses Werks beschlossen. Sie hat mir die Seiten zu lesen gegeben, was ich aus Freundschaft, aber nicht ohne Widerwillen akzeptiert habe. Ich habe sie gelesen. Bis zum Schluß und ohne Anstrengung. Der Text hat mich interessiert und mich zum Lachen gebracht. Etwas völlig Neues für mich, der in kulinarischer Literatur nur einen barbarischen und obskuren Stil von dürftiger Grammatik und lächerlichem Inhalt angesichts des Themas und der Bräuche gesehen hat.

Es handelt sich hier um ein Buch und nicht nur um eine Rezeptsammlung. Etwas, das nicht nur mit Nahrungsmittel-Alchimie zu tun hat, sondern aus dem auch Humor, Lebenskunst und Kultur sprechen, kurz, eine Verbindung schafft, die Théophile Gautier mit den Worten »die Würze der Sprache« umschrieben hat und die einen wesentlichen Anteil hat, wenn auch nicht am Geschmack der Gerichte, so doch wenigstens an der Fähigkeit, sie schätzen zu können. Was die Rezepte selbst anbetrifft, scheinen sie mir durchaus praktikabel zu sein, und dank ihrer kartesianischen Methode, vom Einfachen zum Schwierigeren voranzuschreiten, ohne einen Schritt auszulassen oder Wissen vorauszusetzen, auch nachvollziehbar für den blutjungen Neuling oder den feindselig gestimmten Anfänger (meine Gattung), der auf diese Weise brutal, aber ohne großen Schmerz, von der krassesten Ignoranz zur Subtilität vordringt, wie der Gelehrte, der darin einige erfreuliche Kuriositäten finden wird.

Ohne so weit gehen zu wollen, meine Sympathien für Milch, Spaghetti oder Ketchup zu verraten oder mich nun am Herd mit der nervösen Begeisterung eines Neubekehrten ins Zeug zu werfen (ich bin diesbezüglich ein ziemlich hoffnungsloser Fall), so war dieses Buch für mich doch, abgesehen von der Freude bei der Lektüre und den neuen Erkenntnissen, die ich dadurch gewonnen habe, eine Lektion der Toleranz, die mich fortan davon abhalten wird, die gesamte Spezies der Tafelfreunde ohne Differenzierung abzulehnen. So kann eine intelligent praktizierte Kochkunst nach dem Muster der Musik (einer weiteren Spezialität unserer Autorin) positiv auf Sitten und Bräuche Einfluß nehmen.

Ein Wort zuvor

In Sorge um Ihr Wohlergehen und wohl wissend, daß Ihr Alltagsessen meist sehr mittelmäßig ausfällt (schlecht abgehangenes gegrilltes Rindfleisch, außen verkokelt und innen noch gefroren, mit Erbsen aus der Dose als Beilage – diese Art von Essen meine ich), das heißt angesichts der himmelschreienden Zustände, wie Sie bei Ihnen eventuell herrschen (man denke an Dosenravioli und ähnliches), habe ich beschlossen, Sie von der Nahrungsmittelaufnahme als Überlebenszweck wegzuführen und Ihnen die Freude am Kochen nahezubringen.

Wir werden schrittweise vorgehen: vom Einfachen zum Schwierigeren, vom Rohen zum fast Gegarten, vom fast Gegarten zum Gegarten. Ich möchte Ihre Kräfte schonen und Sie vor Mutlosigkeit bewahren. Der lange Weg wird gesäumt sein von allgemeinen Empfehlungen und gedanklichen Exkursionen literarischer oder wissenschaftlicher Art: Glauben Sie nicht, daß die Küche ein Ort für Analphabeten ist, und geben Sie Ihre alten, idealistischen Dichotomien auf, nach denen sich die geistigen Dinge nur im Reinen und Transzendenten bewegen, wohingegen alles Materielle dem verachtenswerten Dunstkreis der Ignoranz angehört.

Befolgen Sie alle Regeln möglichst genau, denn Sie wissen ja, daß in der Liebe etwas Erfahrung nicht schadet. Eines muß ich Ihnen gleich vorweg sagen: es gibt keine gute Küche ohne Regeln, keine Kreativität ohne Wissen. Das ist das harte Gesetz, das uns regiert, uns, die wir das Schreiben, vergnügliche Lustbarkeiten sowie das Garen von Speisen erfunden und auf diese Weise unsere Unschuld verloren haben.

Beachten Sie bitte auch, daß ich als begeisterte Hobbyköchin Ihnen hier keine Bibel vorlege, sondern eine Zusammenstellung verschiedenster Leckerbissen, die ich da und dort gesammelt und nach meinem Geschmack und auf meine Weise verändert habe.

ALLGEMEINE EMPFEHLUNGEN

1. Die Küche beginnt auf dem Markt, wo man sich seriöse Händler suchen muß. Sie sind das Gegenteil der Lebensmittelhändler in einem großen Geschäft und stolz auf ihre besondere Ware, die sie gegen nichts auf der Welt eintauschen würden.

Es sind dies der Metzger mit dem gut abgehangenen Rindfleisch, der Milchkalb und Lamm vom Biobauernhof anbietet; der Fischer, dessen Ware sich noch bewegt; der Gemüsehändler, der im Morgengrauen aufsteht und dessen Gemüse noch nach Erde riecht; der Käsehändler, der auf frische Sahne steht und der seinen Käse von den besten Käsereien selbst holt.

Es gibt zwei Arten von Charakteren: die Liebenswerten, die ihre Begeisterung mit Ihnen teilen wollen, und die Kratzbürstigen, die sich von ihrer wertvollen Ware kaum trennen wollen, die sie Ihnen schließlich doch mit einigem Bedauern überlassen für den Fall, daß sie in Ihnen den echten Kenner gefunden haben. Daran muß man sich gewöhnen.

2. Bei der Zusammenstellung Ihrer Menüs sollten Sie genau auf die Jahreszeit achten, die ich Ihnen empfehle. Es gibt nichts Deprimierenderes als Erdbeeren im Februar oder Kürbis im August. Alles hat seinen genauen Zeitpunkt, zu dem es am besten schmeckt, und den sollte man nicht verpassen.

3. Wenn Sie sich für ein Essen entschieden haben, sollten Sie sich eine genaue Einkaufsliste zusammenstellen, damit Sie nichts vergessen. Ein ungeschickter Hobbykoch zeichnet sich dadurch aus, daß ihm im entscheidenden Augenblick irgend etwas fehlt.

4. Wenn Sie vom Einkauf zurück sind, heißt es Ruhe bewahren und erst einmal alle Zutaten in der Reihenfolge, in der Sie sie benötigen, sortieren. Dann kann es losgehen. So können Sie vermeiden, daß Sie Ihre Schränke mit Fettfingern verschmieren, die Butter in der Pfanne anbrennt, während Sie noch hinten im Regal nach dem Mehl suchen.

Stellen Sie sich auch ein bißchen Musik dazu an: zum Beispiel die *Goldberg Variationen* von Glenn Gould oder die *Partita für Violoncello* würden gut passen. Atmen Sie gut durch. Das Vergnügen kann bald beginnen. Im übrigen habe ich für Sie die halbe Arbeit schon getan, indem ich Ihnen alle Arbeitsschritte sehr ausführlich und in der richtigen Reihenfolge angeben habe. Die einzige Bequemlichkeit, die ich mir dabei gegönnt habe, waren die Abkürzungen für den gestrichenen Teelöffel (TL) und Eßlöffel (EL).

5. Vom richtigen Umgang mit der Kühlung

Mein Ehegespons stellt, wie viele Leute, unvernünftigerweise alles kreuz und quer in den Kühlschrank, und viele schmerzliche Anekdoten, die ich im Laufe meiner Ehe erlebte, veranlassen mich dazu, Ihnen ein paar Ratschläge zu geben.

– Stellen Sie Ihren Kühlschrank auf 2 oder 3, nicht kälter, sonst könnte es passieren, daß Ihre Milch gefriert oder sich in Ihrem Joghurt Eisklümpchen bilden.

– Legen Sie die leicht verderblichen Lebensmittel in die oberen Fächer: Milchprodukte, Fleisch und Fisch. Sie bleiben nur kurze Zeit im Kühlschrank. Weiter unten stellen Sie die angebrochenen Marmeladegläser hin, die Gerichte, die Sie gerade zubereiten sowie Reste. In die Kühlschranktür kommen Butter, Eier sowie Wein und Champagner zur baldigen Verwendung.

– In die Gemüsefächer kommen Gemüse, Salate und gut eingewickelte Kräuter, Kuchenteig, der kurze Zeit im Kühlschrank ruhen muß, Melonen zum Kühlen.

– Obst und Käse kommen nie in den Kühlschrank. Bei echter Gluthitze können Sie einmal eine Ausnahme machen, dann sollten Sie sie jedoch gut in einen Behälter verpacken.

– Vorsicht mit den Gerüchen: Milchprodukte nehmen alles an. Ich kenne Familien, bei denen schmeckt zum Beispiel das Butterbrot nach Melone. Einfach schrecklich, und es läßt sich leicht vermeiden, indem man jedes Nahrungsmittel einzeln gut verpackt (in einem gut schließenden Behälter, mit Alufolie, Klarsichtfolie oder in ein Küchentuch gewickelt, je nachdem).

– Denken Sie schließlich daran, die Zutaten, die gegart werden sollen, mindestens 1 Stunde vor der Zubereitung aus dem Kühlschrank zu nehmen: das gilt für Eier, Fleisch, Fisch, Gemüse.

6. Gäste empfangen

Aus der Tatsache, daß Sie dieses Buch gekauft haben, möchte ich schließen, daß Sie eine grundlegende Änderung Ihres Lebens beabsichtigen. Sie wollen Ihre trübselige Angewohnheit, allein zu speisen, aufgeben und die Freude entdecken, jemand anderen zu verwöhnen. Vorausgesetzt, man ist kein pathologischer Menschenfeind, kocht man in der Tat meist für andere. Sie werden also fortan sicher mit offenen Armen Gäste empfangen.

Einige Ratschläge noch, da ich weiß, wie schwierig es für Anfänger ist, die Arbeitsschritte zeitlich in der richtigen Reihenfolge zu bewältigen.es ist für ein gelungenes Essen jedoch unbedingt notwendig, einen kühlen Kopf zu bewahren und sich dadurch viel Nervosität zu ersparen.

– Wählen Sie nie – absolut nie – Gerichte aus, die im letzten Moment zubereitet werden, wenn Sie das Haus voller Freunde haben. Nichts ist deprimierender als Gastgeber, die ihre Gäste stillschweigend sich selbst überlassen, um sich in die Küche zurückzuziehen, aus der sie im letzten Augenblick verstört und aufgelöst wieder auftauchen, weil ihnen aus Nervosität die Hälfte der Vorbereitungen mißlungen ist. So nicht. Stellen Sie sich ein Menü zusammen, bei dem Sie entspannt, ruhig und hübsch zurechtgemacht Ihren Gästen gegenübertreten: ein Dessert, das am Vormittag oder am Vorabend zubereitet wird, eine Vorspeise und einen Hauptgang, die im Handumdrehen mit einem Minimum an Zeitaufwand zubereitet sind. Zum Beispiel einen Salat, der eine Stunde vorher vorbereitet und im letzten Moment vor dem Servieren mit der Salatsauce angemacht wird.

– Decken Sie den Tisch stets vor dem Eintreffen Ihrer Gäste, und stellen Sie in der Küche das nötige Geschirr für das gesamte Menü bereit. Öffnen Sie die Weine (den meisten Weinen tut es sehr gut, wenn sie ein bißchen mit Luft in Berührung kommen), schneiden Sie das Brot auf, richten Sie die Käseplatte her usw. So können Sie sich ganz um die Konversation kümmern und Ihre Gäste werden zufrieden sein; denn Perfektion in der Küche hat nur ein Ziel: Wohlgefühl, Leichtigkeit und Vergnügen. Dasselbe gilt doch für alle Lernbereiche, stimmt's nicht?

– Wählen Sie die Gerichte passend zu Ihren Freunden: für unternehmungslustige, neugierige Freunde suchen Sie Speisen aus, bei denen diese mithelfen können; das wird ihnen Spaß machen und sie zu eifrigen Kochfanatikern machen. Suchen Sie langwierige Gerichte aus für Freunde, die gerne zu spät kommen: bei Geschmortem kommt es auf eine halbe Stunde früher oder später nicht an. Bei größeren Festen bereiten Sie ein kaltes Buffet vor, bei dem sich jeder selbst bedient. Für große Tischgesellschaften beschränken Sie sich auf ein einziges Gericht. Für Schüchterne wählen Sie etwas aus dem klassischen Repertoire.

– Legen Sie ein kleines Büchlein an, in dem Sie die Namen Ihrer Freunde notieren sowie die Dinge, die sie nicht mögen (ich mag zum Beispiel kein frisches Schweinefleisch). Schreiben Sie sich auch auf, welche Gerichte Sie serviert haben, um sie ihnen nicht ein zweites Mal zu kredenzen.

So weit, so gut. Wollen wir anfangen?

PFLANZENKOST

Vom Einfachen zum Schwierigeren,
von roh bis fast gegart:

Salate

Der Siegeszug von Gegartem:

Getreide, Gemüse, Saucen, Suppen

Salate

Als Asket haben Sie für Ihr Mittagessen eine einfache Scheibe Schinken vorgesehen, jedoch einen von bester Qualität gewählt, was Sie sich als alter Genießer bei so einer Gelegenheit auch schuldig sind. Hier die ideale Beilage zur richtigen Jahreszeit:

Romanasalat mit Parmesan

Sommer – für Sie allein

🌿 *Ihr Einkaufszettel:*
1 kleiner, fester Romanasalat von leuchtendem, kräftigem Grün
1 Stück Parmesan

Für die Sauce:

1 Handvoll Pinienkerne
2 EL Olivenöl aus erster kalter Pressung
Salz, Pfeffer aus der Mühle
(kein Essig, wie in Italien üblich)

🍅 Am Romanasalat ist alles gut. Sie müssen nur die Blätter nacheinander ablösen, die äußeren harten Blätter werfen Sie weg, der Rest wird gewaschen. Gut abtropfen lassen und in einem sauberen Küchentuch trockentupfen. Legen Sie die Blätter nun aufeinander und schneiden Sie sie auf einem Brett mit einem großen Messer in breite Streifen. Die kleinen Blätter aus dem Salatherz können Sie ganz lassen.

🍅 Geben Sie den Salat in eine Schüssel. Gut salzen und pfeffern, mit Öl beträufeln und gründlich vermischen.

🍅 Vom Parmesan mit einem Sparschäler feine Raspel abschneiden und auf den Salat fallen lassen. Mit Pinienkernen bestreuen. Abschmecken. Sie sehen, keine große Geschichte.

Salat aufbewahren
Wenn Sie Salat oder Kräuter zwei bis drei Tage frisch halten wollen: Das Grünzeug gleich nach dem Einkauf putzen, waschen und noch feucht in ein sauberes Küchentuch einschlagen, ohne es zu drücken. Legen Sie es ins Gemüsefach Ihres Kühlschranks. So müssen Sie nicht jeden Tag zum Gemüsehändler und Ihre anderen Arbeiten unterbrechen. Sie sehen, ich kenne Ihre Probleme!

Das wird Ihnen im Winter schmecken:

Grünroter Salat

Herbst und Winter – für Sie allein

Ihr Einkaufszettel:
1 Handvoll Feldsalat, schön knackig und kräftig grün
1 schöner Radicchio di Treviso
einige Walnüsse

Für die Sauce:

1 EL Sherryessig oder 1 TL Aceto Balsamico
3 EL Walnußöl
Salz, Pfeffer aus der Mühle

🍅 Den Feldsalat sorgfältig waschen, nachdem Sie die erdigen oder sandigen Wurzeln sowie die gelblichen Blätter entfernt haben. Sie müssen das Wasser mehrmals wechseln. Ich höre Sie sagen, »das fängt ja gut an« – aber die Mühe lohnt sich: der Feldsalat schmeckt köstlich im Winter, wenn sonst kaum frisches Grün angeboten wird. Lassen Sie sich jedoch nicht dazu verleiten, ersatzweise den fast verzehrfertigen, abgepackten Salat zu kaufen. Dergleichen sollten Sie den Banausen überlassen...

🍅 Nehmen Sie den Radicchio di Treviso, dessen Blutrot Sie an die blutrünstige Herzogin Erzsébeth Báthory erinnern wird – um so mehr als dieses Rot einem reinen, klaren Weiß entspringt, das wiederum an die jungen Opfer denken läßt. Entfernen Sie den Strunk und lösen Sie die Blätter ab, die frisch und glänzend sein sollten. Schneiden Sie die Blätter zwei- oder dreimal durch, beim Radicchio ist alles gut. Waschen Sie ihn, das gehört wie immer dazu.

🍅 Lassen Sie die beiden Salate abtropfen. Anschließend in einem sauberen Küchentuch trockentupfen (es gibt nichts Schlimmeres als tropfendnasses, schlaffes Grünzeug, das in seinem Waschwasser schwimmt, wie es in schlechten Restaurants serviert wird). Falls vorhanden, nehmen Sie die Salatschleuder zu Hilfe.

🍅 Jetzt können Sie sich zu Tisch begeben. Richten Sie die Salate in einer hübschen Schüssel an und gießen Sie die Sauce darüber, die Sie zuvor in einer anderen kleinen Schüssel mit einer Gabel aufgeschlagen haben. Mischen Sie den Salat gründlich, Profis machen das gerne direkt mit den Händen.

🍅 Streuen Sie nun die Walnüsse darüber, die Sie vorher natürlich geschält haben. Das ist alles und es ist perfekt. Ihr Schinken wird dazu hervorragend munden.

Walnüsse. *Ich liebe Walnüsse – jedoch nicht zu jeder Jahreszeit und auf jede Art. Bei der Ernte im Herbst sind sie frisch und am saftigsten, man muß jedoch die Geduld aufbringen, außer der Schale auch die feine bittere Haut zu entfernen. Im Winter sind sie, geschützt durch die äußere Schale, schon soweit getrocknet, daß Sie bis ins Frühjahr hinein wunderbar schmecken. Dann trocknen sie aus, werden ranzig und schwarz. Im Sommer sollte man sie nicht mehr anrühren. Auf keinen Fall sollten Sie die fertig abgepackten Walnüsse kaufen – hier weiß man nie, wann sie geerntet wurden und wo sie herkommen. In diesem Fall sollten Sie nur Ihrem eigenen Gemüsehändler Vertrauen schenken.*

Hier eine andere Art der Zubereitung für Feldsalat.
Es ist eine gutbürgerliche Vorspeise – denn in der Küche ist
die »Bürgerlichkeit« auf keinen Fall abzulehnen.

Feldsalat mit roter Bete
Herbst und Winter – für Sie allein

 Ihr Einkaufszettel:
1 Handvoll Feldsalat
1 kleine gekochte rote Bete
ein paar Walnüsse
evtl. 3 oder 4 Kerbelzweige

Für die Sauce:
1 EL scharfer Dijon-Senf
1 EL alter Rotweinessig
4 EL Walnußöl
Salz, Pfeffer aus der Mühle

● Die Zubereitung des Feldsalats habe ich Ihnen eben beschrieben (siehe S. 19). Wenn Sie ihn trockengetupft haben, legen Sie ihn auf einen Teller.

● In die Mitte kommt die rote Bete, geschält und in große Würfel geschnitten. Das sieht sehr hübsch aus, wenn es auch nicht den erotischen Aspekt hat wie der Treviso-Salat: Aber schließlich befinden wir uns ja auch in der gutbürgerlichen Küche.

● Das Salz und den Senf im Essig auflösen, Öl und Pfeffer unterrühren. Wenn alles gut verrührt ist, die Vinaigrette über die rote Bete und ein klein wenig auch über den Feldsalat träufeln. Mit Walnußkernen und abgezupften Kerbelblättchen bestreuen und sofort servieren. Den Schinken essen Sie hinterher.

Die Vinaigrette und was es dabei zu beachten gilt.
Sie haben bemerkt, daß die Vinaigrette eine der besten Salatsaucen ist – sie ist jedoch nicht so einfach zuzubereiten, wie es den Anschein hat.

Zunächst das Öl. *Das Olivenöl aus der ersten kalten Pressung ist die Königin unter den Ölen. Es ist fruchtig und für jeden Zweck geeignet, zum Abschmecken wie zum Ausbacken. In manchen Fällen ziehe ich jedoch Walnuß-, Haselnuß- oder Sesamöl vor. Achten Sie genau auf die Herkunft des Öls und daß es sich dabei nur um das natürliche Produkt des ausgepreßten Samens oder Kerns handelt – oder wußten Sie schon, daß unter der Bezeichnung Walnußöl auch ein neutrales Pflanzenöl verkauft wird, in das ein paar Walnüsse eingelegt wurden? Die Haltbarkeit guter Öle ist begrenzt. Entfernen Sie aus Ihrem Schrank all jene schlechten Öle, die unnötig Platz wegnehmen und die bis auf die Farbe dem Altöl Ihres Autos gleichen. Besorgen Sie sich für bestimmte Gelegenheiten lieber eine Flasche Erdnußöl: es ist geschmacksneutral und verhindert, mit Butter gemischt, daß diese zu schnell bräunt, wenn die Hitze einmal etwas zu stark sein sollte.*

Wählen Sie Ihren Essig sorgfältig aus. *Mein Favorit ist Sherryessig, der fast zu allen Ölen paßt. Cidre-Essig ist etwas für besonders delikate Gerichte. Ein paar Tropfen Aceto Balsamico verleihen Olivenöl ein feines Aroma. Sie sollten in Ihrem Vorratsschrank auch einen guten Rotweinessig und einen farblosen Branntweinessig haben.*

Schließlich der Pfeffer: *Verbannen Sie jeglichen gemahlenen Pfeffer aus Ihrer Küche – er entwickelt nur einen vagen Seifengeschmack. Verwenden Sie eine Pfeffermühle und schwarzen oder weißen Pfeffer oder auch eine Mischung aus den beiden und mahlen Sie den Pfeffer je nach Belieben feiner oder etwas gröber frisch über das Gericht. Sie können auch bunte Pfeffermischungen mit unterschiedlichen Aromen nehmen, wie es Ihnen lieber ist.*

Soviel zu den Zutaten. Der Rest ist ein Kinderspiel. *Wenn nicht anders angegeben, machen Sie den Salat erst kurz vor dem Servieren an. Die Säure des Essigs, das Salz und das lange Durchziehen greift die Blätter an, färbt sie dunkel und läßt sie zusammenfallen. Kurz gesagt, was sich dann noch auf Ihrem Teller befindet, verdient nicht mehr den Namen Salat.*

Zur Abwechslung haben Sie sich statt des Schinkens
für geräucherte Forelle entschieden. Herzlichen Glückwunsch!
Ich empfehle Ihnen dazu:

GURKENSALAT

Von Frühling bis Herbst – für zwei Personen
(damit Sie nicht immer so allein sind!)

 Ihr Einkaufszettel:
1 Gurke
feines Salz (von guter Qualität)

Für die Sauce:

1 EL Crème double
2 EL Vollmilch-Joghurt
Pfeffer aus der Mühle

● Sie haben sich eine schöne, kräftige grüne Gurke ausgesucht, die bis in die Enden knackig und fest ist und nicht etwa mattgrün und weich – solche Gurken sind oft bitter im Geschmack.
● Das tückische Kürbisgewächs ist leider schwer verdaulich: aus diesem Grund muß man es schwitzen lassen. Die Gurke waschen und entweder ganz schälen oder, wenn Sie mit dem Sparschäler vorgehen, auf jeder Seite einen grünen Streifen stehen lassen – aus rein optischen Gründen. Die Gurke in sehr feine Scheiben schneiden. Am besten verwenden Sie dafür den Gurkenhobel, ungeübte Hände könnten beim Schneiden mit dem Messer leicht abrutschen … Die Gurkenscheiben in eine Schüssel geben, mit reichlich Salz bestreuen und durchziehen lassen.
● Nehmen Sie ein sauberes Küchentuch (ich höre Sie schon schimpfen, weil Sie so viele Tücher brauchen, aber darauf kann ich keine Rücksicht nehmen), geben Sie die Gurken darauf und drücken Sie die Gurken darin möglichst kräftig aus. Auf diese Weise eliminieren Sie das restliche Gurkenwasser sowie das Salz, und Sie erhalten zarte, leicht verdauliche Gurkenscheiben.

🍅 Verrühren Sie die Zutaten für die Sauce und machen Sie die Gurkenscheiben damit an. Falls vorhanden, können Sie ein paar kleingeschnittene Minz- oder Dillblättchen dazugeben.

Sahne, Butter und andere Milchprodukte
Suchen Sie sich einen Händler, der über jeden Verdacht erhaben ist. Sie sollten bei ihm frische Sahne, ganz frische Vollmilch und Sauerrahm bekommen, und er sollte auch gesalzene Butter im Angebot haben.

Ebenso wie Joghurt, *dessen leichter Säuregehalt durch etwas Sahne gemildert wird, einen sahnigen, fetten körnigen Frischkäse ...*

Und natürlich Käse: *Nur Ihr Milchhändler weiß, wo er die besten Käsesorten bekommen kann und wie er sie in seinen Kellern bis zum richtigen Zeitpunkt reifen läßt, so daß der Käse weder einen Tag zu früh, noch einen Tag zu spät auf Ihren Tisch kommt und er sich just auf dem Höhepunkt seines Geschmacks befindet. Ich werde noch auf dem Sterbebett voller Dankbarkeit an meinen Käsehändler denken: Als ich ihn einmal um Rat fragte, was zu einem Vosne-Romanée, Jahrgang 1954, passen würde, sagte er:»Da dürfen Sie kein Risiko eingehen!«, ließ alle andere Arbeit liegen, kostete mit mir rund ein Dutzend Rohmilchkäse und gab mir schließlich mit Tränen in den Augen einen kleinen Chambertin, der mit Marc abgerundet und bis ins Herz gereift war. Wenn man so einen Käse einmal gekostet hat, übersieht man schlichtweg das Angebot, das den Stempel »pasteurisiert« oder, noch schlimmer, »ultrahocherhitzt« trägt. Und auf fettreduzierte Ware wirft man nur noch einen mitleidigen Blick: Gesundheit liegt im Maßhalten, nicht im Verzicht. Im übrigen, wenn Sie einmal einen solchen Käse, wie ich ihn hier beschrieben habe, gekostet haben, werden Sie nicht mehr zu Ihren früheren Gewohnheiten zurückkehren.*

Fahren wir in bukolischer Einfachheit fort mit:

CHAMPIGNONSALAT
Herbst und Winter – für Sie allein

🥗 *Ihr Einkaufszettel:*
200 g weiße, geschlossene Champignons
(der Champignon ist ein schüchternes Gemüse:
je verschlossener er ist, desto besser
schmeckt er)
1 Zitrone
1 kleine Zwiebel
1 Bund glatte Petersilie (krause Petersilie
hat keinen Geschmack,
überlassen Sie sie niedrigeren Säugetieren)

Für die Sauce:

Olivenöl aus erster kalter Pressung
Salz, Pfeffer aus der Mühle

🍅 Auch hier ist die meiste Arbeit das Kleinschneiden. Zunächst müssen Sie das erdige Ende Ihrer liebenswerten Thallophyten entfernen. Anschließend spülen Sie die Pilze nacheinander unter fließend kaltem Wasser ab und entfernen dabei unter vorsichtigem Reiben noch vorhandene Erde oder Sand.

🍅 Trockentupfen. Große Pilze der Länge nach halbieren, nur zu, keine Hemmungen! Die Pilze in feine Streifen schneiden und sofort mit dem Saft von einer halben Zitrone beträufeln. Die Hälfte der Zwiebel sehr fein hacken, die Hälfte der Petersilie in feine Streifen schneiden (natürlich nur die Blätter!) und beides zusammen mit einer guten Prise Salz, frisch gemahlenem Pfeffer und einem guten Schuß Olivenöl über die Champignons geben. Gut vermischen und bei Zimmertemperatur 10 Minuten durchziehen lassen. 10 Minuten – nicht länger, sonst würden die Pilze Wasser ziehen, und auch nicht kürzer, sonst sind sie noch zu hart. Und los geht's!

Champignons und Kräuter

Das Fleisch von Champignons wird an der Luft genauso schnell schwarz wie ein tugendhaftes Mädchen vor einem widerlichen Ekel errötet. Zitronensaft verhindert die Oxydation. Artischocke, Apfel, Banane und Birne zeigen dasselbe Schamgefühl.

Ich betone immer wieder, wie wichtig es ist, Kräuter in feine Streifen zu schneiden. Wenn Sie einen elektrischen Mixer verwenden, entsteht daraus nur Brei und das Aroma verflüchtigt sich. Am einfachsten ist es, wenn Sie die Kräuter in ein Glas geben und sie mit einer kräftigen Küchenschere bis zur gewünschten Größe kleinschneiden. Wenn man über etwas Fingerfertigkeit verfügt, kann man die Blätter zu kleinen Sträußchen zusammenfügen und in feine Streifen (Basilikum, Pfefferminze), Schnipsel (Petersilie, Koriandergrün) und kleine Röllchen (Schnittlauch) schneiden.

Mit dem nächsten Rezept kommen wir nun zu dem schwierigeren »fast Rohen«

SELLERIESALAT MIT CREVETTEN
Herbst und Winter – für zwei Personen

 Ihr Einkaufszettel:
1 Staudensellerie
1 Apfel (Renette)
1 Zitrone
50 g Smyrna-Rosinen
100 g zarte, rosa Crevetten aus Norwegen
(von dem Fischhändler Ihres Vertrauens; greifen Sie bei diesem delikaten Meerestier nie auf die Konserve
oder das Tiefkühlangebot Ihres Supermarkts zurück)

Für die Sauce:
1 EL Crème double und 2 EL Joghurt
oder Olivenöl
Salz, Pfeffer aus der Mühle

● Kaufen Sie eine schöne Staude Sellerie mit zartgrünen, kurzen, festen Stangen. Die äußeren Stangen entfernen Sie erbarmungslos, sie sind hart und faserig. Verwenden Sie nur das Herz, das heißt die kleinen, zarten, blaßgelben Stangen mit den winzigen Blattansätzen. Die Stangen in kleine Stücke schneiden, die Blätter mit der Schere kleinschneiden.

● Der »Salto mortale« besteht darin, Grünzeug und Tierisches miteinander zu verbinden: Geben Sie Sellerie, Sellerieblättchen, den geschälten und in Würfel geschnittenen Apfel (der sofort mit Zitronensaft beträufelt werden muß, siehe »Champignons«), die 1 Stunde in lauwarmem Wasser eingeweichten und anschließend abgegossenen Rosinen, die Crevetten und zuletzt die mit einer Gabel aufgeschlagene Sauce in eine Schüssel und vermischen Sie alles gut.

Das ist einer meiner Lieblingssalate.

Wenn er Ihnen schon etwas langweilig wird, können Sie den Sellerie durch fein geschnittenen Fenchel ersetzen. In diesem Fall sollten Sie Olivenöl verwenden.

Im Sommer, nicht früher und nicht später, werden Sie diesen Salat voll genießen:

TOMATENSALAT

Tomaten schmecken von Juni bis Oktober gut, aber im August lassen sie das Paradies erahnen. Sie kommen aus dem Süden, niemals aus Belgien oder Holland – letztere sind nichts anderes als eine Ansammlung gefärbter Faserstoffe ohne jeglichen Geschmack.

🍅 Wählen Sie rote, feste, seidigglänzende und von der Sonne aromatisierte Tomaten. Für den Salat nehme ich gerne auch Tomaten, die noch ein klein wenig grün sind. Ich gebe hier keine Menge an, sie hängt allein von Ihrem Appetit ab.

🍅 Wenn Sie genug Zeit haben, sollten Sie die Tomaten schälen. Tauchen Sie sie für 10 Sekunden in kochendes Wasser. Anschließend in kaltem Wasser abschrecken: die Haut läßt sich nun überraschend leicht abziehen. Andernfalls beschränken Sie sich darauf, die Tomaten zu waschen und abzutrocknen.

🍅 In jedem Fall sollten Sie die Stielansätze entfernen. Halbieren Sie die Tomaten und kratzen Sie mit Ihrem angewinkelten Daumen die Kerne sowie das Tomatenfruchtwasser heraus, das zu nichts gut ist. Schneiden Sie nun das nackte Fruchtfleisch in Stücke, und entfernen Sie die härteren Teile rund um den Stielansatz.

🍅 Am besten geben Sie nun Salz, Pfeffer und Olivenöl dazu – das ist alles. Und bitte sofort servieren, damit sich die Tomate nicht in Wasser auflöst (eine Tomate wartet nicht gerne: wie ihre Cousine, die Gurke, fängt sie zu schwitzen an, wenn sie mit Salz in Berührung kommt, doch hier ist das nicht erwünscht). Wenn Sie wollen, können Sie ein paar Kräuter zufügen: Die Tomate liebt ganz besonders Basilikum, in feine Streifen geschnitten, aber auch Frühlingszwiebeln sowie Knoblauch, glatte Petersilie und Koriandergrün.

Noch ein »Salto mortale«, den die Tomaten vollführen, wenn wir sie in ihrer jungfräulichen Schlichtheit zubereiten als

TOMATEN MIT MOZZARELLA ODER RICOTTA

Die Tomaten, ohne sie zu schälen oder zu entkernen, in Scheiben schneiden und kreisförmig auf einem Teller anrichten. Es handelt sich um Scheiben eben jenes »goldenen Apfels«, den einst Paris in den Händen hielt, ein Umstand, dessen traurige Folgen wir kennen: den trojanischen Krieg. (Diese Theorie widerspricht zwar der Geschichtsschreibung, nach der die Tomate von den aus Südamerika zurückkehrenden spanischen Kriegern nach Europa gebracht worden sei, hat aber den Vorteil, daß sie die Herkunft des italienischen Wortes wunderbar erklärt. Sie ist meine persönliche Theorie und entspringt der Phantasie. Aber was tut das schon.) Großzügig salzen, Pfeffer darübermahlen und in der Mitte mit Scheiben von Büffelmozzarella (der einzige, der nach etwas schmeckt) belegen, wie in Neapel, oder auch mit *Ricotta fresca* wie auf Sizilien oder mit *Broccio* (korsischer Schafskäse): Kaufen Sie bei dem Käsehändler Ihres Vertrauens ein. Bestreuen Sie die Tomaten mit Basilikumblättern, träufeln Sie Olivenöl aus erster kalter Pressung darüber und servieren Sie das Ganze sofort.

In der Salatschüssel können Sie dieses Gericht zubereiten:

TOMATEN MIT THUNFISCH UND/ODER HART GEKOCHTEN EIERN

Sie werden bemerken, daß der Rezepttitel die doppelte Konjunktion gut verträgt. Er bezeichnet ein einfaches Gericht aus der Alltagsküche, das zum reinen Vergnügen wird, wenn man es nach den Regeln der Kunst zubereitet.

🍅 Wenn Sie sich für das »und« entschieden haben, sollten Sie mit den hart gekochten Eiern beginnen. Man nimmt je nach Appetit 1 bis 2 Eier pro Person. Ich bin mir nicht ganz sicher, ob Sie genau wissen, wie Sie die Eier richtig kochen. Holen Sie die Eier 1 Stunde vor der Zubereitung aus dem Kühlschrank (das gilt für alle Rezepte mit Eiern), legen Sie sie in einen Topf und geben Sie soviel kaltes Wasser dazu, bis die Eier eben bedeckt sind. Das Wasser zum Kochen bringen und die Eier 8 Minuten kochen lassen. Auf diese Weise wird das Eigelb weder mehlig noch verfärbt es sich dunkel. Anschließend sofort in kaltes Wasser legen, wo die Eier darauf warten können, daß sie geschält werden, was dank der Kondensation, die durch den Wechsel von Heiß zu Kalt zustande kam, ein Kinderspiel ist.

🍅 Im übrigen benötigen Sie: Tomaten, mit der Haut in große Würfel geschnitten, entfernen Sie jedoch die Kerne (siehe S. 27); eine Dose weißen Thunfisch, in Olivenöl eingelegt; reichlich Basilikum, grob geschnitten; eine fein gehackte Frühlingszwiebel, die dem Salat feine Schärfe verleiht; kleine schwarze Oliven, wenn man sie mag, oder einige Sardellenfilets. Das ist das »oder«.

🍅 Das »und« besteht darin, die hart gekochten, geviertelten Eier hinzuzufügen. Sie sehen, es ist kein großer Aufwand. In beiden Fällen mit Salz und Pfeffer würzen, mit Olivenöl aus erster kalter Pressung beträufeln und sofort servieren.

Zählt die Tomate nun zum Gemüse oder zu den Früchten?
Das kommt ganz darauf an. Auf jeden Fall ist sie prachtvoll und nicht teuer und ich liebe sie leidenschaftlich (das werden sie auf den kommenden Seiten dieses kleinen Werkes noch oft genug merken). Hier nun ein Gericht, das fast immer verhunzt wird, das jedoch eine absolute Raffinesse sein kann, wenn es »comme il faut« zubereitet wird:

Der echte Salat niçoise

Ihr Einkaufszettel
(gehen wir einmal davon aus, daß Sie zu viert sind):

2 kg dicke Bohnen (achten Sie darauf, daß die Schoten schön grün und fest sind)
1 kg Tomaten
1 Bund Frühlingszwiebeln
1 große Dose weißer Thunfisch, in Olivenöl eingelegt
1 große Handvoll kleine schwarze Oliven aus Nizza
1 Glas Sardellenfilets (ohne Kapern, in Olivenöl eingelegt, oder noch besser gesalzene Sardellenfilets)

Für die Sauce:
Olivenöl aus erster kalter Pressung
Salz, Pfeffer aus der Mühle

In mehrfacher Hinsicht ein Gästeschmaus. Laden Sie sich zwei oder drei Gleichgesinnte ein und vertiefen Sie sich in eine Diskussion über strukturelle Anthropologie, vor allem um die Themenbereiche Rohes – Verfaultes – Gegartes; Ernte – Jagd – Landwirtschaft – Aufzucht usw. Das wird Sie alle gut in das Thema einführen und die mühsame Arbeit erleichtern, die zugegebenermaßen auf Sie wartet.

🍅 Setzen Sie sich mit Ihren Freunden an einen Tisch. Jeder bekommt eine Schüssel und einen Abfallbehälter. Schütten Sie die Bohnen auf einen Haufen in die Mitte. Schwätzen Sie lustig drauf los und schälen Sie fröhlich die Bohnen.

In der Zwischenzeit können Sie einen kühlen Côtes-de-Provence genießen, den Ihnen Ihr Getränkefachmann mit Liebe und Sorgfalt ausgesucht hat. Bringen Sie in einem großen Topf Salzwasser zum Kochen und geben Sie die Bohnen hinein. Sobald das Wasser wieder aufkocht, schütten Sie die Hülsenfrüchte in ein Sieb ab und halten sie unter fließend kaltes Wasser. Diesen Vorgang nennt man »blanchieren«: Sie sehen, wir befinden uns noch nicht ganz im Kapitel »Gegartes«.

● Geben Sie nun wieder wie vorhin jedem eine Schüssel, einen Abfallbehälter und ein Gemüsemesser. In die Mitte des Tisches kommt das Sieb mit den Bohnen. Nun gilt es, die dicke Haut zu entfernen, die das wunderbar jadegrüne, zarte Fleisch umschließt. Es reicht ein kleiner Einschnitt an einem Ende und die Bohne rutscht aus ihrer Hülle wie ein Neugeborenes bei einer erfolgreichen Geburt. Es bedarf nur des richtigen Handgriffs, aber das haben Sie schnell heraus. Und dazu gibt es noch ein Schlückchen Côtes-de-Provence. Nun kommen wir zu den Tomaten, aber das ist ja schon Routine! (siehe S. 27) Um so mehr, als die Haut nicht entfernt werden muß, sondern nur die Kerne. Schneiden Sie das Tomatenfleisch einfach in große Würfel. Entfernen Sie die äußere Haut der Frühlingszwiebeln, waschen Sie sie und schneiden Sie etwas von dem Grün ab. 4 oder 5 Frühlingszwiebeln in sehr feine Streifen schneiden.

● Geben Sie nun Tomaten, Bohnen, Salz und Pfeffer in eine große Schüssel und vermischen Sie alles rasch mit einem guten Schuß Olivenöl. Richten Sie darauf den Thunfisch, die Frühlingszwiebeln, die Oliven und die Sardellenfilets an. Wenn es sich um gesalzene Sardellenfilets handelt, entfernen Sie vorher Schwanz und Gräten und spülen Sie die Filets unter fließendem kaltem Wasser ab. Trockentupfen. So. Mittlerweile haben Sie auch einen leichten Schwips und befinden sich bald auf dem Höhepunkt Ihrer Glücksgefühle.

Und weiter geht es!

Ein letztes »rohes« Meisterwerk für Gäste: Das »Taboulé«. Das Taboulé gelangte über den Libanon zu uns und wird selbst bei den teuersten Feinkosthändlern meist auf abscheuliche Weise verhunzt. Kaufen Sie es niemals fertig, es sei denn, Sie kennen einen guten Libanesen. Hier mein Rezept, das Sie auch wieder gemeinsam mit Ihren Gästen zubereiten (allein wären Sie auf verlorenem Posten).

TABOULÉ
Natürlich Sommer – für vier Personen

 Ihr Einkaufszettel:
100 g feiner Weizenschrot oder Bulgur
(erhältlich im Reformhaus oder
im Spezialitätenladen)
4 schöne Tomaten
1 Gurke
4 Frühlingszwiebeln
1 Bund glatte Petersilie
1 Bund Pfefferminze
1 große, saftige Zitrone
Olivenöl aus erster kalter Pressung
Salz, Pfeffer aus der Mühle

🍅 Häuten und entkernen Sie die Tomaten (siehe S. 27). Die Gurke und die Zwiebeln schälen. Nun ergreift jeder sein Messer und ein Schneidebrett und schneidet seine Tomate und sein Gurkenviertel in sehr kleine Würfel. Wenn die Gurke zuviele Kerne hat, halbieren Sie sie der Länge nach und kratzen die Kerne mit Hilfe eines kleinen Löffels heraus, bevor Sie die Gurke in Würfel schneiden.

🍅 Die Frühlingszwiebeln sehr fein hacken. Die Petersilie waschen, die Blättchen abzupfen und kleinschneiden. Ebenso verfahren Sie mit den Blättern von 3 oder 4 Minzzweigen.

🍅 Geben Sie den Bulgur in eine große Salatschüssel (einige Leute verwenden vorgekochten Couscous-Grieß – mir fehlen die Worte zur

Beschreibung dieser Geschmacksverfehlung!) und ebenso die anderen vorbereiteten Zutaten. Zitronensaft, einen guten Schuß Olivenöl, Salz und Pfeffer hinzufügen. Gut vermischen und 3 bis 4 Stunden aufquellen lassen. Idealerweise bereiten Sie das Gericht am Morgen für das Mittagessen zu, für das Abendessen mittags. In der Zwischenzeit können Sie einmal an die frische Luft gehen. Der Bulgur nimmt langsam die Säfte und Aromen in sich auf, sein hartes Herz wird erweichen, aber noch Biß behalten.

🍅 Anschließend können Sie kleine rosa gebratene Lammkoteletts servieren. So haben Sie ein schönes Essen zubereitet, das zudem auch noch gesund ist.

🍅 Was übrigbleibt, müssen Sie wegwerfen: Wie alle anderen rohen Gerichte auch schmeckt Taboulé am nächsten Tag nicht mehr.

Melone

Sie haben Tomatenorgien gefeiert und wollen den Salat gerne einmal anders zubereiten. Und Sie lieben seit jeher die Melone (außerdem macht sie nicht viel Arbeit).
Ich hoffe, Sie wissen, woran Sie eine gute Melone erkennen: Sie muß vor allem schwer sein, fest, ein feines Aroma verströmen und der Stielansatz muß sich ablösen lassen. Ich hoffe, Sie wissen auch, was gut dazu paßt: echter Parma- oder auch Serrano-Schinken, zwei trockene Schinken aus Italien bzw. Spanien, die so hauchdünn wie Zigarettenpapier aufgeschnitten werden. Weil wir gerade dabei sind, diese Schinken schmecken auch vorzüglich mit schönen reifen Feigen, die zuvor geschält werden – die grünen sind noch besser als die violetten, die man jedoch häufiger bekommt. Es gibt eine alte Tradition, nach der man Portwein in die ausgehöhlte Melone gießt – ich finde das abscheulich: Das nimmt sowohl der Melone als auch dem Portwein den feinen Geschmack. Probieren Sie die Melone einmal mit Pfeffer, das unterstreicht ihr Aroma.

Es könnte passieren, daß Ihnen beim Anblick von prallen Paprikaschoten in den kräftig leuchtenden Farben Grün, Goldgelb und Rot das Wasser im Munde zusammenläuft. Sie wissen jedoch nicht, was Sie damit machen können. Am besten schmeckt dieses Gemüse im Sommer, angeboten wird es jedoch das ganze Jahr über. Ich liebe Paprika *sott'olio*, was uns schon zum »fast Gegarten« hinführt.

Paprika in Öl

Ihr Einkaufszettel:
1 Paprikaschote pro Person
Olivenöl aus erster kalter Pressung
Salz

● Kaufen Sie drei verschiedenfarbige Paprikaschoten (rot, gelb, grün). Dieses Gericht hält sich einige Tage, und selbst wenn Sie mutterseelenallein sind, werden Sie rechtzeitig damit fertig werden, glauben Sie mir.

● Ich hoffe, Sie haben einen Backofen mit Grill (oder einen Salamander). Andernfalls brauchen Sie dieses Rezept nicht zu machen. Sie können zwar auch über der offenen Flamme arbeiten, aber Sie würden sich wahrscheinlich scheußlich die Finger verbrennen. Oder Sie kaufen sich spontan einen Ofen. Es würde sich lohnen.

● Legen Sie Ihre Paprikaschoten, so wie sie sind, möglichst dicht unter den Grill. Bleiben Sie immer in der Nähe: Sobald eine Seite Blasen wirft und zu brutzeln beginnt, wenden Sie die Schote mit einer Vierteldrehung. Das geht sehr schnell und Sie sollten darauf achten, daß die Schoten dabei nicht verbrennen. Am Anfang werden Sie wohl etwas Herzklopfen haben, aber das ist nicht schlimm.

● Sobald die Paprikaschoten rundum gebräunt sind, nehmen Sie sie aus dem Ofen und legen sie in einen Schmortopf. Verschließen Sie den Topf mit dem Deckel: Durch das Abkühlen bildet sich Dampf, durch den sich die Haut später leicht ablösen wird. Kümmern Sie sich einige Stunden um andere Dinge. Nehmen Sie dann den Deckel ab.

Die Schoten schauen nicht sehr einladend aus, ziemlich verschrumpelt und traurig. Nehmen Sie eine flache, nicht zu große Schale. Halbieren Sie die Schoten jeweils und fangen Sie den Saft aus der Schote in der Schale auf, er hat ein wunderbares Aroma. Entfernen Sie Stielansätze, Kerne und die weißen Häute, und beginnen Sie mit dem Schälen dort, wo der Stielansatz war. Die Haut löst sich wie von selbst und zum Vorschein kommt ein unversehrtes, wunderbares Fruchtfleisch, ein Mittelding zwischen roh und gegart, fest und zart gleichermaßen. Schneiden Sie die Schoten in relativ breite Streifen. Mit Salz bestreuen, mit reichlich Olivenöl begießen und mindestens eine Stunde durchziehen lassen. Dazu wird frisches Brot serviert, mit dem man die Sauce auftunken kann. Ein Rezept aus Italien, dem Land der Gemüsekönige.

Sie können auch Zucchini in Öl zubereiten. Schneiden Sie die ungeschälten Zucchini in feine lange Scheiben. In einer großen Pfanne in etwas Olivenöl bei geringer Hitze langsam gut durchbraten. Auf Küchenpapier abtropfen lassen und auf einer Platte anrichten. Wenn die Zucchini abgekühlt sind, das Öl darüberträufeln und mit Salz bestreuen.

Nach derselben Methode können Sie auch Auberginen zubereiten. Vor dem Braten müssen Sie jedoch die Scheiben mit Salz bestreuen und kurz Wasser ziehen lassen. Nach ein paar Minuten trockentupfen. Keines dieser Gerichte sollten Sie in den Kühlschrank stellen. Das Öl würde erstarren.

Nachdem wir gerade bei der Aubergine sind, hier ein Rezept, das aus der Türkei, dem Reich der Osmanen, stammt: »Auberginenkaviar«. Ein weiteres Rezept, das oft grauenhaft verfälscht wird! Mit meinem Rezept, das sich auf einen einfachen Backofen und ein Minimum an Zutaten beschränkt, erhalten Sie ein außerordentliches Ergebnis.

Auberginenkaviar
Sommer – für vier Personen

 Ihr Einkaufszettel:
4 glänzende, feste Auberginen mit grünem, spitzen Stiel
2 Knoblauchzehen
1 Zitrone
Salz, Pfeffer aus der Mühle
Olivenöl aus erster kalter Pressung

🍆 Schneiden Sie jede Aubergine einmal der Länge nach ein und legen Sie sie, mit dem Einschnitt nach oben, auf die mittlere Schiene Ihres vorgeheizten Grills (250 Grad/Gas Stufe 8).
🍆 Nach 40 bis 45 Minuten sind die Auberginen zusammengeschrumpft und runzlig, ein armes braunes Etwas. Aus dem Ofen nehmen und lauwarm abkühlen lassen. Nun die Auberginenspalte auseinanderdrücken, den Stiel mit der linken Hand fassen und mit Hilfe eines Eßlöffels das Fruchtfleisch von der schrumpeligen Haut abschaben.
🍆 In eine Salatschüssel geben und mit der Gabel zerdrücken (Auberginen nie im Mixer pürieren, sie würden danach bitter schmecken). Den Zitronensaft, einen guten Schuß Öl, die geschälten und durchgepreßten Knoblauchzehen sowie Salz und Pfeffer mit der Gabel unterrühren. Es entsteht eine leichte, schaumige Masse. Entweder sofort lauwarm oder kalt servieren, nie aber in den Kühlschrank stellen, der das Aroma gerne zunichte macht. Als Vorspeise servieren oder auch als Beilage zu kleinen Lammkotelettes, zu Thunfisch oder gegrilltem Schwertfisch … Hier befinden wir uns nun schon beim Gegarten, zugegebenermaßen dem einfachen Gegarten, aber immerhin.

Wie Sie sehen, haben Sie im Sommer die Qual der Wahl.
Das geht so weiter bis in den Oktober hinein: Es gibt Paprikaschoten, Auberginen, Zucchini, Tomaten, Melonen, und zur gleichen Zeit tauchen bereits die ersten Vorboten des Winters auf. Ich komme darauf zu sprechen, weil wir im Winter weniger Phantasie aufbringen, und sich die Regale des Gemüsehändlers augenscheinlich weniger anregend und abwechslungsreich darbieten. Es ist aber auch der Zeitpunkt, an dem wir darauf achten sollten, daß unsere alten Backenzähne ausreichend vitaminreiche Faserstoffe zu kauen bekommen, die unser Organismus benötigt. Sie wissen, wie sehr ich mich um Ihre Gesundheit und Ihr Vergnügen sorge: Aus diesem Grund finden Sie hier noch drei, vier weitere Variationsmöglichkeiten für Ihre Menüs, sobald sich der erste Rauhreif gezeigt hat. Es sind Salate, die Sie stärken werden. Beginnen wir mit

FENCHEL MIT SCHAFSKÄSE
Von Herbst bis Frühling – für zwei Personen

 Ihr Einkaufszettel:
2 kleine weiße Fenchelknollen,
fest geschlossen und fleckenlos
(die runden Knollen sind immer die besten).
Prüfen Sie den Wurzelansatz,
er muß unbeschädigt sein.
Ist er angeschnitten, so ist dies das Werk eines
skrupellosen Händlers, und das
Gemüse liegt schon etwas länger
in seinen Regalen.
200 g Schafskäse (Brousse de brébis)
oder echter frischer Ricotta

Für die Sauce:

4 EL fruchtiges Olivenöl
aus erster kalter Pressung
Salz, Pfeffer aus der Mühle

● Die Fenchelknollen der Länge nach vierteln, waschen und dabei die einzelnen Blätter ablösen. Die äußeren faserigen Blätter und die großen Blattrippen entfernen. Die kleinen grünen und aromatischen Mittelrippen jedoch auf keinen Fall wegwerfen.

● Die Blätter quer in Streifen schneiden, den Strunk entfernen. Die Fenchelblätter in eine Schüssel geben und mit dem in Würfel geschnittenen Schafskäse bedecken. Mit Öl, Salz und Pfeffer abschmecken, mit der Gabel durchrühren und sofort servieren. Eine bezaubernde Symphonie in Weiß, im Handumdrehen zubereitet und äußerst schmackhaft.

Kommen wir zur Karotte, reich an guten Vitaminen, die für den klaren Blick, für rosige Schenkel und einen liebenswerten Charakter sorgen.

Karottensalat

Winter – für zwei Personen

Ihr Einkaufszettel:
8 mittelgroße Karotten (lassen Sie sich nie die großen andrehen, sie sind holzig)
2 Navelorangen
1 Handvoll Walnußkerne
1 Bund Schnittlauch oder Kerbel oder Koriandergrün

Für die Sauce:

2 EL sehr fruchtiges Walnußöl
Salz, Pfeffer aus der Mühle

● Die Karotten schälen, waschen und mit Hilfe einer mittelfeinen Reibe in eine Salatschüssel raspeln (am besten verwenden Sie eine elektrische mit feinem Locheinsatz – die mechanische Reibe kann ich Ihnen nicht empfehlen, sie ermüdet und fördert die einseitige Muskelentwicklung, was ziemlich häßlich aussieht). Mit Salz, Pfeffer und Öl vermischen.

● Schälen Sie die Orangen großzügig mit einem kleinen spitzen Messer, mit dem Sie bis zum Fruchtfleisch schneiden. Vierteln, die Kerne und die weißen Innenhäute entfernen und die Viertel quer in Scheiben schneiden. Die Karotten damit bedecken. Die Walnußkerne dazugeben und den Salat mit etwa 2 EL fein gehackter Kräuter bestreuen. Das schmeckt frisch und herrlich belebend.

Hier nun ein beliebter Salat, den wir meist in einem bemitleidenswerten Zustand vorfinden, der durch mein Rezept jedoch zu einem perfekten Vergnügen wird:

CHICORÉE MIT ROQUEFORT, BIRNE UND WALNÜSSEN

Herbst und Winter – für zwei Personen

 Ihr Einkaufszettel:
2 weiße feste Chicoréekolben, ohne jede Spur von Grün
1 Handvoll Walnußkerne
1 schöne reife Birne (Gellerts Butterbirne
oder Comice – meine Lieblingssorten): das Fruchtfleisch
muß am Stielansatz auf Druck nachgeben. Prüfen Sie diskret,
Ihr Händler wird dies nicht besonders schätzen.

Für die Sauce:
100 g Roquefort vom Käsehändler Ihres Vertrauens
4 EL Schlagsahne
Pfeffer aus der Mühle

● Bereiten Sie die Sauce zu: Den Roquefort mit Hilfe einer Gabel zerpflücken und gut mit der Sahne und dem Pfeffer verrühren.

● Mit einem kleinen spitzen Messer den bitteren Strunk der Chicoréekolben herausschneiden. Die Kolben waschen, trockentupfen und in nicht zu feine Streifen schneiden. In eine Salatschüssel geben. Die Birne schälen, das Kerngehäuse entfernen und das Fruchtfleisch in kleine Würfel schneiden. Vermeiden Sie es, dabei schon alles aufzuessen. In die Salatschüssel geben.

● Ohne Zaudern – die Birne läuft dunkel an, wenn man sie sich selbst überläßt – gießen Sie nun die Salatsauce über die Zutaten und vermischen alles gründlich. Mit den Walnußkernen bestreuen und servieren. Eine perfekte Zubereitung, und Sie werden sehen, wie sich die traurige Miene Ihres Gastes aufhellen wird, der mit etwas Widerlicherem auf seinem Teller gerechnet hat.

Fast hätte ich die krautartige Pflanze vergessen, die seit Jahrtausenden die Rolle des rettenden Schutzengels für die Armen spielt und erst vor kurzem auf der piekfeinen Tafel Einzug hielt: die Linse. Man findet Sie so gut wie nie frisch angeboten, man muß sie also getrocknet kaufen (unbedingt nur die grünen Puy-Linsen) und 1 Stunde in lauwarmem Wasser einweichen. Mit dem »Linsensalat« sind wir nun bei dem einfachen Gegarten angelangt.

Linsensalat

Das ganze Jahr über – für zwei Personen

 Ihr Einkaufszettel:
200 g Linsen
2 Zwiebeln
2 Schalotten (grau oder rosa)
1 Bund glatte Petersilie
1 EL Rotweinessig
3 EL Olivenöl aus erster kalter Pressung
2 Gewürznelken, 1 Lorbeerblatt,
1 Thymianzweig
Salz, Pfeffer aus der Mühle

● Schütten Sie die Linsen auf den Tisch und picken Sie geduldig die kleinen Steinchen heraus, die sich darunter befinden können: Es gibt nichts Unangenehmeres, als auf einen kleinen Stein zu beißen. Weichen Sie die Linsen wie oben beschrieben ein. Anschließend in einem Sieb abgießen und unter kaltem Wasser spülen. Zusammen mit 2 Liter Wasser, den beiden geschälten und jeweils mit einer Gewürznelke gespickten Zwiebeln, dem Lorbeerblatt, dem Thymian und ein paar Petersilienstengeln in einen Topf geben. Zum Kochen bringen und 30 bis 45 Minuten leise köcheln lassen.
● Probieren Sie: Die Linsen sollen noch einen leichten Biß haben. Abgießen, Zwiebeln und Kräuter entfernen und lauwarm abkühlen lassen.

● Bereiten Sie die Vinaigrette zu, wie Sie es gewohnt sind (siehe S. 21): Salz, Pfeffer, Essig und schließlich das Öl miteinander verrühren. Die geschälten und sehr fein gehackten Schalotten dazugeben (die graue Schalotte ist noch feiner im Geschmack, aber man bekommt sie nur im Herbst). Trösten Sie sich andernfalls mit der rosa Schalotte.

● Vermischen Sie Linsen und Sauce in einer Salatschüssel gründlich. Schneiden Sie die Blättchen der gewaschenen und trockengetupften Petersilie fein und mischen Sie sie vor dem Servieren unter den Salat.

Die lauwarmen Linsen passen hervorragend zu einem Enten-Confit oder einem Gericht mit Schweinefleisch. Unterlassen Sie waghalsige Geschäfte (von der Art des Erstgeburtsrechts) mit Ihrem Gast. Das könnte fatale Folgen haben und Ihnen dieses rustikale, billige und hervorragende Gericht für immer verleiden.

So weit, so gut. Sie kennen nun einige Möglichkeiten, Ihr Menü zu beginnen oder leichte Gerichte zuzubereiten. Sie wissen ein bißchen Bescheid über rohes Grünzeug: die Jahreszeit, die Zubereitungsart und die Kombinationen. Gut so. Nun müssen wir einen Schritt weitergehen und entschlossenen Herzens und beharrlich in die Kultur des Gegarten vordringen, in die wir bereits ein paar kleine Ausflüge gewagt haben. Auf dem Weg über die Nudeln und den Reis, die so oft in Ihrer Alltagsküche auftauchen (man muß jedoch prüfen, in welcher Form), gelangen wir zum Gemüse (das Sie am entschiedensten ignorieren), dessen Vielfalt und Wohlgeschmack, durch die Küche an den Tag gebracht, jedoch den Gipfel des Vergnügens bilden können. Fangen Sie an, und lesen Sie aufmerksam meine Ratschläge.

Getreide

Ich weiß, daß Sie dazu fähig sind, sich den Magen mit zu lange gekochten Hörnchennudeln in einer Sauce aus konzentriertem Tomatenmark, oder schlimmer noch Ketchup, und geriebenem Käse aus der Packung vollzustopfen – wenn Ihre Lebensgefährten sich woanders herumtreiben und wenn niemand da ist, der sich um Sie kümmert. Verwandeln Sie Ihre mißglückten Überlebensversuche in ein wahrhaft einsames Vergnügen. Zu jeder Jahreszeit haben Sie Zugriff auf die schlichte Pracht der Nudeln, und ich werde Sie von Ihrer Depression befreien, indem ich damit anfange.

Die Wahl der Nudelsorte
Getrocknete Pasta besteht zwangsläufig aus grano duro *(Hartweizengrieß). Wählen Sie die beste aus Italien importierte Marke. Frische italienische Nudeln haben soeben die Hände eines Pastaspezialisten bei Ihnen vor Ort verlassen. Als ich eines Tages zum Mittagessen etwas weiter weg unterwegs war, überlegte ich, was ich meinen lieben Freunden zum Abendessen servieren könnte. Ich kam an einem unauffälligen, aber ansprechenden Schaufenster eines italienischen Lebensmittelhändlers vorbei, der seine frische gefüllte Pasta anpries. Tatsächlich waren dort auf kleinen Tellern Unmengen schönster Tortellini, Agnolotti, Ravioli und Cannelloni geschmackvoll angerichtet. Ich betrat das Geschäft und verlangte* agnolotti al magro. *Die liebenswürdige Inhaberin fragte mich scherzhaft: »Für heute Mittag?« Ich antwortete, »nein, für heute Abend«. Sie musterte mich streng von oben bis unten und erwiderte: »Dann kommen Sie doch am Nachmittag wieder. Sobald mehr als 2 Stunden vor der Zubereitung überschritten sind, kann man nicht mehr von frischer Pasta sprechen. Sie können Ihre Agnolotti genau um 18.00 Uhr abholen.« Ich wurde vor Verlegenheit etwas rot im Gesicht, schrieb es mir hinter die Ohren, kam um 18.00 Uhr zurück und fahre seither jedesmal quer durch ganz Paris, wenn ich frische Pasta möchte.*

Nudeln kochen

Falls Sie immer recht guten Appetit haben, rate ich Ihnen, 100 g getrocknete bzw. 200 g frische Pasta zu nehmen. Mehr davon, würde Sie dick und unansehnlich werden lassen, falls Sie nicht gerade ungewöhnlich viel Energie verbrauchen.

🍅 Sie benötigen einen sehr großen Topf und viel Wasser. Sobald das Wasser kräftig aufkocht, fügen Sie eine Handvoll grobes Salz zu (am besten ist das Salz aus Guérande), einen Spritzer Olivenöl aus erster Pressung (das verhindert, daß das Wasser überkocht, wenn die Nudeln im Wasser sind) und schließlich die Nudeln. Heizen Sie ihnen kräftig ein.

🍅 Mit dem Kochlöffel leicht umrühren, um zu verhindern, daß die Nudeln aneinander kleben. Frische Nudeln sind sind im Handumdrehen gar (folgen Sie den Anweisungen Ihres Nudelspezialisten). Getrocknete brauchen etwas länger, zwischen 7 und 10 Minuten. In beiden Fällen müssen Sie häufig die Konsistenz der Nudeln zwischen den Zähnen testen. Sie sind perfekt, wenn sich unter der weichen Oberfläche ein fast nicht wahrnehmbarer Widerstand behauptet: das bedeutet, sie sind *al dente*. So lieben sie die Italiener, weltweit die Profis auf diesem Gebiet, muß ich Sie daran erinnern?

🍅 Jetzt nehmen Sie den Topf fest in die Hand und schütten den Inhalt in ein schon bereitgestelltes Abtropfsieb im Spülbecken. Schütteln Sie das Sieb etwas, um das restliche Wasser zu entfernen (um die Wahrheit zu sagen, es gelingt nicht ganz, alles Wasser abzugießen).

Die Spaghetti befinden sich nun also in feuchtem Zustand wieder in ihrem Topf. Das war's schon. Nun müssen Sie nur noch die fertige Sauce dazugeben, flink umrühren, servieren und sofort genießen. Sie werden jetzt verstehen, daß die Zubereitung von Nudeln nicht die geringste Ablenkung duldet, und daß man unbestechlich, streng und unnachgiebig sein muß in bezug auf Frische und Qualität der Produkte.

Bei den Saucen verfahren wir wieder nach derselben Methode und gehen vom Einfachen zum Schwierigeren über. Beginnen wir mit

Spaghetatta
Das ganze Jahr über – für Sie allein

Ihr Einkaufszettel:
100 g Spaghettini
3 Knoblauchzehen
3 EL sehr fruchtiges Olivenöl
aus erster kalter Pressung
grobes Salz
Pfeffer aus der Mühle

Das Gericht ist lächerlich einfach zuzubereiten, es schmeckt zu jeder Jahreszeit, kostet ein paar Pfennige und benötigt gerade die Zeit, in der die Nudeln – nehmen Sie ganz dünne Nudeln aus Hartweizengrieß – kochen. Diese Zubereitungsart ist – vermutlich wegen der wirtschaftlichen Rezession – zur Zeit auf der Halbinsel sehr gefragt. Man greift auch darauf zurück, wenn man nichts, aber auch wirklich nichts mehr in der Küche und im Geldbeutel hat.

● Nehmen Sie das Kochen Ihrer Nudeln in Angriff.

Geben Sie das Öl zusammen mit den geschälten und in feine Streifen geschnittenen Knoblauchzehen, von denen Sie den Keim entfernt haben, wenn sie nicht mehr so ganz frisch sind, in einen kleinen Topf.

● Nicht zu stark erhitzen (wenn es raucht, ist alles zu spät, wenn ich das so sagen darf). Sobald der Knoblauch eine schöne goldbraune Farbe angenommen hat, geben Sie das Öl über die abgegossenen Nudeln. Etwas Pfeffer darübermahlen, *e basta*! Gut vermengen und ohne Käse essen. Außerdem schmeckt es.

Fast genauso einfach und kaum teurer sind

Tagliatelle al Pesto
Das ganze Jahr über – für Sie allein

 Ihr Einkaufszettel im Winter:
1 Töpfchen Pesto mit Olivenöl aus dem besten italienischen Laden
1 tüchtiger Schuß fruchtiges Olivenöl aus erster Pressung oder
2 große EL frische Crème double oder Mascarpone

 Ihr Einkaufszettel von Frühling bis Herbst:
1 Bund Basilikum
2 Knoblauchzehen
1 Handvoll Pinienkerne
1 kleiner Schuß Olivenöl
Und in jedem Fall:
200 g feine, frische Tagliatelle oder 100 g getrocknete
1 gutes Stück Parmesan
Salz, Pfeffer aus der Mühle

● Im Winter nehmen Sie 1 guten Eßlöffel voll Pesto, verdünnen dieses mit Olivenöl oder dem Rahm, und lassen die Mischung lauwarm abkühlen.

● Im Sommer geben Sie die abgezupften Basilikumblättchen zusammen mit den geschälten Knoblauchzehen in einen Mörser, fügen die Pinienkerne und eine Handvoll geriebenen Parmesan dazu und zerstoßen die Zutaten so lange, bis eine breiartige Paste entsteht, die Sie mit etwas Nudelkochwasser und Olivenöl verdünnen. Schlagen Sie die Sauce nun mit dem Schneebesen auf: Sie wird leicht und schaumig. Sie können die Zutaten auch einfach in ihren Mixer kippen und alles geschieht wie von selbst.

● Auf alle Fälle sollten Sie die gut abgetropften Nudeln gründlich mit dem Pesto vermischen, mit Pfeffer abschmecken und mit reichlich, von Ihnen selbst frisch geriebenem Parmesan bestreut servieren. Eine göttliche Sauce und nur ein Kinderspiel!

Wenn der Frühling und die zarten Gemüse kommen, sollten Sie dieses Gericht kosten, das der Göttin Aphrodite würdig wäre, an die man dabei unwiderstehlich denken muß, so hübsch und anregend ist es.

STROH UND HEU MIT GEMÜSE

Im Frühling also – für zwei Personen:
laden Sie das Objekt Ihrer heißesten Begierden ein!

Ihr Einkaufszettel:
200 g »paglia«, das bedeutet Stroh und beschreibt
ganz feine frische Eier-Tagliatelle
200 g »fieno«, das bedeutet Heu und beschreibt
die gleichen Nudeln, jedoch mit Spinat
grün gefärbt
1 Handvoll feine grüne Bohnen
1 Handvoll Zuckerschoten
250 g Erbsen zum Palen
4 Frühlingszwiebeln
200 g Crème double
1 Bund kleinblättriges Basilikum
1 nußgroßes Stück Butter
Salz, Pfeffer aus der Mühle

● Bereiten Sie das Gemüse vor Eintreffen besagten Objekts vor. Entfernen Sie bei den Bohnen die Fäden, palen Sie die Erbsen, schälen Sie die Karotten, denen Sie noch ein klein wenig Grün dranlassen, schälen Sie die äußere Haut der Zwiebeln und lassen Sie ihnen noch etwas Grün.

● Bringen Sie in einem Topf Salzwasser zum Kochen. Geben Sie die Karotten und die Erbsen hinein, wieder zum Kochen bringen und 4 Minuten köcheln. Die Bohnen dazugeben und weitere 2 Minuten kochen. Nun die Zuckerschoten dazugeben und erneut 2 Minuten kochen. In ein Sieb abgießen und unter kaltem Wasser abschrecken: so behält Ihr Gemüse seine schönen Farben.

🍅 Zerlassen Sie in einem kleinen Topf die Butter und dünsten Sie bei geringer Hitze die Frühlingszwiebeln darin sanft. Besagtes Objekt erscheint unterdessen.

🍅 Während ›es‹ ablegt, stellen Sie einen großen Topf Wasser mit einem Spritzer Olivenöl auf den Herd und rütteln ein bißchen an dem Topf mit den Zwiebeln. Bitten Sie Ihr Objekt, Platz zu nehmen, gießen Sie ihm ausgiebig Champagner ein und entschuldigen Sie sich anmutig für ein paar Minuten.

🍅 Erwärmen Sie die Crème double in einem mittelgroßen Topf. Geben Sie grobes Salz und die Nudeln in das kochende Wasser. Falls es überschäumen sollte, bleiben Sie ruhig und fluchen Sie nicht: Sie haben hinterher noch genug Zeit, Ihre Küche zu putzen.

🍅 Wenn die Crème leise köchelt, geben Sie das abgetropfte Gemüse hinein. Probieren Sie Ihre Nudeln, sie sind vermutlich gerade recht. Gut abtropfen lassen. In eine hübsche Schüssel füllen, die Zwiebeln mit der Butter, das Gemüse mit der Sahne sowie ein paar Basilikumblättchen dazugeben. Bei Tisch mit Hilfe von zwei Gabeln maßvoll umrühren und die angerichteten Teller auf hinterhältige Weise mit Pfeffer bestreuen. Servieren Sie etwas frisch geriebenen Parmesan dazu, wenn Sie möchten (ich ziehe es hier ohne Käse vor). Sie können beim Champagner bleiben, der sehr gut zu Ihrem spontanen Entschluß paßt. Nach einem derartigen Meisterwerk ist ein zweiter Gang ausgeschlossen: Gehen Sie direkt zu der erwarteten Beschäftigung über.

Inmitten Ihres ausschweifenden Höhenflugs ist es schließlich **Sommer geworden**, und Sie können zu Ihren Nudeln nun eine Tomatensauce zubereiten, nicht so eine, mit der Sie sich gewöhnlich zufrieden geben, sondern genau so eine, wie sie sein muß. Und zunächst einmal ganz roh und einfach:

Penne mit Frischkäse

Sommer – für zwei Personen
(ich unterstelle, daß Sie mit dem Objekt Ihrer Begierden eine sündige Beziehung unterhalten)

 Ihr Einkaufszettel:
200 g kleine Penne aus Hartweizengrieß

Für die Sauce:

2 schöne Tomaten und 4 fleischige Eiertomaten
2 Knoblauchzehen
1 Lauchzwiebel
250 g frischer Ricotta (oder Brousse de brebis oder
frischer Ziegenkäse, paßt hier am besten)
1 Bund Basilikum
1 Schuß Olivenöl aus erster kalter Pressung
Salz, Pfeffer aus der Mühle

● Während Ihr(e) Angebetete(r) munter plappert und den Tisch hübsch deckt, bringen Sie einen großen Topf Wasser zum Kochen. Schälen und entkernen Sie die Tomaten nach der Methode, die Sie mittlerweile im Schlaf beherrschen (siehe S. 27), und schneiden Sie das Fruchtfleisch in kleine Würfel, die Sie in einen Topf geben. Fügen Sie die geschälten und durch die Presse gedrückten Knoblauchzehen, die fein gehackte Lauchzwiebel, an der Sie etwas Grün drangelassen haben, eine gute Prise Pfeffer und das Öl hinzu. Gut verrühren.
● Mittlerweile kocht das Wasser: Geben Sie das grobe Salz und die Penne hinein. Fügen Sie zu Ihrer Sauce den in große Würfel geschnittenen Frischkäse hinzu, und lassen Sie die Sauce bei geringer

Hitze lauwarm abkühlen. Das Basilikum waschen, trockentupfen und kleinschneiden. Jetzt ist der Augenblick gekommen, an dem Sie Ihre Nudeln probieren sollten. Sicher sind sie fertig. Wenn dem so ist, gießen Sie sie ab und vermischen Sie sie mit der Sauce und dem Basilikum. Abschmecken und nach Bedarf noch Salz zufügen. Schmeckt auch kalt hervorragend. Seien Sie auf der Hut, wenn Sie unabhängig bleiben möchten: Das Objekt Ihrer Begierden könnte sich auf Dauer bei Ihnen einnisten.

Von Herbst bis Frühling können Sie dieses Rezept zubereiten:

TORTELLINI »AL MAGRO« MIT SALBEIBUTTER

Sie sollten eine gute Beziehung haben zu einem Nudelkünstler Ihres Vertrauens, von dem Sie sich eine Portion frische Tortellini (oder Ravioli oder Agnolotti) *al magro* zubereiten lassen. Das sind kleine, mit Ricotta und Spinat gefüllte Teigtäschchen.

🍅 Fragen Sie Ihren Spezialisten nach der Kochzeit und folgen Sie genau seinen Anweisungen – er kennt sich aus.

🍅 Sie machen die Nudeln mit folgender Sauce an: In einem kleinen Topf 50 g Butter (roh, keinesfalls pasteurisiert) zerlassen. Vom Herd nehmen und den Schaum, der sich obenauf gebildet hat, mit dem Schaumlöffel abnehmen. Gießen Sie die Butter in einen anderen Topf und geben Sie dabei acht, daß nichts von dem milchigtrüben Bodensatz mit hineingerät. Den können Sie wegwerfen. Diesen Vorgang bezeichnet man als »Klären von Butter«. Geben Sie ein Dutzend frische Salbeiblätter in die geklärte Butter. Warm stellen, aber nicht mehr kochen, dann mehrere Minuten durchziehen lassen. Beträufeln Sie Ihre abgegossenen Tortellini mit dieser Butter, streuen Sie großzügig frischen Parmesan darüber. Mit Pfeffer abschmecken. Das übertrifft alles, und Ihnen werden die Worte fehlen.

Hier nun endlich eines der Fundamente der *pasta italiana:*

Echte Tomatensauce

Diese traumhafte und nicht aufwendige Sauce hält sich gekühlt in einem geschlossenen Behälter einige Tage. Bereiten Sie also eine große Menge zu, zum Beispiel für 4 Personen. Verwenden Sie keine Gefäße, die oxydieren könnten, denn das liebenswerte Gemüse besitzt Säure! Passen Sie auch während des Kochvorgangs auf, der fast 1 Stunde dauert, und beginnen Sie mit der Sauce lange bevor sie die Pasta aufsetzen. Was die Nudelauswahl zu diesem traditionellen Rezept anbetrifft, können Sie Ihrer Phantasie freien Lauf lassen: Spaghetti, Spaghettini, Makkaroni, Pappardelle und sogar Tortellini und Ravioli (die, wie Sie wissen, eine längere Garzeit benötigen, da sie gefüllt sind). Die Tomatensauce liebt alle Nudelsorten, sie ist äußerst sympathisch und wird sie in exzellente Stimmung bringen.

🍅 Nehmen Sie 1 kg schöne reife Tomaten, die Sie schälen, entkernen und in große Stücke schneiden. Das zarte Fruchtfleisch wartet auf die weitere Verarbeitung in einem Abtropfsieb.

🍅 Schälen Sie nun 2 große weiße oder gelbe Zwiebeln , schneiden Sie sie in sehr feine Ringe oder Streifen, je nach Geschmack. Schneiden Sie eine gut gewaschen Selleriestange in feine Stifte.

🍅 In einer Bratpfanne erhitzen Sie 2 EL Olivenöl aus erster kalter Pressung und dünsten darin die Zwiebeln und den Sellerie an. Von Zeit zu Zeit mit einem Holzkochlöffel umrühren. Das Gemüse soll keine Farbe annehmen, sondern schön glasig werden.

🍅 Geben Sie nun das Tomatenfleisch dazu, einige Stengel glatte Petersilie (die krause Petersilie ist eine Gotteslästerung, ich wiederhole es immer wieder), 1 Lorbeerblatt, je 1 Messerspitze Thymian und Oregano, 2 geschälte und durch die Presse gedrückte Knoblauchzehen und Salz. Leise köcheln lassen.

Sie können zwischendurch einer anderen Beschäftigung nachgehen, dennoch müssen Sie von Zeit zu Zeit mit dem Holzkochlöffel umrühren, damit die Sauce nicht am Topfboden anlegt. Nicht zudecken.

Die Sauce soll von ziemlich dicker Konsistenz sein, die durch das Verdampfen der Flüssigkeit entsteht.

🍅 Es ist so weit. Geben Sie die Sauce über Ihre Nudeln, nachdem Sie das Lorbeerblatt und die erbärmlich aussehenden Petersilienstengel entfernt haben. Je nach Geschmack mit Pfeffer und Käse bestreuen. Ich hoffe, Sie erweisen mir die Ehre und laden mich zu diesem Erfolgsschlager aus der Alltagsküche ein, von dem man nicht genug kriegen kann.

Weihnachten ist vorbei, Silvester ebenfalls. Abgebrannt nach so vielen Tagen ruinösen Feierns, halten Sie sich nun wie Bruder Leichtfuß an ein Stück hartes Brot, das nur von Ihren Tränen etwas aufgeweicht wird. Eine magere Angelegenheit.
Meine fürsorgliche Natur läßt es jedoch nicht zu, daß Sie sich in solchen Extremen verlieren. Halten Sie sich an folgendes Rezept, das bei mittellosen Italienern sehr beliebt ist:

RISOTTO ALLA MILANESE
Das ganze Jahr über – für 1 Person
(andernfalls leicht zu multiplizieren)

Beginnen wir mit dem Grundrezept,
dem *Risotto bianco:*

 Ihr Einkaufszettel:
100 g Superfino Arborio-Reis
(aus der Poebene – sonst ist es kein Risotto-Reis)
1 Markknochen vom Kalb oder Rind,
den Ihnen Ihr vertrauenswürdiger Metzger überläßt
1 nußgroßes Stück Butter
1 mittelgroße Zwiebel
25 cl Hühnerbrühe, die Sie auch
aus einem sehr guten Konzentrat (Würfel)
zubereiten können, wobei Sie Mengenangabe
und Zubereitungsweise beachten müssen;
zweifelsfrei schmeckt der Risotto aber
mit echter Hühnerbrühe besser
(oder auch mit einer Kalbsbrühe
oder gar einer guten Rinderbrühe)
15 cl trockener italienischer Weißwein
(ein Grigio würde sehr gut passen)
1 gutes Stück Parmesan
von ausgezeichneter Qualität
Salz, Pfeffer aus der Mühle

🍅 Schneiden Sie das rohe Rindermark in kleine Würfel und zerlassen Sie es zusammen mit der Butter bei milder Hitze in einem Schmortopf. Die Zwiebel schälen, fein hacken und in dem Fett sanft glasig dünsten. Sie soll keine Farbe annehmen. In der Zwischenzeit bringen Sie die Hühnerbrühe in einem anderen Topf zum Kochen.

🍅 Schalten Sie die Hitze unter dem Schmortopf herauf, geben sie den nicht gewaschenen Reis dazu (damit er seine ganze Stärke behält), und rühren Sie mit einem Holzkochlöffel kräftig um, so daß jedes Reiskorn von dem Fett überzogen und fast glasig wird. Fügen Sie nun den Weißwein hinzu und warten Sie, bis er verkocht ist, was sehr schnell der Fall sein wird, obwohl Sie die Hitze wieder reduziert haben.

🍅 Geben Sie nun auf zwei- oder dreimal die Brühe dazu, rühren Sie mit dem Kochlöffel um, und warten Sie jeweils, bis die Flüssigkeit vom Reis wieder aufgesogen wurde. Nicht zudecken. Die Menge der Brühe hängt von der Reisqualität ab.

🍅 Nutzen Sie die langsame Garzeit und lesen wieder einmal Gramsci. Das wird Ihren Haß auf die Reichen verstärken, und die Kalorien, die Sie durch Ihren Risotto zu sich nehmen, werden Sie zu einer revolutionären Tat beflügeln.

🍅 Nach 20 bis 25 Minuten ist Ihr Risotto gar, hat noch Biß (*al dente*) und gleichzeitig eine sahnige Konsistenz. Prüfen Sie es nach. Jetzt sollten Sie nachsalzen, falls erforderlich, mit Pfeffer übermahlen und 1 guten EL frisch geriebenen Parmesan dazugeben. Mit einer Gabel vorsichtig vermischen und mit etwas Parmesan bestreuen. Dieses einfache Essen ist in seiner Art perfekt. Nur Ignoranten glauben, daß Italiener außer Olivenöl nichts kennen. Sicher können Kühe auf den ausgedörrten Böden des Südens nicht überleben, und die Menschen haben keine andere Wahl. Im Norden des Landes kennen jedoch auch arme Leute die Butter.

Für eine gute Geflügelbrühe
Kaufen Sie ein paar Geflügelteile. Geben Sie sie in einen großen Topf und bedecken Sie sie reichlich mit kaltem Wasser. Fügen Sie etwas grobes Salz (am besten Salz aus Guérande) und ein paar Pfefferkörner (weiß, schwarz, rosa und grün, je nach Geschmack), einige Stengel glatte Petersilie, 1 geschälte und geviertelte Zwiebel, 1 geschälte Karotte, 1 gewaschene und in kleine Würfel geschnittene Selleriestange, 1 Lorbeerblatt und je 1 Thymian- und Rosmarinzweig dazu. Bei mittlerer Hitze etwa 1 Stunde leisen köcheln lassen, dabei mit dem Schaumlöffel den grauen und wenig appetitlich aussehenden Schaum entfernen, der sich zu Beginn der Kochzeit bildet. Das ist schon alles. Nun noch durch ein Sieb abgießen, etwas ausdrücken, um keinen Tropfen zu vergeuden, die festen Bestandteile wegwerfen, und Sie haben eine ausgezeichnete Brühe, ideal für den Risotto.

Es gibt unglaublich viele Risotto-Arten.
Ich zeige Ihnen einige Varianten. Zunächst einmal den

Risotto mit Safran

Bereiten Sie den Risotto genauso zu, wie beim *Risotto bianco* (siehe S. 52) beschrieben, fügen Sie jedoch der letzten Schöpfkelle Brühe eine gute Prise Safranfäden bester Qualität hinzu. Auf diese Weise erhalten Sie einen stark aromatisierten und wunderschön gefärbten Risotto.

Risotto mit Waldpilzen

Der »Risotto mit Waldpilzen« verströmt im Herbst einen herrlichen Duft und ist, zubereitet mit Totentrompeten oder Steinpilzen, eine besondere Köstlichkeit. Diese Pilze nicht waschen: schneiden Sie das erdige Ende ab und wischen Sie den Rest mit einem Tuch ab.

🍅 Rechnen Sie mit 200 g Pilzen pro Person. Bereiten Sie die ganzen Totentrompeten oder die in Streifen geschnittenen Steinpilze auf dieselbe Weise zu: in Butter, in einer Pfanne bei starker Hitze und unter häufigem Umrühren, bis das in den Pilzen enthaltene Wasser verdampft ist und die Pilze anfangen, leicht zu bräunen. Sie können in der letzten Sekunde noch eine sehr fein gehackte Schalotte und 1 EL kleingehackte glatte Petersilie sowie eine durchgepreßte Knoblauchzehe hinzufügen. Salzen und pfeffern. Die Pilze mit einer Gabel vorsichtig unter den *Risotto bianco* mischen.

🍅 Außerhalb der Pilzsaison können Sie bei Ihrem Italiener auch *Funghi porcini secci* (getrocknete Steinpilze) kaufen, die Sie ungefähr 10 Minuten in lauwarmem Wasser einweichen. Unter fließendem Wasser abspülen, um alle Verunreinigungen zu entfernen. Anschließend zubereiten wie frische Pilze.

Risotto mit Basilikum

Einen *Risotto bianco* (siehe Seite 54) zubereiten und zum Schluß ein Bund Basilikum, schön fein geschnitten, untermischen. Ich liebe es, zudem noch eine große gepreßte frische Knoblauchzehe zuzufügen, was überdies den Vorteil hat, Vampire zu vertreiben.

Hier noch ein Rezept aus der Arme-Leute-Küche
und wiederum aus Italien, das Ihnen einmal etwas Abwechslung zu Nudeln und Reis bringt:

GRÜNE GNOCCHI

Von Herbst bis Frühling – für 3 oder 4 Personen
(für Sie allein lohnt es sich nicht)

Ihr Einkaufszettel:
2 l Vollmilch, am besten rohe Milch
4 EL Branntweinessig oder Saft von 1 Zitrone
500 g frischer Spinat
2 Eier
50 g Mehl und 1 Handvoll Mehl zum Wenden der Gnocchi
1 gutes Stück Parmesan
125 g Crème double
1 kleines Stück Butter
Salz, Pfeffer aus der Mühle, Muskatnuß
1 großes Stück Gaze (Mull) von Ihrem Apotheker

Sie werden sich fragen, was der Apotheker hier zu suchen hat. Ihre Verwunderung ist legitim und ich antworte Ihnen: Sie benötigen ihn für die perfekte Zubereitung Ihres hausgemachten Quarks nach altüberliefertem Rezept.

● Beginnen Sie gleich mit Ihrem selbst gemachten Quark. Erhitzen Sie die Milch, der Sie den Essig bzw. den Zitronensaft zugefügt haben, in einem breiten Topf bei milder Hitze. Geben Sie eine gute Prise Salz dazu. Lesen Sie eine philosophische Abhandlung von Leopardi, und schon ist es so weit: die Milch flockt hellgelb aus. Legen Sie Ihr Sieb mit dem beim Apotheker erstandenen Mull aus und gießen Sie die Milch ab. Die abtropfende Molke ergibt einen kompakten, herrlichen Quark. Wenn Sie sich zu modern fühlen, um diese altmodischen Handgriffe nachzuvollziehen, kaufen Sie 250 g frischen Ricotta oder Brousse, was jedoch nicht so gut schmeckt.

🍅 Während der Quark abkühlt, entfernen Sie geduldig die Stiele vom Spinat. Waschen, abtropfen lassen und bei starker Hitze in einem Topf kurz zusammenfallen lassen. Das ist im Handumdrehen passiert. Noch einmal abtropfen lassen und mit dem Handballen oder dem Löffelrücken ausdrücken: Sie benötigen einen kompakten, trockenen Spinat, den Sie mit dem Messer grob hacken.

🍅 Vermischen Sie den Quark und den Spinat mit einer Gabel, falls nötig salzen, pfeffern und mit frisch geriebener Muskatnuß würzen. Geben Sie ihn zusammen mit der Butter in einen Topf und erhitzen sie ihn 4 Minuten. Vom Herd nehmen und unter kräftigem Rühren mit einer Gabel die Eier, das Mehl und ungefähr 50 g geriebenen Parmesan (einen großen Eßlöffel voll) untermischen. Abkühlen lassen und für mindestens 1 Stunde in den Kühlschrank stellen: Sie haben jetzt einen festen Teig.

Verlieren Sie nicht den Mut, Sie sehen bereits das Licht am Ende des Tunnels.

🍅 Legen Sie ein Küchentuch aus und sieben Sie das restliche Mehl darauf. Tauchen Sie auch Ihre Hände in einen tiefen Teller voll Mehl. Nehmen Sie vom Teig einen großen Teelöffel voll ab, rollen Sie ihn geschwind zwischen den Handballen und legen Sie ihn auf das bemehlte Tuch. Es hat den Eindruck, als würden die Teigstücke zusammenkleben. Lassen Sie sich davon nicht beeindrucken. Erhitzen Sie die Crème double und bringen Sie in einem großen Topf Salzwasser zum Kochen. Geben Sie einzeln nacheinander Ihre Gnocchi in das Wasser und erhöhen Sie etwas die Temperatur, damit das Wasser weiterhin siedet. Die Gnocchi sind fertig, wenn sie an die Oberfläche steigen, was sehr schnell der Fall ist. Abgießen, mit der heißen, etwas eingekochten Crème begießen und mit einer großen Schüssel geriebenem Parmesan servieren. Sie hatten viel Arbeit, aber Sie werden glauben, im Himmel zu sein, wie der Prophet Elias sagte.

Ich fühle, wie Sie besorgt Ihre Fettpölsterchen abtasten, weil Sie bei all diesen sättigenden Speisen etwas zu oft zugelangt haben. Bevor wir aber zum Gemüse kommen, kann ich der Versuchung nicht widerstehen, Ihnen noch ein letztes »Getreide-Rezept« zu geben, eine köstliche Speise, die ich hemmungslos in mich hineinstopfen könnte.

POLENTA

Das ganze Jahr über – rechnen Sie großzügig für 4 Personen (oder für Sie allein, sofern Sie in der Lage sind, meinen Exzessen zu folgen)

Ihr Einkaufszettel:
200 g feiner Maisgrieß
$1/2$ l Milch
1 Stückchen Butter
50 g frisch geriebener Parmesan
Salz, Muskatnuß

Es ist gut, einen Komparsen zu haben: die Zubereitung ist zwar einfach, aber langwierig.

● Bringen Sie die Milch mit derselben Menge Salzwasser in einem großen Topf zum Kochen. Lassen Sie den Maisgrieß hineinrieseln und unter beständigem Rühren 30 Minuten leise köcheln. Wenn der Grieß zu dick wird, fügen Sie während des Kochens noch etwas heißes Wasser hinzu. Geben Sie auf die Hitze acht: Polenta hat die ärgerliche Angewohnheit, Kleider, Köche, Boden und Wände mit Spritzern zu bekleckern, wenn sie zu stark kocht.

● Nach Ende der Garzeit rühren Sie Butter und Parmesan unter die Polenta und würzen Sie mit frisch gemahlener Muskatnuß. Eine hervorragende Beilage für Saucengerichte wie zum Beispiel den Schmorbraten. Schmeckt aber auch herrlich mit einer einfachen Tomatensauce (siehe S. 52) und breiten Scheiben vom Büffelmozzarella, die Sie mit etwas Oregano und Pfeffer bestreut haben. Das Ganze im vorgeheizten Ofen (220 Grad/Gas Stufe 7) eine Viertelstunde überbacken. Ein Wunder der Zivilisation. Früher war es in der Grafschaft Nizza einmal üblich, daß die Frauen ihren Männern in weiße Tücher gehüllte Polenta in die Weinberge brachten. Die anschließende Mittagspause war zweifellos sehr angenehm und rechtfertigte bei weitem die beträchtliche Kalorienmenge, die man sich gerade angetan hatte.

Gemüse

Auf diese Weise sind wir nun mit verblüffender Leichtigkeit bei dem Kapitel angekommen, dessen bloße Nennung Sie gestern noch vor bangem Grauen erzittern ließ. Wir beginnen mit dem, was Sie am meisten lieben, mit dem Schweren und Sättigenden – das heißt mit der Kartoffel –, um schließlich federleichten Schrittes zum subtileren Angebot der Jahreszeiten zu kommen, das eine geschickte Hand erfordert, ein ausgeprägtes geschmackliches Wahrnehmungsvermögen sowie präzisere Techniken. Ich sage es Ihnen am besten gleich, die Kartoffel ist bei weitem nicht diese neutrale, langweilige oder unwürdig fette Beilage (sogenannte »Dampfkartoffeln« oder »Pommes frites«), die Sie sich, ohne lange darüber nachzudenken, in zweitklassigen Restaurants einverleiben. Deshalb gehe ich hier zu Beginn der Frage auf den Grund:

Die richtige Kartoffel zur richtigen Zeit
Wir sprechen nicht einfach von »den Kartoffeln«: genauso gut könnte man sich auf die Bezeichnung »Säugetiere« beschränken, wenn man von menschlichen Wesen sprechen möchte. Sicher sind Bintje, Roseval, Sieglinde und Nicola alles Kartoffeln, aber sie unterscheiden sich untereinander ebenso wie der Pottwal von der Maus.
Die Wahl der richtigen Kartoffel hängt von der Jahreszeit ab, von der Zubereitung und dem Gericht. So bevorzugen wir die Bintje für das Püree, weil ihr mehliges Fleisch beim Kochen zerfällt und sie sehr gut bindet; Christa oder Primura eignen sich für Gratins, sie sind fest, aber zergehen im Munde. Sieglinde oder Roseval sind hervorragende Pellkartoffeln, sie haben ein aromatisches, festes Fleisch. Dampfkartoffeln – oder auch Bratkartoffeln mit Butter – bereitet man am besten mit Frühkartoffeln zu.
Niemals, aber wirklich niemals sollten Sie diese nichtssagenden mehligen Dinger verwenden, die es schon geschält oder sogar gekocht im Handel gibt, weder tiefgefrorene Pommes frites noch Konserven: das

ist schlichtweg barbarisch. Mit der Kartoffel befinden wir uns – von der Art her betrachtet – zwangsläufig beim Gegarten. Drei wichtige Punkte vorweg: Die Kartoffel wird schwarz, sobald ihr rohes Fleisch mit Luft in Berührung kommt. Schälen Sie sie daher im letzten Augenblick. Kartoffeln lassen sich nicht aufwärmen: es entsteht daraus ein ranziges Etwas. Kartoffeln setzt man immer in kaltem Wasser auf. Es gibt ungefähr ebensoviele Zubereitungsarten für Kartoffeln wie es Menschen gibt auf diesem Planeten. Ich gestehe, daß ihnen nicht meine größte Leidenschaft gehört – ich mag zum Beispiel keine Pommes frites, deswegen mache ich auch keine und erzähle Ihnen nichts darüber. In der Küche bin ich für Parteilichkeit.

BRATKARTOFFELN

Wählen Sie Frühkartoffeln, das heißt, eine kleine Sorte, von der Sie viele Exemplare benötigen.

🍅 Schaben Sie die dünne Haut der Kartoffeln mit einem Gemüsemesser oder einem Topfreiniger (den Sie nur für diesen Zweck verwenden) ab. Die Kartoffeln waschen und in einem Küchentuch trockentupfen. Ein großes Stück Butter im Schmortopf zerlassen und die Kartoffeln darin wenden.

🍅 Die Kartoffeln nun zugedeckt garen, dabei ab und zu den Topf rütteln, bis die Kartoffeln rundherum schön goldbraun sind. Salzen. Sie schmecken herrlich: das Innere zergeht auf der Zunge, außen hat sich eine mit Butter vollgesogene Kruste gebildet. Vorsicht: bei ganz schwacher Hitze garen, Sie wissen, wie leicht Butter bräunt, und dann wäre alles verdorben.

🍅 Im Winter nehmen Sie z. B. Nicola, die Sie schälen, waschen und in große Scheiben schneiden. Sorgfältig trockentupfen, sonst kleben sie aneinander. In der Pfanne mit reichlich Gänseschmalz »roh« braten. Das schmeckt ebenfalls sehr, sehr gut und ist sehr, sehr nahrhaft. Unabhängig von der Jahreszeit dauert die Zubereitung etwa 30 bis 45 Minuten: haben Sie deshalb Geduld.

Pellkartoffeln

Am besten entscheiden Sie sich für die rothäutige Roseval, die ein feines, vorwiegend festkochendes, rosa bis bernsteinfarbenes Fleisch besitzt. Geeignet sind auch Linda oder Ratte (als französischer Import) mit ihrem Haselnußaroma. Es sind eher kleine Kartoffeln, deshalb sollten sie 4 oder 5 Stück pro Person rechnen.

🍅 Waschen Sie die Kartoffeln unter fließendem kaltem Wasser, geben Sie sie zusammen mit einer Handvoll grobem Salz in einen Topf und bedecken Sie sie mit kaltem Wasser. Der Kochvorgang dauert etwa 15 bis 20 Minuten, sobald das Wasser zum ersten Mal aufwallt. Die Knolle ist gar, wenn sich ein spitzes Messer ohne Widerstand bis zur Mitte hineinstechen läßt.

🍅 Abgießen und sofort mit einer oder mehreren der folgenden Beilagen servieren:
– Crème double, mit oder ohne Schnittlauchröllchen
– gesalzene Butter
– Süßrahmbutter, mit der Gabel zerdrückt und mit fein geschnittenen Estragonblättchen vermischt
– Quark (hohe Fettstufe) mit fein geschnittener glatter Petersilie und sehr fein geschnittenen Frühlingszwiebeln vermischt, gewürzt mit Salz, Pfeffer und, je nach Geschmack, zwei großen durchgepreßten Knoblauchzehen.

🍅 Jeder schält sich seine Kartoffeln selbst und nimmt sich dazu die gewünschte Beilage. Ein wunderbares Essen für Sie allein, à la Vincent van Gogh.

Ich esse Pellkartoffeln am liebsten mit Salzbutter und gegrillten Sardinen, mag aber auch speziell die Roseval mit Quark: im Elsaß nennt man dieses Gericht Bibelekass.

Mein Lieblingsrezept für die Knolle ist das

KARTOFFELPÜREE
Herbst-Winter – für 4 Personen

 Ihr Einkaufszettel:
1 kg mittelgroße Bintje
(das Püree ist eine der wenigen Ausnahmen,
wo sie angezeigt sind)
ca. ¼ l Schlagsahne (oder Rohmilch,
falls Sie Figurprobleme haben sollten)
50 bis 100 g zimmerwarme Butter
Muskatnuß
1 Handvoll grobes Salz

● Ein gutes Kartoffelpüree verlangt etwas Fingerspitzengefühl und eine sehr genaue Planung. Die Knollen schälen, waschen und in einen großen Topf geben, in dem bereits mit grobem Salz versetztes Wasser auf sie wartet.

● Zum Kochen bringen und so lange sieden, bis sie schön weich sind, was ungefähr 20 bis 30 Minuten dauert. Überprüfen Sie den Garzustand, indem Sie mit einem Messer in eine Knolle hineinstechen, Sie dürfen keinen Widerstand spüren.

● In der Zwischenzeit haben Sie die Schlagsahne oder die Milch lauwarm erwärmt.

● Die Kartoffeln abgießen und so schnell wie möglich durch die mittelfeine Scheibe der Passiermaschine (niemals in den Mixer geben: die Kartoffeln werden unangenehm pappig) in den Topf drücken, in dem bereits die Butter wartet. Schlagen Sie jetzt das Püree mit der Sahne oder der Milch mit Hilfe eines Holzkochlöffels auf, bis es die gewünschte Konsistenz hat, nicht zu dick- und nicht zu dünnflüssig ist. Mit frisch geriebener Muskatnuß abschmecken. Das alles muß ziemlich rasch geschehen, damit das Püree nicht abkühlt. Nicht zu lange rühren, davon wird es klebrig. Hier sollten Sie ausnahmsweise einmal nicht mit Butter knausern.

Zusammen mit einer Scheibe Kalbsleber bei milder Hitze in Butter gebraten und am Ende der Garzeit mit Salz und Pfeffer gewürzt, schmeckt es so gut, daß ich dafür sterben könnte. Es paßt aber auch zu allen anderen Fleischsorten hervorragend, zu Gebratenem und Gegrilltem, zu Sauce und Ragout. In der Lombardei serviert man es sogar mit dem Suppeneintopf *Bollito misto*, und das will was heißen! Bitte werfen Sie ein- für allemal – ich werde nie wieder darauf zu sprechen kommen –, den Püree-Ersatz in Flockenform weg, er verstopft unnötig das Küchenregal.

Nicht ganz so berühmt als Klassiker,
aber nicht weniger köstlich ist ein

KARTOFFELPÜREE MIT OLIVENÖL

Sie benötigen dieselben Zutaten wie im vorangegangenen Rezept, und Sie bereiten Ihr Püree auf dieselbe Art und Weise zu, mit dem einzigen Unterschied, daß Sie die Butter durch 4 EL fruchtiges Olivenöl aus erster kalter Pressung ersetzen. Schmeckt kräftig und originell, und paßt vorzüglich zu gegrilltem Fleisch oder Fisch, besonders zu pochiertem geräuchertem Schellfisch.

Der Winter hat mit Rauhreif Einzug gehalten und stürzt Sie
in eine düstere Depression. Jetzt oder nie sollten Sie sich ein
»Kartoffelgratin« gönnen. Dieser große Klassiker ist
kinderleicht zuzubereiten. Mein Rezept wird sie nicht enttäuschen
und Sie all die mißglückten Gratins vergessen lassen, die man
ungerechtfertigterweise so bezeichnet.

Kartoffelgratin

Winter – für 6 Personen
(für Sie allein halbieren Sie die Mengen –
das kommt ganz gut hin)

🧺 *Ihr Einkaufszettel:*
1,2 kg Sieglinde oder Spunta
(oder eine andere festkochende Sorte)
½ l Vollmilch
500 g Crème épaisse (dicke Sahne)
1 großes Stück Butter
Salz, Pfeffer aus der Mühle

● Die Knollen schälen und waschen. In 2 mm dicke Scheiben schneiden. Nehmen Sie mit den Augen Maß, es kommt nicht auf die zweite Stelle hinter dem Komma an. Achten Sie lediglich darauf, daß sie nicht zu dünn sind (das würde einen Brei ergeben), aber auch nicht zu dick (sonst sind die Kartoffelscheiben nicht weich genug).

● Streichen Sie eine längliche, ovale Gratinform (eine Form aus Ton paßt am besten zu dieser rustikalen Garmethode und den bäuerlichen Ursprüngen dieses Rezepts) großzügig mit Butter aus. Die Kartoffelscheiben ordentlich darin anrichten, mit der erhitzten Milch begießen, der Sie zuvor Salz und Pfeffer zugefügt haben.

● 300 g Crème épaisse über das Gratin verteilen und bei geringer Hitze (120 Grad/Gas Stufe 5) 2 bis 3 Stunden im Wasserbad garen. Von Zeit zu Zeit brechen Sie die goldbraune Kruste auf und fügen etwas Crème épaisse hinzu, die Sie zurückbehalten haben und die Ihre Kartoffeln allmählich aufsaugen. Die Oberfläche verbrennt nicht, und das freundliche Gemüse ist bis ins Herz hinein sahnig, wie es ihm gebührt. Die letzte halbe Stunde nichts mehr zufügen und das Gratin lassen schön bräunen.

● Servieren Sie dieses Meisterwerk mit einem knackigen Salat (Feldsalat oder Batavia), den Sie mit Walnußöl und Sherry-Essig angemacht haben. Sie können dazu kleine gegrillte Lammkoteletts, Kalbsleber oder das gute alte Roastbeef servieren.

Das ist ein Vergnügen, wie es die Puristen schätzen. Wer möchte – ich mag das nicht –, kann die Gratinform vor dem Einfetten mit einer Knoblauchzehe ausreiben. Es gibt auch Leute, die irgendeinen geriebenen Käse dazugeben. Das ist einfach grauenvoll. Befolgen Sie meinen Rat: Lassen Sie diesem Gericht seine jungfräuliche Schlichtheit, Sie werden damit gut beraten sein. Und gönnen Sie sich nach dem Genuß dieses stärkereichen Höhepunkts ein Mittagsschläfchen.

Nachdem wir uns schon im Winter befinden, bleiben wir noch ein bißchen dort: Es ist die Jahreszeit, in der wir uns leicht entmutigen lassen und folglich versucht sind, trübseligen Gewohnheiten nachzugeben. Mit ein bißchen Phantasie wird die Vielfalt an Gemüse mit ihren schlichten Reizen die finstere Jahreszeit angenehmer gestalten. Nehmen wir zunächst einmal das schneeweiße

SELLERIEPÜREE
Winter – für 3 Personen

 Ihr Einkaufszettel:
1 feste, schwere Sellerieknolle
½ l Milch
1 kleiner Becher Crème double
grobes Salz, Pfeffer aus der Mühle, Muskatnuß

● Schälen Sie das von so vielen Leuten verkannte Gemüse und schneiden Sie es in grobe Stücke. Waschen. Geben Sie die Milch mit derselben Menge Wasser und einer kleinen Handvoll grobem Salz in einen Topf. Bei starker Hitze zum Kochen bringen, das Gemüse dazugeben und ungefähr 15 Minuten kochen, bis Sie mit einem Messer in die Stücke einstechen können, ohne merklichen Widerstand zu spüren. Abgießen.

● Geben Sie in Ihre Mixerschüssel das Gemüse, die Crème double, Pfeffer und geriebene Muskatnuß und mixen Sie so lange, bis der Sellerie schön gebunden hat. Mit Hilfe der modernen Technik und ihrer Wunder dauert das nur ein paar Sekunden: um so besser, denn das Püree soll heiß bleiben. Sie haben nun ein sahniges, stark duftendes Püree, das hervorragend zu einem durchwachsenen Kalbskotelett paßt, das Sie langsam in Butter braten.

Falls Sie ein paar Waldpilze zur Hand haben (Totentrompeten, Pfifferlinge, Mairitterlinge …), putzen Sie sie, wie es sich gehört (Waldpilze werden nicht gewaschen). Anschließend in Scheiben schneiden, mit einer Spur Knoblauch, Salz und etwas fein gehackter glatter Petersilie langsam in Butter dünsten. So entsteht aus dem einfachen Gericht ein wahrer Gaumenschmaus.

Anmerkung: Das Selleriepüree kann zur Not im Wasserbad aufgewärmt werden. Pilze und Kalbskotelett werden im letzten Augenblick zubereitet. Sie benötigen etwa dieselbe Garzeit.

Ein weiteres Rezept, mit dem wir auf das Weiche, Sahnige und Zarte zurückkommen, ist das »Karottenpüree«, das in Ihnen Erinnerungen an die Kindheit und Ihre Mutter wachrufen wird.

KAROTTENPÜREE
Winter – für 2 Personen (Sie und Ihre Mutter)

 Ihr Einkaufszettel:
500 g mittelgroße Karotten
(lassen Sie sich nicht die großen, faserigen und zähen großen Karotten andrehen)
2 große EL Crème double
grobes Salz, 1 Stück Würfelzucker, weißer Pfeffer

● Die Zubereitung ist so einfach, einfacher geht es nicht: Die Karotten schälen, waschen, in kochendes Salzwasser geben und so lange kochen, bis sie schön zart sind (ungefähr 25 Minuten). Abgießen.

● Die Karotten mit Zucker, Pfeffer und Crème double im Mixer pürieren, wie im Rezept vom Selleriepüree beschrieben (siehe S. 69). Das schafft Ihr kleiner Finger. Sofern Sie dieses Püree mit einem gerade richtig gebratenen hellen Fleisch servieren, werden Sie sich an frühere Zeiten erinnert fühlen und Ihre Mutter wird angesichts dieser Köstlichkeit eine Träne vergießen. Ich esse zu diesem Püree am liebsten eine Andouillette (Bratwurst), was für Sie jedoch ein bißchen zu rustikal sein könnte.

Hier eine herzhaftere Zubereitung für Winterkarotten,
die besonders gut zu gebratenem oder gegrilltem Lamm passen oder auch zu einer Goldbrasse – ganz wie Sie wollen.
Die Suppenwurzel fühlt sich sehr wohl in Begleitung von Zucker, hält auch auf süß-saure Art Überraschungen bereit und harmoniert mit den unterschiedlichsten Aromen. Nun also die leckeren

KAROTTEN MIT KNOBLAUCH

Winter – für 2 Personen
(in Anbetracht des kräftigen Duftes laden Sie am besten einen sehr guten Freund ein)

Ihr Einkaufszettel:
500 g kleine Möhren
10 Knoblauchzehen
je 1 Msp Thymian und Rosmarin
1 EL Olivenöl
Salz, Pfeffer aus der Mühle

● Die Karotten schälen und in dicke Scheiben schneiden. Die Knoblauchzehen schälen, der Länge nach halbieren und den Keim entfernen. Das Olivenöl in einer Pfanne erhitzen, die Karotten und den Knoblauch dazugeben und gut darin wenden, so daß sie rundum von Öl überzogen sind. Bei milder Hitze 10 Minuten garen, dabei zwischendurch ab und zu umrühren.

● Nun Salz, Pfeffer, Thymian und Rosmarin dazugeben und weitere 10 Minuten, in denen Sie ab und an umrühren, garen. Zum Schluß ist das Gemüse goldbraun, riecht wunderbar und ist teuflisch lecker.

Im Frühling können Sie für dieses Gericht kleine ganze Frühkarotten, jungen Knoblauch und frischen Thymian und Rosmarin verwenden. Es wird herrlich schmecken und bezaubernd aussehen, wenn Sie an den Karotten etwas Grün dranlassen. Für dieses zarte Frühlingsgemüse ziehe ich Butter dem Olivenöl vor; während des Garens muß man doppelt achtgeben, daß die Pfanne nicht zu heiß wird.

Kommen wir zum Winter zurück und damit zu den Depressionen, die auf jeden lauern. Die Kälte bezwingt die Kalorien. Profitieren Sie davon und kochen Sie sich leckere und gehaltvolle Gratins wie ein

BLUMENKOHLGRATIN
Winter – für 3 oder 4 Personen

 Ihr Einkaufszettel:
1 fester, gut geschlossener schneeweißer Blumenkohl
mit kurzen Stielen (natürlich bekommt man ihn das ganze Jahr
über, aber hier geht es wirklich um ein Wintergericht)
50 g Butter
30 g Mehl
¼ l Vollmilch
2 große EL Crème double
100 g Comté, frisch gerieben
grobes Salz, Pfeffer aus der Mühle, Muskatnuß

Die Vorbereitung ist auf ein Minimum beschränkt.
● Die Blätter vom Blumenkohl entfernen, den Strunk flach anschneiden, so daß der Kohlkopf stehen bleibt. Schneiden Sie nun einen 5 cm langen Keil aus dem Strunk heraus: dort sitzt der Großteil des unangenehmen Geruchs des weißen Gemüses.
● Bringen Sie in einem großen Topf etwas Wasser (d. h. 2 bis 3 cm hoch) mit groben Salz zum Kochen.
● Setzen Sie den Blumenkohl aufrecht hinein und verschließen Sie den Topf hermetisch mit einem Deckel, sobald das Wasser wieder aufkocht: Auf diese Weise werden die Blumenkohlröschen im Dampf gegart und bewahren ihre unbefleckte Reinheit und ihren feinen Geschmack. Die Garzeit beträgt zwischen 15 und 20 Minuten. Das Gemüse herausnehmen, abtropfen und ein bißchen abkühlen lassen.
● In der Zwischenzeit bereiten Sie die *Béchamelsauce* zu – ein Kinderspiel. In einem kleinen Topf zerlassen Sie die Butter bei milder Hitze, geben dann das Mehl dazu, stellen die Hitze etwas höher und rühren kräftig mit einem Holzkochlöffel, bis die Mehlschwitze leicht

Farbe annimmt, was nach ein paar Sekunden der Fall ist. Geben Sie nun die Milch dazu und rühren Sie so lange, bis die Sauce wieder aufkocht. Mancherorts bekommt man zu hören, daß die Béchamelsauce gerne krümelig wird. Das stimmt jedoch nicht, Sie werden es nach meiner Methode bestätigen können.

● Vom Herd nehmen, Salz, Pfeffer, Muskatnuß und Crème double dazugeben und gründlich verrühren, die Hälfte des Käses unterrühren.

● Nun müssen Sie nur noch den Ofen anschalten (220 Grad/Gas Stufe 7), die Blumenkohlröschen in eine Gratinform geben (den restlichen Strunk entfernen Sie), die Sauce darauf verteilen und mit dem restlichen Käse bestreuen.

● Ungefähr 20 Minuten später können Sie dieses schlichte Meisterwerk aus dem Ofen nehmen. Es paßt vorzüglich zu weißem Fleisch, aber auch zu gegrilltem Fisch (Sardinen, Makrelen, Lachs) oder auch zu Eiern, zum Beispiel Rühreiern.

Und jetzt ein kleines, ganz einfaches Gratin, wie es die Lyonnaiser lieben – gottbegnadete Genießer. Sie benötigen dafür ein äußerst bescheidenes und häufig verkanntes Gemüse, einen Verwandten der Artischocke, der im Gemüseregal zugegebenermaßen sehr wenig hermacht.

CARDY-GRATIN
Winter – für 2 Personen

 Ihr Einkaufszettel:
1 kg Cardy (auch Karde oder Kardone) ohne Flecken
(man hat sehr viel Abfall, aber dafür sind Karden nicht so teuer)
1 Zitrone
35 g Mehl
3 EL weißer Essig
50 g Butter und 15 g zum Einfetten der Form
¼ l Schlagsahne
Salz, Pfeffer aus der Mühle, Muskatnuß

🍅 Verwenden Sie nur die mittleren Blattstiele, die anderen sind hohl und faserig. Am Wurzelende auseinanderschneiden und mit einem Gemüsemesser die Haut in langen Fäden abziehen. Die Stiele in 5 cm lange Stücke schneiden und sofort in kaltes Wasser legen, dem Sie den Saft von einer Zitrone zugefügt haben: Cardy wird an der Luft sofort dunkel, was Sie verhindern sollten.

🍅 Bereiten Sie den Kochsud zu: Geben Sie in einen großen Topf 10 g (1 gestrichenen EL) Mehl und verrühren Sie dieses nach und nach mit 2 Liter kaltem Wasser. Fügen Sie eine kleine Handvoll grobes Salz und den Essig zu. Unter gelegentlichem Umrühren zum Kochen bringen und die Cardys darin 45 Minuten kochen. Abgießen. Den Ofen vorheizen (220 Grad/Gas Stufe 7).

🍅 Bereiten Sie die Sauce zu: Zerlassen Sie 50 g Butter in einem kleinen Topf, geben Sie das restliche Mehl dazu und rühren Sie so lange, bis eine helle Mehlschwitze entstanden ist. Geben Sie nun die Schlagsahne dazu und bringen Sie die Sauce bei geringer Hitze langsam zum Kochen. Mit Salz, Pfeffer und Muskatnuß abschmecken.

🍅 Die Gratinform mit Butter ausstreichen, die Cardys hineingeben und mit der Sauce begießen. Im Ofen 15 Minuten goldbraun backen. Das ist die Technik! Haben Sie bemerkt – kein überflüssiges Wort, die absolute Präzision. Das ist das Temperament der Lyonnaiser, sehr zurückhaltende Menschen, die nur bei Tisch aus sich herausgehen.

Lassen wir nun die Gratins beiseite. Sie haben festgestellt,
wie einfach die Zubereitung ist und Ihre Ängste
davor verloren. Wenden wir uns, gegen Ende des Winters,
einigen verschmähten Gemüsesorten zu, die, richtig
zubereitet, überraschende Qualitäten offenbaren.
So zunächst einmal der Rosenkohl …

Rosenkohl mit Maronen

Winter – für 3 Personen

Ihr Einkaufszettel:
500 g Rosenkohl, feste kleine Köpfchen
ohne gelbe Blätter
250 g sehr gute Maronen aus der Dose
(selbst ich bringe nicht die Geduld auf,
die erforderlich wäre, um frische Maronen
genießbar zu machen)
125 g geräucherter, durchwachsener Bauchspeck,
in Würfel geschnitten
1 EL Gänseschmalz
grobes Salz, Pfeffer aus der Mühle

- Es genügt, den kleinen Strunk der Kohlköpfchen abzuschneiden, den Kohl zu waschen und in einen großen Topf mit kochendem Salzwasser zu geben.
- Sobald das Wasser von neuem aufkocht, den Kohl abgießen. Das nennt man »Blanchieren«: es bewahrt dem Gemüse seine leuchtende Farbe und dient außerdem dazu, dem Gemüse die Bitterkeit zu nehmen.
- Bräunen Sie nun den Speck in Ihrem Schmortopf an. Mit dem Schaumlöffel aus dem Topf nehmen, sobald er leicht goldbraun wird, und auf Küchenpapier abtropfen lassen. Das Fett im Topf abgießen und durch Gänseschmalz ersetzen (Gänseschmalz hat ein wesentlich subtileres Aroma).
- Wenden Sie die Kohlköpfchen im zerlassenen Schmalz, geben Sie den Speck dazu und dämpfen Sie den Kohl zugedeckt bei geringer Hitze 15 Minuten. Die Maronen hinzufügen und vorsichtig vermischen, damit sie nicht auseinanderfallen. Bei etwas stärkerer Hitze in 5 Minuten leicht goldbraun braten. Mit einem Hauch von Pfeffer abrunden. Servieren Sie den Rosenkohl zu Perlhuhn, Fasan, Kaninchen oder gebratener Ente oder auch zu eingelegter Enten- oder Gänsebrust. Es ist so einfach und doch so göttlich.

Noch ein Rezept für Rosenkohl, und Sie werden verstehen, warum dieses unscheinbare Gemüse mehr wert ist als die Suppe in der Kantine und etwas Besseres verdient hat, als von Ihnen verschmäht zu werden:

Rosenkohl-Frikassee

Winter – für 4 Personen

Ihr Einkaufszettel:
1 kg Rosenkohl
300 g Zwiebeln
2 EL Gänseschmalz
500 g kleine Karotten
1 TL Zucker
1 Glas trockener Weißwein
Thymian
Lorbeerblatt
Salz
Pfeffer aus der Mühle

● Bereiten Sie den Rosenkohl vor, wie im vorangegangenen Rezept beschrieben (siehe S. 75) und blanchieren Sie ihn in kochendem Salzwasser. Abgießen.

● Die Zwiebeln schälen und in feine Würfel schneiden. Das Gänseschmalz in einem Schmortopf zerlassen und die Zwiebeln darin bei geringer Hitze unter gelegentlichem Umrühren glasig dünsten.

● Nützen Sie die Zeit, um die Karotten zu schälen, zu waschen und in grobe Stücke zu schneiden.

● Bestreuen Sie die Zwiebeln mit dem Zucker. Etwas anbräunen lassen, dann mit dem Schaumlöffel aus dem Topf heben und auf einem Teller beiseite stellen. Die Karotten im Fett andünsten, bis sie ebenfalls etwas Farbe angenommen haben.

● Fügen Sie nun die Zwiebeln mit dem Saft, der sich gebildet hat, sowie den Rosenkohl, Lorbeerblatt, Thymian und etwas Salz zu. Bei mittlerer Hitze unter gelegentlichem Rühren köcheln lassen, bis die Flüssigkeit verdampft ist. Gießen Sie nun den Weißwein dazu, zudecken und bei geringer Hitze etwa 20 Minuten schmoren, bis das Gemüse zart ist.

🍅 Schmeckt hervorragend zu Blutwurst, Bratwurst oder gegrilltem Speck, und es schmeckt aufgewärmt noch besser. Im übrigen ist es äußerst billig.

Brokkoli ist eine ideale Beilage zu gebratenem Fleisch,
vor allem Rind. Bereits Plinius erwähnt dieses Mitglied
der Kohlfamilie voller Ehrfurcht und Dankbarkeit.
Der Inhalt Ihres Tellers spiegelt einmal mehr die Verbindung
von Natur und Kultur wider, ohne die unsere Ernährung
nur eine mühsame Notwendigkeit wäre, und die auch ein Beispiel
gibt für die Anfänge der Natur- und Sittengeschichte
des Abendlands.

BROKKOLI MIT BUTTER

Sommer (Brokkoli aus Kalabrien,
den besten, den es gibt) – Frühling
(Winterbrokkoli, der auch nicht schlecht schmeckt)
– für 4 Personen

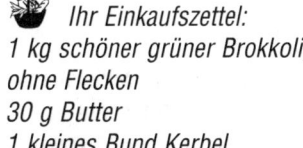 *Ihr Einkaufszettel:*
1 kg schöner grüner Brokkoli,
ohne Flecken
30 g Butter
1 kleines Bund Kerbel
Salz, Pfeffer aus der Mühle

🍅 1 Stunde vor dem Essen die Röschen mit kurzem Stiel mit einem Messer abschneiden und in kaltes Wasser legen. Auf diese Weise behalten sie ihre schöne Farbe am besten.

🍅 Schneiden Sie die kleinen grünen Blätter des kräftigen Mitteltriebes in feine Streifen und geben Sie sie ebenfalls dazu. Schälen Sie den Mittelstiel und schneiden Sie ihn in kleine Stücke.

🍅 Bringen Sie in einem Topf Salzwasser zum Kochen und geben Sie den abgetropften Brokkoli, die Blätter und die Stiele hinein. Wieder zum Kochen bringen, 4 Minuten kochen, dann abgießen. Nicht drücken, damit die kleinen Röschen nicht zerfallen.

🍅 Zerlassen Sie nun bei geringer Hitze die Butter in einer Bratpfanne und wenden Sie darin vorsichtig den Brokkoli. Salzen, pfeffern und mit Kerbelblättchen bestreuen, deren Zartgrün sehr schön mit dem leuchtenden Grün des Gemüses harmoniert.

🍅 Wenn Sie ein cremigzartes, Herz und Magen verwöhnendes Püree vorziehen, erhitzen Sie 200 Gramm Crème épaisse und lassen Sie sie etwas einkochen, während der Brokkoli gart.

🍅 Das Gemüse gut abtropfen lassen und mit der Crème im Mixer pürieren. Sie erhalten ein sahniges, jadegrünes Püree und Sie geben noch einen Hauch Muskatnuß darüber, das es noch raffinierter macht.

Ein weiteres Rezept, das Sie ähnlich mühelos zubereiten können, »Gedämpfter Lauch«, finden Sie auf S. 96

Süß-sauer ist eine Kombination, die in Europa schon im Mittelalter, vor allem aber während der Renaissance sehr verbreitet war.
Im folgenden nun ein deutsches Rezept für Rotkohl, ein Gemüse, das ich bis dahin falsch eingeschätzt hatte.

Rotkohlkompott

Winter – für 3 oder 4 Personen

 Ihr Einkaufszettel:
1 violettroter, schwerer fester Rotkohlkopf
ohne dunkle Blätter
2 schöne Renetten (oder Boskop)
2 EL Gänseschmalz
2 EL Weinessig
1 EL Johannisbeergelee
Salz, Pfeffer aus der Mühle
Essig zum Waschen

● Schneiden Sie zunächst, bewaffnet mit einem scharfen Messer, den Strunk ab. Den Kohl gerade hinsetzen und vierteln. Die Kohlviertel zunächst in Wasser mit viel Essig waschen, abtropfen lassen und klein schneiden: den Strunk vollständig entfernen, die Viertel in 1 cm breite Streifen schneiden, dicke Blattrippen zuvor entfernen. Das ergibt eine ziemlich große Menge.

● Zerlassen Sie nun das Gänseschmalz in einem großen Schmortopf. Geben Sie den Rotkohl dazu und obenauf die beiden Äpfel, geschält, entkernt und in Viertel geschnitten. Weinessig, Johannisbeergelee und Salz zugeben und alles mit dem Holzkochlöffel durchrühren.

● Bei geringer Hitze 2 Stunden zugedeckt köcheln lassen. Nehmen Sie nun den Deckel ab, und Sie werden fast in Ohnmacht fallen von dem betörenden Geruch, der sich im ganzen Viertel ausbreiten wird.

● Lassen Sie den Rotkohl weitere 30 bis 60 Minuten offen leise köcheln, bis die überschüssige Flüssigkeit verdampft ist und der Kohl eine kompottartige Konsistenz hat. Zum Schluß mit Pfeffer abschmecken. Schmeckt hervorragend zu gebratener Gans oder ganz einfach mit geräucherter Kochwurst

Der Frühling hält Einzug ... Das Schmuddelwetter verabschiedet sich, überall in der Natur treiben die Knospen aus, und Sie selbst fühlen neuen Schwung in Ihren müden Gliedern: jetzt ist Gemüse für Sie am wichtigsten, denn die neuen Triebe und Sprossen sind jung, zart und saftig. Sie profitieren nun von den gewaltigen Fortschritten in der Küche, die Sie dank manch stärkender Rezepte zum Thema Gegartes im Winter gemacht haben. Mit aller Leichtigkeit wird Ihre Hand nun das junge Frühlingsgemüse so zubereiten, wie es ihm gebührt. Beginnen Sie mit dem Spargel, dem eigentlichen Wahrzeichen dieser wunderschönen Jahreszeit, und zwar mit:

SPARGEL »ALLA PARMIGIANA«
Frühling – für 2 Personen

 Ihr Einkaufszettel:
1 kg gerader kurzer Spargel von klarer, heller Farbe,
mit festgeschlossener Spitze
150 g Parmesan
125 g Butter
Salz, Pfeffer aus der Mühle

Die Vorbereitung ist etwas mühsam und muß sorgfältig erledigt werden, denn wir haben es hier mit einem sehr empfindlichen Gemüse zu tun.

● Schälen Sie den Spargel, indem Sie mit dem Sparschäler unterhalb des Spargelkopfes ansetzen und zum unteren Ende hin schälen. Vom grünen Spargel ist nur der obere Teil genießbar, weißen Spargel kann man im Ganzen verzehren, man muß jedoch nach dem Schälen noch das holzige Ende entfernen. Schneiden Sie nun die Spargelstangen ungefähr auf dieselbe Länge und binden Sie sie nicht zu straff mit Küchenfaden zu kleinen Bündeln.

● Nehmen Sie einen schmalen hohen Topf, in dem Ihr Spargel aufrecht stehen kann, und bringen Sie darin Salzwasser zum Kochen. Die Spargelbündel hineinstellen. Die unteren Enden kochen im Wasser, die empfindlichen Köpfe garen im Wasserdampf, der durch das Kochen freigesetzt wird. Der Garvorgang dauert 7 bis 10 Minuten. Prüfen Sie, ob der Spargel fertig ist. Dafür stechen Sie mit einem Gemüsemesser unterhalb des Spargelkopfes ein: er soll zart, aber nicht zu weich sein.

● Vorsichtig aus dem Wasser heben, ohne eine Spargelstange zu beschädigen, und auf einem Küchentuch abtropfen lassen. Auf einer vorgewärmten Platte mit den Köpfen zur Mitte weisend anrichten.

● Den Küchenfaden entfernen. Die Köpfe mit Parmesan bestreuen und mit zerlassener Butter beträufeln. Pfeffern und sehr heiß servieren.

Das ist die italienische Art, Spargel zu servieren.

Nachdem Sie jetzt wissen, wie man Spargel kocht – und das ist das Wichtigste bei der Sache –, können Sie als Beilage auch eine Vinaigrette (aus 3 EL Sherryessig, 9 EL Walnußöl, Salz, Pfeffer) oder eine **leichte Mayonnaise** mit Eiweiß servieren, die man so zubereitet:

● Verrühren Sie in einer Schüssel mit dem Holzkochlöffel ein zimmerwarmes Eigelb mit 1 TL scharfen Dijon-Senf.
● Nun geben Sie tropfenweise ein gutes Olivenöl aus erster kalter Pressung dazu, das sie unter ständigem Rühren untermischen.
● Sobald die Mayonnaise fest zu werden beginnt, können Sie das Olivenöl etwas schneller zugeben. Achten Sie jedoch dabei darauf, erst alles unterzurühren, bevor Sie neues Öl dazugeben.
● Wenn Sie die halbe Schüssel mit schöner fester Mayonnaise voll haben, geben Sie Salz und Pfeffer dazu und mischen vorsichtig den steif geschlagenen Schnee von 1 Eiklar unter. Das gelingt immer und schmeckt herrlich.

Mein Ratschlag: Verwenden Sie nie, unter keinem Vorwand, Fertigprodukte von Vinaigrette oder Mayonnaise. Sie sind geschmacklich langweilig, strotzen vor Konservierungsmitteln und anderen Geschmacksverstärkern und sind grotesk teuer.

Im Mai kommen die frischen Palerbsen, bei denen Sie beim Einkauf auf glänzend grüne Schoten und feste, volle Erbsen achten sollten. Zusammen mit anderen Frühlingsgemüsen ergeben Sie eine herrliches Ragout – als einzelnes Gericht ein leichtes Essen oder eine Beilage für ein Hühnchen oder schlicht gebratenes Kalbfleisch. »Gebratenes Frühlingsgemüse« habe ich in einem Restaurant bei mir um die Ecke gekostet, bei einer Köchin, die in ihrer Unbeschwertheit eine geniale Küche praktiziert und der »ich alles verdanke«, wie schon Paul Claudel von Arthur Rimbaud sagte.

GEBRATENES FRÜHLINGSGEMÜSE

Frühling – für 2 bis 4 Personen
(je nachdem, ob man es als Hauptgericht
der als Beilage serviert)

Ihr Einkaufszettel:
150 g kleine grüne Bohnen,
fest und knackig
150 g Palerbsen
$^1/_2$ fest geschlossener, schöner grüner Kopfsalat
150 g Frühlingszwiebeln
150 g weiße, feste Mairübchen
1 frische Knoblauchzehe
300 g junge Karotten mit Grün
25 g Butter
5 cl trockener Weißwein
50 g Crème double
ein paar Basilikumblätter
Salz, Pfeffer aus der Mühle
1 Msp Zucker

Dieser Leckerbissen verlangt genaues Arbeiten und die Zubereitung beginnt eine Stunde vor der Mahlzeit: Frühlingsgemüse verträgt keine Wartezeiten.

🍅 Nehmen Sie Ihr bestes Gemüsemesser und Ihren Sparschäler, und bereiten Sie die verschiedenen Gemüse separat vor.

🍅 Entfernen Sie bei den Bohnen die Fäden, indem Sie an beiden Enden ein kleines Stück wegschneiden (heutzutage haben Bohnen meist gar keine Fäden mehr).

🍅 Die Erbsen palen. Vom Kopfsalat die äußeren Blätter, den Strunk und die dicken Blattrippen entfernen, die Blätter und das Herz in reichlich Wasser waschen, abtropfen lassen und in etwa 1 cm breite Streifen schneiden.

🍅 Wurzelansatz und die äußere Haut der Frühlingszwiebeln entfernen, ebenso den Großteil des Grüns. Die Mairübchen mit dem Messer schälen – ihre dicke Haut läßt sich mit dem Sparschäler nicht so gut abnehmen. An jedem Rübchen etwas Grün stehen lassen. Schälen Sie die Knoblauchzehe und schneiden Sie sie sehr fein. Schrappen Sie die Karotten mit dem Messer und lassen Sie ebenfalls ein bißchen Grün dran. Waschen. Das war's schon. Das Schlimmste ist vorbei. Sie haben die Zeit jedoch dazu genutzt, »Le Sacre du printemps« anzuhören und sind bester Laune.

🍅 Die Butter bei geringer Hitze im Schmortopf zerlassen und Karotten, Frühlingszwiebeln, Mairübchen und Knoblauch darin wenden. Kopfsalat, Zucker, Salz, 8 cl Wasser und den Wein dazugeben und zum Kochen bringen. Zudecken und 12 Minuten bei milder Hitze köcheln lassen.

🍅 In der Zwischenzeit die grünen Bohnen und die Erbsen 3 Minuten in Salzwasser blanchieren (von dem Augenblick an gerechnet, wenn das Wasser wieder aufkocht!), abgießen und unter sehr kaltes Wasser halten, damit der Garvorgang unterbrochen wird und sie ihre kräftige Farbe behalten. Nochmals abtropfen lassen. Nach den angegebenen 12 Minuten zum übrigen Gemüse in den Schmortopf geben.

🍅 Noch 3 Minuten zugedeckt köcheln lassen. Geben Sie die Crème double dazu und lassen Sie das Gemüse noch 2 Minuten ohne Deckel köcheln. Pfeffern, vermischen, mit kleingeschnittenen Basilikumblättern bestreuen und servieren. Ein Gericht von betörender Frische und Zartheit, und trotzdem besitzt es noch gerade so viel Biß, um die Zähne zu beschäftigen.

Das ist die Kultur des Gegarten: Jede Zutat wird so verarbeitet, wie sie es braucht, es werden harmonische Verbindungen geschaffen, der Jahreszeit wird Rechnung getragen.

Ich weiß, daß Sie mittlerweile Geschmack gefunden haben an dieser einfachen Chemie, die aus bescheidenen Mitteln ein tägliches Vergnügen zaubert.

Alptraum der Kinder, eine Köstlichkeit für Feinschmecker:
der Spinat. Sie kennen ihn vermutlich nur tiefgefroren, ·
was ihm nicht gerecht wird. Hier eine Methode, wie Sie das,
was Sie vielleicht für ein häßliches Kraut halten –
das man auch roh als Salat genießen kann –, in ein herrliches Gemüse verwandeln:

Spinat mit Butter

Frühling – Sommer – Herbst – für 4 Personen

 Ihr Einkaufszettel:
2 kg hell- oder dunkelgrüner Spinat,
die Farbe spielt keine Rolle, Hauptsache, die Blätter
haben alle dieselbe Farbe, sind schön knackig
und strotzen vor Feuchtigkeit (dieses Gemüse
beginnt schnell zu gären: wenn Sie Ihrem
Gemüsehändler nicht voll vertrauen können,
sollten Sie den Spinat diskret testen.
Wenn der Blätterhaufen sich lauwarm anfühlt,
ist das Gemüse nicht frisch und Sie sollten
entweder den Händler wechseln oder
Ihren Menüplan ändern).
100 g Butter
1 Knoblauchzehe
Salz, Pfeffer aus der Mühle

🍅 Der erste Schritt ist das etwas mühselige Verlesen des Spinats: entfernen Sie Blatt für Blatt die Stiele, indem Sie den Stiel zum Blatt hin abknicken. Anschließend waschen Sie die Blätter (ein Kilogramm Spinat ist vergleichbar mit einem Kilogramm Federn: es ist kein Ende abzusehen) im Spülbecken zwei- bis dreimal in kaltem Wasser, um die Erde restlos zu entfernen. Ich kann mir gut vorstellen, wie Sie jetzt murren, aber ich muß darauf bestehen: Das Ergebnis wird Sie bald versöhnen.

🍅 Gießen Sie den Spinat ab. Wenn Sie dicke, große Spinatblätter haben, geben Sie diese in kochendes Salzwasser und lassen sie nach erneutem Aufwallen noch 2 Minuten kochen. Abgießen, lauwarm abkühlen lassen und zwischen den Händen ausdrücken, um das Wasser, das zwischen den Blättern gespeichert ist, zu eliminieren. Wenn Sie junge, zarte Blätter haben, geben Sie sie, so wie sie sind, in einen großen Topf, bestreuen sie mit Salz und lassen sie bei guter Hitze unter Rühren (und nicht zugedeckt) zusammenfallen. Das ist sehr schnell passiert. Nicht länger erhitzen, sondern abgießen und ausdrücken.

🍅 Die Butter in einem Topf zerlassen, den Spinat dazugeben und mit einer Gabel, auf die Sie die Knoblauchzehe gespießt haben (die Sie hinterher wegwerfen), umrühren.

🍅 Servieren Sie dieses frische, gesunde Gemüse ganz heiß. Paßt wunderbar zu allen Fleischarten und Fischen. Genießen Sie Ihren Triumph auf bescheidene Art.

Noch ein letzter Tip: Wenn Sie möchten, daß der Spinat sein kräftiges Grün beibehält, sollten Sie ihn nach dem ersten Garvorgang für ein paar Sekunden in eiskaltes Wasser tauchen und anschließend gründlich abtropfen lassen. Das gilt übrigens für alle grünen Gemüse (Erbsen, Bohnen, Zuckerschoten ...), erinnern Sie sich?

Nun kommt der Sommer und in seinem Gefolge eine Reihe prachtvoller Gemüse, unter denen ich die bescheidenen Zucchini für besonders wertvoll erachte. Man kann sie das ganze Jahr über kaufen, aber nur jetzt im Sommer, in der Sonne auf dem freien Feld gereift, klein, knackig, schwer, mit glatter Haut und festem Stiel, sind sie auf dem Zenit. Am liebsten esse ich sie gewaschen, in Würfel geschnitten, in Olivenöl gebraten, knackig, zart und goldbraun, mit Basilikum, Salz und Pfeffer bestreut. Oder auch in dicke Scheiben geschnitten, 3 Minuten in kochendem Salzwasser gegart, gut abgetropft und mit ein paar Spritzern Olivenöl, Zitronensaft sowie Pfeffer abgeschmeckt, wie man sie in Italien serviert bekommt. Ich muß Ihnen diese Zubereitungen aber gar nicht mehr im einzelnen beschreiben, so gute Fortschritte haben Sie bereits gemacht. Wir sind mitten im Kapitel »schwieriges Gegartes«! Hier nun ein herrliches Rezept, das Sie für ein Hauptgericht oder ein ideales Picknick zubereiten können.

ZUCCHINIKUCHEN MIT BASILIKUM

Sommer – für 2 oder 4 Personen
(je nachdem, ob es sich um einen Hauptgang
oder eine Vorspeise handelt)

Ihr Einkaufszettel:
500 g kleine Zucchini
3 Knoblauchzehen
4 Eier
2 EL Semmelbrösel
50 g frisch geriebener Parmesan
1 Bund Basilikum
4 EL Olivenöl aus erster kalter Pressung
Salz, Pfeffer aus der Mühle, Muskatnuß

Die Zucchini 1 Stunde vor dem Essen waschen und trockentupfen. Den Stielansatz entfernen und die Zucchini in sehr feine Scheiben schneiden. Mit der Küchenmaschine geht das sehr schnell.

🍅 Erhitzen Sie das Olivenöl in einer sehr großen Pfanne und wenden Sie die Zucchini darin 1 Minute bei starker Hitze. Anschließend bei geringer Hitze 30 Minuten sanft köcheln lassen, dabei oft wenden, damit sie nicht bräunen. Den Ofen (250 Grad/Gas Stufe 8) vorheizen.

🍅 Die Knoblauchzehen schälen, durch die Presse drücken und 5 Minuten vor Ende der Garzeit zu den Zucchini geben. Salzen und alles gut vermischen. Schlagen Sie die Eier wie für ein Omelett gut auf.

🍅 Das Gemüse vom Herd nehmen, Semmelbrösel, Eier, Parmesan und rund 20 kleingeschnittene Basilikumblätter dazugeben. Mit Pfeffer und Muskat abschmecken. Alles gut vermischen.

🍅 Streichen Sie mit Hilfe eines Pinsel eine Springform mit dem restlichen Öl aus. Die Zucchini-Mischung hineingeben und glattstreichen. Für 15 Minuten in den Ofen stellen, bis die Oberfläche schön gebräunt ist.

🍅 Aus der Form lösen und servieren. Schmeckt heiß hervorragend mit einem knackigen Romanasalat, mit Olivenöl, Salz, Pfeffer und einer Handvoll in einer trockenen Pfanne kurz gerösteten Pinienkernen angemacht. Eignet sich kalt ideal fürs Picknick. Das Basilikum ergänzt sich aufs Beste mit den Zucchini und umgekehrt: eine Liebesgeschichte, der Sie verfallen werden.

Die Zucchini führt mich zur Aubergine, die trotz allen Anscheins nicht zu den Kürbisgewächsen zählt, sondern ein Sproß der Nachtschattengewächse und eine Cousine der Tomate ist. Man bekommt sie das ganze Jahr über, aber im Sommer schmeckt sie am besten, sonnengereift und fest, prall, von leuchtender Farbe, der Stiel ist kräftig grün und sitzt noch fest. Ich liebe das folgende Rezept, das wiederum Ausdruck meiner Vorliebe für Milchprodukte, insbesondere für Frischkäse, ist. Er ist wohl eines der ersten Zeugnisse für eine Eßkultur, die achttausend Jahre zurückreicht.

AUBERGINEN MIT SCHAFSKÄSE

Am besten im Sommer – für 2 Personen

 Ihr Einkaufszettel:
2 schöne Auberginen von je 500 g
(oder 1 schöne, große runde Aubergine, der Ästhetik wegen)
250 g Schafskäse (Brousse oder korsischer Broccio)
2 Eigelb
1 Bund glatte Petersilie
2 EL feine Semmelbrösel
50 g Parmesan
Salz, Pfeffer aus der Mühle, Muskatnuß, Zimtpulver
Olivenöl aus erster kalter Pressung

Wenn Sie möchten, können Sie sich die Vorbereitungen in zwei Arbeitsgänge einteilen.

● Die erste Arbeit besteht darin, das Gemüse vorzugaren: Heizen Sie den Ofen vor (250 Grad/Gas Stufe 8) und geben Sie die Aubergine hinein, die sie zuvor der Länge nach mit einem spitzen Messer eingeschnitten haben. 10 Minuten garen. Aus dem Ofen nehmen, etwas abkühlen lassen, damit Sie sich nicht verbrennen. Die Aubergine nun ganz halbieren und mit einem Teelöffel das Fruchtfleisch bis auf 1 cm herausschaben. Achten Sie darauf, die Haut nicht zu durchstoßen. Beiseite stellen.

🍅 Der zweite Arbeitsgang ist genauso lächerlich einfach. Das Auberginenfleisch mit einem Messer auf einem Brett fein hacken, den Schafskäse in einer Schüssel mit einer Gabel zerdrücken, das gehackte Auberginenfleisch, die Eigelbe, 1 guten EL gehackte Petersilie, 1 EL Semmelbrösel, die Hälfte des Parmesans, Salz, Pfeffer und je eine gute Prise Zimt und Muskatnuß dazugeben. Alles gut miteinander vermischen, in die beiseite gestellten Auberginenhälften füllen, die Oberfläche glattstreichen und mit den restlichen Semmelbröseln und dem Parmesan bestreuen.

🍅 Das war's! Nun müssen Sie die Auberginen nur noch in eine mit Olivenöl eingefettete ofenfeste Form setzen und im vorgeheizten Ofen (220 Grad/Gas Stufe 7) backen. Es dauert 30 bis 45 Minuten, bis die Oberfläche schön goldbraun ist.

🍅 Mit einem mit Olivenöl angemachten Romanasalat haben Sie ein wunderschönes Essen, ideal für einen Sommerabend.

Folgendes Gericht, wieder eine Kombination von Auberginen und Käse, bekommt man in den meisten italienischen Restaurants bei uns leider mißraten serviert. Richtig zubereitet schmeckt es jedoch herrlich. Dabei steht in den meisten dieser Küchen sogar ein italienischer Küchenchef am Herd. Hier heißt es, zurück zum Ursprung, zurück zum Originalrezept: »Melanzane alla Parmagiana«. Laden Sie einen guten Freund ein, der Ihnen von seinen ewig neuen Enttäuschungen in der Liebe sein Leid klagen wird, während er Ihnen in der Küche zur Hand geht. So vergeht die Zeit schneller, wodurch die mühsamen Vorbereitungen erträglicher werden.

Auberginen »alla parmigiana«

Sommer – für 4 Personen
(für weniger Leute lohnt es sich nicht: die Zubereitung ist diesmal etwas aufwendiger).

 Ihr Einkaufszettel:
1 kg kleine Auberginen
1 kg reife, aromatische Tomaten
1 Zwiebel
1 Stengel glatte Petersilie, 1 Lorbeerblatt, 1 Thymianzweig
1 Knoblauchzehe
1 schöner Büffelmozzarella
100 g Parmesan
Salz, Pfeffer aus der Mühle
Olivenöl aus erster kalter Pressung

🍅 Die Auberginen waschen, den Stielansatz entfernen und die Auberginen der Länge nach in 1 bis 2 cm dicke Scheiben schneiden. In ein Sieb legen, mit Salz bestreuen und Wasser ziehen lassen.
🍅 Die Tomaten schälen, entkernen und das Fruchtfleisch grob hacken (siehe S. 27).
🍅 Bitten Sie Ihren Freund, die Zwiebel zu schälen und fein zu hacken. Dann hat er wenigstens wirklich einen Grund zum Weinen.

🍅 Dünsten Sie die Zwiebeln in einer Bratpfanne in 1 EL Öl vorsichtig an. Sobald sie glasig sind (auf keinen Fall goldbraun), geben Sie die Tomaten, Salz, Petersilie, Thymian, Lorbeerblatt und die Knoblauchzehe, die Sie geschält und mit der flachen Seite eines breiten Messers leicht gequetscht haben, dazu. Bei geringer Hitze ohne Deckel leise köcheln lassen, dabei ab und zu umrühren, damit nichts am Boden anbrennt. Nach ungefähr einer Stunde ist eine sämige Sauce entstanden. Entfernen Sie nun die Kräuter und den Knoblauch.

🍅 Ihre Auberginen schwitzen noch immer vor sich hin. Trocknen Sie sie mit Küchenpapier gründlich ab, das sowohl das Wasser als auch das Salz aufsaugt. Geben Sie einen guten Schuß Öl in eine breite Pfanne und braten Sie darin bei mittlerer Hitze die Auberginenscheiben, bis sie weich und goldbraun sind, was pro Seite etwa 3 Minuten dauert. Noch einmal auf Küchenpapier abtropfen lassen. Das Ende Ihrer Pein ist fast erreicht.

🍅 Den Ofen vorheizen (250 Grad/Gas Stufe 8). Geben Sie in eine Gratinform ein wenig Tomatensauce, richten Sie darauf ein Schicht Auberginen an. Mit Pfeffer übermahlen, mit einer Schicht sehr dünn geschnittener Mozzarellascheiben belegen, darauf geriebenen Parmesan streuen, und so weiter fortfahren. Mit einer Schicht Tomatensauce, Mozzarella und einem Hauch Parmesan abschließen.

🍅 Im Ofen in 20 bis 30 Minuten bräunen. Ihr Freund hatte inzwischen genügend Zeit, sich wieder zu fangen, und kann sich mit Ihnen jetzt über die italienischen Reisen Stendhals unterhalten. Das paßt sehr gut zu dem Gericht, und während Sie darauf warten, daß es fertig wird, können Sie sich über die Lust auslassen. Dazu ein Glas Pinot Grigio trinken – eine runde Sache!

Vielleicht halten Sie mich ja für ein Heimchen am Herd, konservativ, ja sogar reaktionär, was meine Vorliebe für die klassische, gute alte Küche angeht, deren Gerichte man im allgemeinen in ziemlich verhunzter Form serviert bekommt. Sie werden Ihre Meinung ändern, wenn Sie folgendes Gericht probiert haben:

MEIN RATATOUILLE

Sommer – für 4 bis 6 Personen
(bereiten Sie eine große Menge zu: es schmeckt kalt ebenso gut wie heiß, und es hält sich 2 Tage im Kühlschrank)

Ihr Einkaufszettel:
1 kg reife, feste Tomaten
4 schöne, helle Zwiebeln
500 g kleine Zucchini
500 g kleine Auberginen
3 rote und grüne Paprikaschoten
(2+1 oder 1+2, eine mathematische Berechnung)
1 Lorbeerblatt, 1 Thymianzweig
2 Knoblauchzehen
4 EL Olivenöl aus erster kalter Pressung
Salz, Pfeffer aus der Mühle

● Ich kann mir lebhaft vorstellen, wie Sie, angesichts der Berge von Gemüse, die verarbeitet werden sollen, gegen die Verlockung ankämpfen müssen, zur Tiefkühlkost oder Konserve zu greifen. Aber immer mit der Ruhe. Sie brauchen dafür insgesamt lediglich eineinhalb Stunden.

● Zunächst die Tomaten: schälen, entkernen (siehe S. 27), das Fruchtfleisch in große Stücke schneiden, in einem Sieb abtropfen lassen.

● Dann die Zwiebeln: schälen, fein hacken und die Augen trocken wischen. Das Öl in einem großen Schmortopf erhitzen und die Zwiebeln darin sanft dünsten, dabei gelegentlich umrühren, bis sie glasig sind. Nicht braun werden lassen.

🍅 In der Zwischenzeit nun die Zucchini vorbereiten: waschen, Stielansätze entfernen und in 2 cm dicke Scheiben schneiden. Dasselbe Verfahren gilt für die Auberginen.

🍅 Paprikaschoten: halbieren, Kerne, weiße Häute und Stielansätze entfernen, fein hacken.

🍅 Gut so. Die Zwiebeln sind glasig gedünstet. Die Paprikaschoten dazugeben, gut umrühren. Weich werden lassen, dabei gelegentlich wieder umrühren. Das dauert etwa 10 Minuten, die Sie damit verbringen können, an das traurige Schicksal von Christoph Kolumbus zu denken, dem wir die große, milde Paprikaschote zu verdanken haben. Paul Claudel hat dazu ein interessantes Buch geschrieben.

🍅 Die Auberginen dazugeben, von Zeit zu Zeit umrühren und bei etwas stärkerer Hitze weich garen. Sie haben noch 10 Minuten, um über die Fortschrittsfeindlichkeit Bonapartes nachzudenken, der uns noch länger auf dieses Gemüse warten ließ, wohingegen sich die Afrikaner bereits zu Beginn dieses Zeitalters daran erfreuten.

🍅 Geben Sie die Zucchini dazu, die wir in Frankreich erst nach dem Zweiten Weltkrieg kennenlernten, obwohl sie in Indien bereits zu Zeiten vor Jesus Christus ein banales Gericht abgaben. Sie brauchen nur 5 Minuten.

🍅 Geben Sie schließlich die Tomaten, Salz, Lorbeerblatt, Thymian und die durchgepreßte Knoblauchzehe dazu. Die Konquistadoren, Sie wissen schon. Ihnen bleiben 10 Minuten bei starker Hitze, um die Synthese herbeizuführen, sich zu gestehen, daß wir Abendländer alles nur Neureiche sind und daraus die entsprechenden moralischen Konsequenzen zu ziehen und uns ganz in Toleranz und Bescheidenheit zu üben.

🍅 Es ist vollbracht. Zum Abschluß mit Pfeffer abschmecken. Sie sind klüger als noch vor einer Stunde. Essen Sie das Gemüse warm als Beilage zu Fisch oder gegrilltem Fleisch, oder, etwas später, lauwarm oder kalt als Vorspeise. Sie schämen sich nun, daß Sie Zweifel an mir hatten. Lassen wir es damit gut sein und vergessen wir es.

Sie haben bemerkt, daß wir wieder auf die Tomaten zurückgekommen sind, das einzige Erbe der Konquistatoren, das die im 16. Jahrhundert in Peru und Mexiko durch sie begangenen Verbrechen etwas entschuldigt. Von dort brachten sie die Tomate, auf die wir heute nicht mehr verzichten könnten, in unsere Länder. Es gibt unzählige Rezepte für gegarte Tomaten. Ich habe mein Lieblingsrezept ausgewählt: »Gefüllte Tomaten mit Basilikum«. Es geht leicht, ist nicht teuer, schnell zubereitet und überaus lecker. Laden Sie dazu einen Vegetarier ein, er wird sich freuen!

GEFÜLLTE TOMATEN MIT BASILIKUM

Sommer – für 2 Personen

Ihr Einkaufszettel:
4 schöne Tomaten à 250 g
4 EL Langkornreis (z. B. aus der Camargue
oder aus Madagaskar)
1 Bund Basilikum
50 g Parmesan
1 Knoblauchzehe
2 EL Olivenöl aus erster kalter Pressung
Salz, Pfeffer aus der Mühle

● Eine Stunde vor dem Essen – eine Faustregel, die auch beim Wein gilt – heizen Sie den Ofen vor (220 Grad/Gas Stufe 7).

● Waschen Sie die Tomaten und schneiden Sie einen etwa 1 cm dicken Deckel ab, an dem Sie den Stiel dranlassen. Schaben Sie nun mit einem kleinen Löffel das Fruchtfleisch heraus, dabei aber darauf achten, daß Sie nicht die Haut des Nachtschattengewächses durchstoßen. Die Kerne und die harten Teile wegwerfen, das Fruchtfleisch in kleine Stücke schneiden und in eine Salatschüssel geben.

● Den rohen gewaschenen und abgetropften Reis mit kleingeschnittenen Basilikumblättern, geriebenem Parmesan, einer durchgepreßten Knoblauchzehe, der Hälfte des Öls, Salz und Pfeffer dazugeben und vermischen (salzen Sie gut: der Reis und die Tomaten können es vertragen). Füllen Sie mit dieser Farce die ausgehöhlten Tomaten und setzen Sie die Deckel darauf.

🍅 Wählen Sie eine Gratinform, die eben groß genug ist, daß die Tomaten eng nebeneinander hineinpassen. Mit dem restlichen Öl und derselben Menge Wasser beträufeln. Das war's schon. Die Tomaten garen im Ofen eine knappe Stunde und sind im Handumdrehen verspeist.

Ein ziemlich vernachlässigtes Gemüse, das fast immer nur für Eintöpfe und Suppen verwendet wird, obwohl es doch auf folgende Art zubereitet so hervorragend schmeckt:

G̲e̲d̲ä̲m̲p̲f̲t̲e̲r̲ ̲L̲a̲u̲c̲h̲

Das ganze Jahr über, im Winter jedoch
der Abwechslung halber ein besonders willkommenes Gemüse
– für 2 Personen

Ihr Einkaufszettel:
500 g Lauch (kleine, feste grünweiße Stangen
mit dichten Wurzeln)
30 g Butter
1 Stück Würfelzucker
Salz (für Lauch benötigt man keinen Pfeffer)

● Den faserigen dunkelgrünen Teil der Lauchstangen wegschneiden, er ist ungenießbar. Ebenso die äußere weiße Haut und die Wurzeln. Vorsicht! Zwischen den Blättern sammelt sich gerne Erde an. Schneiden Sie daher die Stange der Länge nach ein und waschen Sie die einzelnen Blätter gründlich. Das ist die einzige Schwierigkeit! Schneiden Sie den Lauch nun quer in 1 cm breite Streifen.

● Zerlassen Sie die Butter in einem Topf und geben Sie den Lauch, Salz, Zucker und 0,3 Liter Wasser dazu. Zugedeckt bei milder Hitze 10 Minuten köcheln lassen.

● Den Deckel abnehmen und weitere 10 Minuten köcheln lassen, damit das Wasser verdampfen kann und der Lauch nun von einer hellen, sämigen Sauce überzogen ist.

● Von Zeit zu Zeit umrühren, der Lauch darf auf keinen Fall braun werden. Paßt gut zu Kalbsleber, mit Butter in einer Pfanne gebraten; diese herrliche Leber harmoniert gut mit dem süßlich-pfefferigen Aroma, das unser Gemüse zu bieten hat.

Saucen

Sie wissen vermutlich nicht, daß Gemüse in ihrer unerschöpflichen Großzügigkeit auch die Basis für herrliche Saucen abgeben können ...

Das Rezept für die echte Tomatensauce habe ich Ihnen ja bereits gegeben (siehe S. 51). Hier nun die »Rohe Tomatensauce« – ein Wunder an Geschmack, Leichtigkeit und gleichzeitig gesundheitsfördernd. Mit dieser Sauce können Sie sogar Cholesterinkranke wieder aufrichten.
Voraussetzung für den Erfolg dieser Sauce sind natürlich vollreife, aromatische Tomaten von bester Qualität.

Rohe Tomatensauce

Sommer natürlich – für 2 bis 4 Personen,
je nachdem, und falls Sie ganz egoistisch alles alleine aufessen, schadet es Ihnen auch nicht.

Ihr Einkaufszettel:
1 kg reife, feste Tomaten
1 Frühlingszwiebel
½ Bund glatte Petersilie
(oder Kerbel, Basilikum oder
sogar ein paar Minzblätter)
2 Knoblauchzehen
1 unbehandelte Zitrone
4 EL Olivenöl aus erster kalter Pressung
Salz, Pfeffer aus der Mühle

Sie benötigen einen Zestenreißer: Wenn sie keinen besitzen, sollten Sie sich einen kaufen.

🍅 Die Tomaten schälen und entkernen, wie bereits beschrieben (siehe S. 27). Das Fruchtfleisch in Würfel schneiden und zum Abtropfen in ein Sieb geben.

🍅 n der Zwischenzeit von der Frühlingszwiebel das Grün sowie die äußere Haut entfernen, die Kräuter waschen, trockentupfen und die Blättchen abzupfen, den Knoblauch schälen, die Schale von einer Zitronenhälfte mit dem Zestenreißer abziehen.

🍅 Geben Sie alles zusammen mit dem Öl, Salz und Pfeffer in Ihren Mixer, fügen Sie die Tomaten hinzu, die Sie zuvor leicht ausgedrückt haben, um ein Übermaß an Feuchtigkeit zu eliminieren. Im Mixer pürieren: innerhalb von Sekunden erhalten Sie eine fruchtige, aromatische Sauce. Sie können alle Arten von gegrilltem oder pochiertem Fisch, knackig gegartem Gemüse, pochierte Eier oder sogar frisch gekochte Nudeln damit beträufeln. Ich serviere sie am liebsten zu pochiertem Kabeljau, um einmal eine Abwechslung zur Aioli zu haben, auf die wir noch zu sprechen kommen.

Genauso herrlich und, falls das überhaupt möglich ist, noch schöner ist die

Rote Paprikasauce

Das ganze Jahr über, aber am besten im Sommer – für 4 Personen

 Ihr Einkaufszettel:
1 kg glänzend rote, pralle Paprikaschoten
mit festem, grünem Stiel
4 EL Olivenöl aus erster kalter Pressung oder
(was ich noch besser finde) 200 g Crème double
Salz, Pfeffer aus der Mühle, Zucker

🍅 Es ist kinderleicht. Die Paprikaschoten waschen und vierteln. Stielansätze, Kerne und die weißen Häute entfernen. Die Viertel in grobe Stücke schneiden.

🍅 In einem großen Schmortopf 0,1 Liter Wasser mit je einer Messerspitze Zucker und Salz zum Kochen bringen. Die Paprikastücke dazugeben, zudecken und 15 Minuten bei mittlerer Hitze köcheln lassen, sobald das Wasser neu aufgekocht hat. Abgießen.

🍅 Abkühlen lassen. Die Paprikastücke mit frisch gemahlenem Pfeffer in den Mixer geben und pürieren.

🍅 Durch ein Sieb abgießen, um die Hautreste, die unangenehm in die Zähnen hängenbleiben, zu entfernen. Verrühren Sie die Sauce nun mit Olivenöl (Sie bekommen eine kräftig rote Sauce) oder Crème double (ergibt ein wunderschönes Rosa).

🍅 Wenn Sie die Sauce heiß servieren wollen, erhitzen Sie sie in einem kleinen Topf im Wasserbad. Das ist alles.

Sie werden sich ins Paradies vor dem Sündenfall, der alles zunichte machte, versetzt fühlen, wenn Sie die Sauce zu Fisch oder pochierten Eiern servieren, oder wenn Sie kleine gebratene Lammkoteletts darin eintunken oder auch das übriggebliebene kalte Hühnchen, das Sie normalerweise ganz allein in einem dunklen Winkel wegnaschen.

Sie erkennen nun, wie die Küche Ihren Sinn für Ästhetik ebenso wie Ihre Empfindungen Schritt für Schritt weiterbildet, und werden nicht mehr verstehen können, wie Sie so lange Zeit ohne sie leben konnten. Falls man das Leben nennen kann.

Es gibt Leute, die bei Knoblauch das Gesicht verziehen.
Ich kann das nicht verstehen, denn Knoblauch hat alle Vorzüge: Er heilt Geschwüre und Wunden, Bluthochdruck, Wassersucht, Parasitenbefall im Magen-Darm-Bereich, Lungenkrankheiten, Keuchhusten, Husten und Heiserkeit usw., eigentlich alles, vielleicht mit Ausnahme von Wirbeltuberkulose und schlechtem Charakter. Er hält Vampire und böse Menschen fern, bringt die Liebenden einander näher und fördert gewaltig die Fröhlichkeit unter Freunden, die bei bester Laune in seinem starken Aroma schwelgen. Und außerdem ist Kochen in fast seiner ganzen Bandbreite ohne Knoblauch schlichtweg undenkbar (wer von dem »fast« betroffen ist, gehört zu den bemitleidenswerten Leuten, Opfern der Ungerechtigkeit des Schicksals). Hier nun zwei Saucen, die ich das ganze Jahr über gerne esse, und denen ich meine gute Laune und meine Wohlergehen verdanke.

Frische Knoblauchcreme

Sommer, von Mitte Juni bis Mitte August
– für 2 Personen

 Ihr Einkaufszettel:
2 junge Knoblauchknollen
2 EL Olivenöl aus erster kalter Pressung
125 g Crème double
Salz, Pfeffer aus der Mühle

Eine Gaumenfreude für den Sommer. Außerdem ist sie in Null Komma nichts zubereitet.

● Schälen Sie die Knoblauchzehen, deren weißes, saftiges Fleisch sich unter zahlreichen Häuten verbirgt, und geben Sie sie zusammen mit dem Olivenöl in einen kleinen Topf, den Sie bei geringer Hitze für 20 Minuten auf den Herd stellen. Von Zeit zu Zeit vorsichtig umrühren, darauf achten, daß die Knoblauchzehen nicht braun werden, sondern nur sanft dünsten.

● Die Crème double erhitzen. Zusammen mit dem Knoblauch in den Mixer geben, leicht salzen und pfeffern und in ein paar Sekunden pürieren. Das ist alles.

● Schmeckt hervorragend zu gebratenem Lamm – Keule, Schulter oder Kotelettes –, aber auch zu Goldbrasse oder Seebarsch, im Ganzen auf dem Grill gebraten. Sie können damit auch getoastetes Landbrot oder ganz frisches Baguette bestreichen.

● Passen Sie auf: Diese Sauce verführt dazu, daß man zu große Mengen in sich reinfuttert. Wenn Sie zuviel davon kosten, bekommen Sie Blähungen und üblen Mundgeruch. Ist es nötig daran zu erinnern, daß man wie immer Maß halten muß?

Das restliche Jahr über können Sie sich mit »Aioli« trösten.

Aioli

Das ganze Jahr über – für 2 bis 4 Personen

Ihr Einkaufszettel:
6 große feste Knoblauchzehen
1 zimmerwarmes Ei
¼ l Olivenöl aus erster kalter Pressung
von bester Qualität
Salz, Pfeffer aus der Mühle

Endlich zahlt sich Ihr Mörser einmal voll aus! Die Knoblauchzehen schälen, der Länge nach halbieren und die Keime entfernen. In den Mörser geben und mit Ausdauer zerstoßen: es muß ein Brei entstehen.

Mischen Sie nun mit Hilfe eines Holzkochlöffels das Eigelb unter, anschließend geben Sie ein paar Tropfen Öl dazu, die Sie gründlich unterrühren: das ist das ganze Geheimnis. Zuerst geben Sie das Öl nur spärlich dazu, später, wenn die Aioli fester wird, können Sie damit etwas großzügiger umgehen. Rühren Sie mit langsamen, gleichmäßigen Bewegungen.

Zuletzt mit Salz und Pfeffer abschmecken. Wenn die Sauce trotz meiner Empfehlungen einmal nicht binden sollte – das kommt im Sommer, bei drückendem, gewittrigem Wetter schon einmal vor –, nehmen Sie eine große Schüssel, verrühren dort ein zweites Eigelb und rühren die mißglückte Aioli teelöffelweise unter. Die Sauce paßt hervorragend zu Fisch, aber auch einfach zu Pellkartoffeln oder anderem gekochtem Gemüse.

Nebenbei bemerkt: All die Geschichten, man dürfe immer nur in eine Richtung rühren, sind ebenso dummes Geschwätz wie die von gefährlichen Menstruationen und Vollmond.

Folgende, aus England stammende Sauce ist zusammen mit pochiertem, gegrilltem und vor allem geräuchertem Fisch ein Meisterwerk:

Meerrettichsauce

Herbst – Winter – Frühling
– für 4 Personen

 Ihr Einkaufszettel:
125 g Meerrettich (aus dem Glas, natur)
Cidre-Essig
gemahlene Senfkörner
125 g Schlagsahne
Zucker, Salz, Pfeffer aus der Mühle

● Stellen Sie zunächst Salatschüssel, Schlagsahne und die Rührbesen des Mixers in den Kühlschrank. Das ist absolute Voraussetzung für das Gelingen der steif geschlagenen Sahne.

● Den Meerrettich abtropfen lassen – es handelt sich dabei um den sehr scharfen schwarzen Meerrettich – und in eine Schüssel geben. Mit 2 EL Essig verdünnen, anschließend 2 TL Zucker, 1 gestrichenen TL Senfpulver (falls Sie keinen bekommen, nehmen Sie ersatzweise 2 TL scharfen Dijon-Senf), 1 Prise Salz und frisch gemahlenen Pfeffer dazugeben und vermischen. Beiseite stellen.

● Nehmen Sie die für die Schlagsahne notwendigen Utensilien aus dem Kühlschrank. Schlagen Sie die Sahne auf, beobachten Sie ihre Metamorphose und hören Sie auf, wenn sie so fest ist, daß die Rührbesen auf der Oberfläche Muster hinterlassen. Schlagen Sie nicht weiter, sonst würde sie zu Butter, was nicht unser Ziel ist.

● Rühren Sie die Meerrettichmischung vorsichtig mit einem Holzkochlöffel unter die Sahne, indem Sie die Masse von unten nach oben heben, bis eine homogene Creme entstanden ist. Sofort schön kühl servieren.

Suppen

Ich bin nicht unbedingt eine fanatische Suppenesserin, aber wie könnte ich dieses Kapitel der Gemüseküche vollständig ignorieren, wo man doch weiß, daß unsere Vorfahren sich über Jahrhunderte hinweg davon ernährten?
Hier nun zwei Rezepte, bei denen man sich nicht zu Tode schälen muß und die eine nette oder auch spektakuläre Vorspeise ergeben, wenn man eine große Freundesschar empfängt. Vor allem diese:

KÜRBISCREMESUPPE
Wenn es sehr kalt ist
(angesichts der üppigen Kalorien) –
für mindestens 8 Personen

Ihr Einkaufszettel:
1 Kürbis von 4 kg
3 dicke Scheiben Weißbrot
50 g Butter
100 g frisch geriebener Comté
3 l Schlagsahne
Salz, Pfeffer aus der Mühle
Muskatnuß

Wenn Sie nur einen kleinen Herd haben, sollten Sie sowohl auf diese Suppe als auch auf große Einladungen verzichten. Das ist in beiden Fällen schade, aber lesen Sie zuerst das Rezept, dann werden Sie darüber nachdenken, Ihren Lebensstil und Ihre Küchengeräte zu ändern.

● Schneiden Sie von dem Kürbis einen breiten Deckel ab: Sie haben damit einen Suppentopf mit Deckel. Die Kerne alle entfernen. Das Brot in kleine Würfel schneiden, in der Butter bei geringer Hitze rundum anbraten, bis sie schön goldbraun sind.

● Schichten Sie in ihren naturgemachten Suppentopf abwechseln Brotwürfel und Comté, die Sie großzügig mit Salz, Pfeffer und frisch geriebener Muskatnuß würzen. Mit Schlagsahne auffüllen. Den »Deckel« daraufsetzen, den Kürbis auf ein Backblech setzen und im Ofen (220 Grad/Gas Stufe 7) gute 2 Stunden garen.

● Vor dem Servieren das Fruchtfleisch mit einem großen Löffel vorsichtig bis auf die Schale abschaben und alles gut vermischen. Servieren Sie Ihren Gästen mit der Schöpfkelle direkt aus dem Kürbis – sie werden von diesem rustikalen Gericht begeistert sein.

Sie haben schon mitbekommen, daß ich gegen Suppen einige Vorbehalte habe. Da geht es mir wie bei einem Couscous, das mit ranziger Butter zubereitet wurde, darüber muß man nicht diskutieren.
Eine kalte Suppe reizt mich wesentlich mehr als eine Kohlsuppe mit Speck, zumal an einem heißen Tag. Der »Gazpacho« ist nicht nur kalt, sondern auch roh. Es lohnt sich, ihn ab und zu auf den Speiseplan zu setzen, um so mehr, als er eine für die Gesundheit sehr förderliche wahre Vitaminbombe ist.

Gazpacho

Sommer – für 4 Personen

 Ihr Einkaufszettel:
6 große Tomaten
1 schöne Gurke
je $^1/_2$ rote und grüne Paprikaschote
1 Bund Kerbel
1 Knoblauchzehe
1 TL Balsamessig
4 EL Olivenöl aus erster kalter Pressung
Salz, Pfeffer aus der Mühle

Bereiten Sie die Suppe erst 1 Stunde vor dem Essen zu: Das ist besser für die Vitamine, und man darf die Ernährungslehre nicht außer acht lassen (das gilt auch für mich, selbst wenn es nicht den Anschein hat).

● Die Tomaten nach der guten alten Methode (siehe S. 27) schälen und entkernen, das Fruchtfleisch in grobe Stücke schneiden – mit Ausnahme von zwei Tomaten, die Sie in sehr kleine Würfel schneiden und in einer Schüssel kühl stellen.

● Die Gurke schälen, der Länge nach aufschneiden und die Kerne mit Hilfe eines kleinen Löffels herauskratzen. Schneiden Sie ein Viertel der Gurke in sehr kleine Würfel, die Sie kühl stellen. Den Rest in große Stücke schneiden.

● Die Paprikaschoten waschen, Stielansätze, Kerne und weiße Häute entfernen. Die Schoten in kleine Würfel geschnitten in einer Schüssel kühl stellen.

● Die Tomaten- und die Gurkenstücke im Mixer mit einer guten Prise Salz und Pfeffer, dem geschälten und durchgepreßten Knoblauch, Essig und Öl pürieren, bis eine schöne, homogene Masse entstanden ist.

● Stellen Sie die zartrosa Samtsuppe in den Kühlschrank.

In Tassen servieren, die Sie zuerst mit Eiswürfeln, Gemüsewürfeln und Kerbelblättchen gefüllt haben. Eine freie Nachempfindung der spanischen Gemüsesuppe, ein sanfter Genuß.

Damit möchte ich zunächst einmal mit dem Gemüse aufhören. Sie erfreuen sich nun bester Gesundheit, sind randvoll mit Vitaminen und genießen jeden Tag neue Gaumenfreuden. Die Gemüsehändler in Ihrem Viertel beginnen Sie zu schätzen.

Das ist der richtige Augenblick, um sich den Proteinen zuzuwenden, die Ihnen sicherlich fehlen, wenn Sie dieses Buch wie einen Roman lesen, was ich Ihnen nicht rate. Um so mehr, als wir bei den Tieren nach unserer gewohnten Methode vorgehen: vom Einfachen zum Schwierigeren, vom Rohen zum Marinierten, vom Marinierten zum Gegarten. Das heißt, von der Barbarei hin zur Zivilisation.

WASSERTIERE

Weichtiere, Krustentiere und andere Meeresfrüchte:

Vom Einfachen zum Schwierigeren,
von roh bis mariniert,
von mariniert bis gegart

Frischer Fisch:

Von roh bis mariniert,
von mariniert bis gegart

Konservierter Fisch:

Geräuchert oder gesalzen

Wir wollen zurückdenken an die Anfänge der Menschheit: gleichzeitig mit der Ernte, über deren Bedeutung uns das vorhergehende Kapitel Aufschluß gegeben hat, ging unser Vorfahr, der Australopithecus, schon vor zwei Millionen Jahren in Afrika der Jagd und dem Fischfang nach. Es hat etwas Beklemmendes sich vorzustellen, unter welch erbärmlichen Bedingungen dies geschah. Nach einer Million fünfhundertsiebzigtausend Jahren unermüdlichen Bemühens um die Verbesserung des Handwerkszeugs konnte sich der *Homo sapiens*, (sozusagen unser Papa), endlich ausschließlich von Fleisch ernähren, was, obwohl seiner Gesundheit nicht eben förderlich, einen geradezu überwältigenden technischen Fortschritt darstellte.

Ihm wollen wir die Rezepte dieses Kapitels widmen, das mit der Kategorie Wassertiere beginnt. Lange habe ich darüber nachgedacht, womit ich anfangen sollte (mit den im Wasser oder mit den an Land lebenden Tieren?), um schließlich den Lebewesen aus dem Wasser den Vorzug zu geben, weil es sie ja vor den anderen Tieren gab und weil ich dabei ein bißchen an den Bauch meiner Mama denken muß, in dem ich mich so wohl fühlte. Und schließlich auch deshalb, weil ihre Zubereitung immer schnell und einfach ist.

Dem Beispiel des *Homo sapiens* folgend, sollte man die Meeresprodukte frisch aus dem Wasser kommend und zur richtigen Jahreszeit genießen. Denn wie alles Eßbare hat auch die Kategorie Wassertiere ihre Saison, auf die ich Sie gerne hinweisen möchte.
Hier kommt Tiefgekühltes niemals und auf keinen Fall in Frage! Die zartesten Weich- und Krustentiere, die besten Fische sehen
sich auf diese Weise in gummiartige Blöcke oder wäßrigen Brei verwandelt. Gewissen Fortschritten muß man sich verweigern können. Erinnern Sie sich nur noch einmal an den *Homo sapiens* (wir denken viel zu selten an ihn): die atemberaubende Entwicklung seiner Intelligenz, die seine Nachfahren innerhalb von nur vierhunderteinunddreißigtausendneunhundertfünfzig Jahren zur Erfindung des Kugelschreibers geführt hat, ist sie nicht ein Beweis dafür, daß das Fleisch, auf das er so versessen war, seinen grauen Zellen gut bekam? Vor allem das Fleisch von Wassertieren, und Sie sollten es nicht versäumen, Ihrer Gesundheit zuliebe eine Kur damit zu machen.

Weichtiere, Krustentiere und andere Meeresfrüchte

Vom Einfachen zum Schwierigeren,
von roh bis mariniert,
von mariniert bis gegart:

Die sympathischen Lamellibranchiaten
Diese Weichtiere, die von zwei Schalen geschützt werden, sind recht zahlreich: am geläufigsten sind uns die Austern, flach oder nach innen gewölbt, die freilebend nicht mehr angeboten werden und das ganze Jahr über köstlich sind, wenn auch im Winter etwas fleischiger; die Mies- oder Pfahlmuscheln, die ebenfalls in sogenannten »Gärten« gezüchtet werden und nur von April bis Oktober verzehrt werden sollten; die Venusmuscheln, die im Frühling am leckersten sind; die Herz- und Plattmuscheln, die man im Sand findet und mehrere Male in frischem Wasser waschen muß, weil sie oft voller Sand sind; die Jakobsmuscheln, die von Oktober bis April fleischig und köstlich sind, wie auch die Archenkammuscheln, sozusagen Jakobsmuscheln en miniature. Sie alle ißt man seit Anbeginn der Menschheit roh, und der Verzehr von wild vorkommenden Muscheln hat an den unwahrscheinlichsten Orten Berge von versteinerten Überresten hinterlassen. Erst seit neuerem, das heißt, seit ein paar tausend Jahren, genießt man sie auch gegart.

Unter den zweischaligen Muscheln sind in der Kategorie der roh genießbaren die Austern meine Favoriten (ah, die delikaten Belons oder die saftigen Spéciales de Claires, die gerade frisch aus dem Wasser gekommen sind!) und die großen Miesmuscheln mit ihrem festen, jodhaltigen Fleisch, die ich esse, so wie sie sind.

Bei einem praktisch im Handumdrehen zubereiteten Weichtier wie der Jakobsmuschel ist die Garzeit so kurz, daß es fast roh bleibt. Sobald man die Muscheln auch nur eine Minute zu lang auf dem Herd läßt, wird ihr mildzartes Fleisch zäh, und in dieser Form kennen Sie sie wahrscheinlich, leider. Dieser beklagenswerte Zustand wird sich jedoch ändern! Unabdingbare Regel: erst kurz bevor man zu Tisch geht, kochen. Machen Sie den Anfang mit:

Jakobsmuscheln auf Karottenstreifen

Von Oktober bis April – für zwei Personen

 Ihr Einkaufszettel:
6 Jakobsmuscheln, vom Händler Ihres Vertrauens
vor Ihren Augen geöffnet und zurechtgemacht
2 Karotten, mittelgroß
1 kleines Stück Ingwer
30 g Butter
$^1/_2$ Glas trockener Weißwein (derselbe, den Sie zum Essen servieren wollen: ein Graves paßt sehr gut)
3 EL Crème double
ein paar Stengel glatte Petersilie
oder Koriandergrün,
die gewiegt 1 EL ergeben
$^1/_2$ Stück Würfelzucker
Salz, Pfeffer aus der Mühle

🌶 Die vom Fischhändler vorbereiteten Muscheln müssen nur noch gewaschen und mit Küchenkrepp trockengetupft werden.

🌶 Waschen, schälen und schneiden Sie die Karotten mit dem Sparschäler in lange Streifen: so bekommen sie eine Art Bandnudeln. Den zu harten Strunk lassen Sie weg. Schälen Sie den Ingwer und reiben Sie davon so viel, wie etwa einem haselnußgroßen Stück entspricht.

● Geben Sie die Hälfte der Butter, die Karottenstreifen, den Zucker, eine Prise Salz, ein paar Drehungen Pfeffer aus der Mühle und so viel Wasser, daß das Gemüse eben davon bedeckt ist, in einen kleinen Kochtopf. Bringen Sie das Gemüse zum Kochen. Lassen Sie es zugedeckt bei schwacher Hitze 8 Minuten köcheln.

● 4 Minuten nach Beginn der Kochzeit (nutzen Sie die kleine Verschnaufpause, um mit Ihrem *alter ego* ein Schlückchen Graves zu trinken) geben Sie die restliche Butter in eine Pfanne und dünsten Sie die Muscheln bei mäßiger Hitze auf jeder Seite eine Minute an. Fügen Sie Pfeffer und Salz, Ingwer und Weißwein hinzu und kochen Sie alles bei starker Hitze anderthalb Minuten auf. Heben Sie die Muscheln mit einem Schaumlöffel heraus und stellen Sie sie auf einem Teller beiseite.

● Jetzt sind die Karotten gar. Gießen Sie das Wasser ab und geben Sie sie mit der Crème double vorsichtig in die Pfanne. 2 Minuten bei »höllischer« Hitze anschmoren, die Muscheln dazugeben und noch einmal kurz aufkochen. Mit den Kräutern bestreuen und servieren.

Wie Blaise Pascal werden Sie Freudentränen vergießen angesichts dieser Köstlichkeit, deren Zubereitung Sie kaum eine Viertelstunde gekostet hat. Und Sie selbst werden dem *Homo sapiens* gegenüber eine ungeheure Überlegenheit gewonnen haben, indem Sie zum Fleisch nun Gemüse essen.

Sie sehen, daß diese Muscheln, die Ihnen bis dahin nur in dicker, pappiger Béchamel ertränkt und gratiniert begegnet sind, selbst das schlichteste Gemüse in den Rang eines königlichen Festessens erheben können.

JAKOBSMUSCHELN IM SPINATKRANZ

Von Oktober bis April – für 2 Personen

 Ihr Einkaufszettel:
8 Jakobsmuscheln, vor Ihren Augen geöffnet und zurechtgemacht
500 g frischer, zarter Spinat, möglichst kleinblättrig
1 Knoblauchzehe
2 Tomaten (von November an möglichst aus Marokko)
50 g Butter
ein paar Stengel glatte Petersilie
Salz, Pfeffer aus der Mühle

🐚 Waschen und trocknen Sie die Muscheln wie gewohnt (siehe S. 111). Die Spinatblätter von ihren Stengeln befreien und gründlich in reichlich Wasser waschen. Abtropfen lassen: das können Sie schon (siehe S. 85). Die Knoblauchzehe schälen und den Keim in der Mitte herausnehmen. Die abgezogenen und entkernten Tomaten (siehe S. 27) in kleine Würfel schneiden und in einem Sieb beiseite stellen.

🐚 Die mit Salz bestreuten Spinatblätter in einem Schmortopf auf den Herd stellen und bei starker Hitze öfter wenden. Sobald die Blätter zusammengefallen sind, ausdrücken und abtropfen lassen. Die Hälfte der Butter in einer Pfanne zergehen lassen, die Knoblauchzehe mit der dafür bestimmten Presse darüber ausdrücken und die Muscheln dazugeben. Bei mittlerer Hitze (damit die Butter nicht verbrennt) 2 Minuten auf jeder Seite andünsten.

🐚 Inzwischen den Spinat mit der restlichen Butter in einer Kasserolle wieder anwärmen.

🐚 So, das wäre geschafft: jetzt werden die Muscheln in die Mitte der Teller gelegt, gepfeffert, gesalzen und mit einem Kranz von Spinatblättern umgeben. Die Tomatenwürfel schnell in der Pfanne erhitzen, in der die Muscheln gedünstet worden sind. Über die Muscheln geben, das Ganze mit ein paar Blättchen glatter Petersilie bestreuen und sofort servieren. Jetzt sind Sie vielleicht ein bißchen außer Atem, denn im letzten Moment darf man sich kein Päuschen erlauben, aber sicher auch begeistert: so köstlich ist das Ergebnis.

In diesem Tempo könnte ich mich noch stundenlang über Jakobsmuscheln verbreiten, aber ich muß mich bremsen: vermutlich ist in Ihrem Portemonnaie schon Ebbe – denn natürlich bekommt man sie nicht umsonst – und Sie müssen sparsam sein. Da Sie sozusagen schon süchtig geworden sind nach diesen Lamellibranchiaten (das kann sehr schnell passieren), hier ein gutes, altes Rezept für Miesmuscheln, das Ihnen in jeder Hinsicht gut bekommen wird und das Sie sicherlich bisher nur in einer erbärmlich entstellten Version kennengelernt haben: es sind

MIESMUSCHELN AUF SEEMANNSART
Von April bis Oktober – für 2 Personen

 Ihr Einkaufszettel:
1 kg Miesmuscheln, (sie sind lächerlich billig)
1 Schalotte
25 g Butter
10 cl trockener Weißwein
1 Bund glatte Petersilie
Pfeffer aus der Mühle

● Das Mühseligste an der Sache ist das Abbürsten und Entbarten der Muscheln: überlassen Sie diese Arbeit Ihrem Assistenten, und bitten Sie ihn, sie hinterher unter fließendem Wasser zu waschen. Sie selbst werden sich unterdessen einer edleren Aufgabe widmen, nämlich der, den Fond zuzubereiten.

● Dazu die Schalotte schälen und sehr fein hacken, dann bei kleiner Flamme mit der Butter in einer großen Kasserolle anschmelzen. Ab und zu umrühren. Wenn die Schalotte glasig wird, den Wein zugießen, Pfeffer darübermahlen und das Ganze bei schwacher Hitze 10 Minuten köcheln lassen.

● Behalten Sie Ihren Assistenten im Auge. Achten Sie darauf, daß er die Muscheln gründlich wäscht, ohne sie einzuweichen, was ihren Geschmack verwässern würde, und daß er alle schon geöffneten wegwirft; sie sind zum Verzehr nicht geeignet.

🐚 Wenn Ihr Fond fertig ist, werfen Sie die Muscheln hinein und schalten auf stärkste Hitze. Rütteln Sie die Kasserolle von Zeit zu Zeit durch. Vom Herd nehmen, sobald die Muscheln sich öffnen.

🐚 In eine große Schüssel geben und mit etwa einem Eßlöffel fein geschnittener Petersilie bestreuen. Unverzüglich mit gutem, gebutterten Toast verzehren. Ihr Assistent wird Ihnen jegliche zuvor erlittene Schmach verzeihen.

Sie können aus den Miesmuscheln, wie die armen Leute aus der Bucht von Neapel, auch eine vollständige Mahlzeit bereiten, die kaum mehr kostet: Spaghettini mit Muscheln. Im Original werden hier Vermicelli verwendet (womit aber nicht Fadennudeln gemeint sind, sondern dünne Spaghetti).

SPAGHETTINI MIT MUSCHELN

Von Juni bis Oktober – für 4 Personen
(Überfluß wie Armut lassen sich geteilt besser ertragen)

🛒 *Ihr Einkaufszettel:*
2 kg Miesmuscheln
1 sehr kleine und 1 mittelgroße Zwiebel
15 cl trockener Weißwein
1 kg vollreife, feste Tomaten
2 Knoblauchzehen
350 g Hartweizen-Spaghettini
1 Bund glatte Petersilie
6 EL Olivenöl aus erster kalter Pressung
Salz, Pfeffer aus der Mühle

🐚 Lassen Sie die Muscheln von Ihren Freunden sortieren, abbürsten und waschen, wie im vorhergehenden Rezept beschrieben. Inzwischen bereiten Sie den Fond vor: Die kleine Zwiebel wird geschält und sehr fein gehackt, dann mit 1 EL Olivenöl in die größte Kasserolle gegeben, die Sie haben. Wenn sie glasig geworden ist, Weißwein und

Pfeffer hinzufügen. 10 Minuten köcheln lassen (Sie merken, es ist das gleiche Verfahren wie bei den Muscheln auf Seemannsart: nur die Zutaten sind von Land zu Land verschieden).

● Schließen Sie gleich den nächsten Arbeitsgang an, der schon zur Routine geworden ist und darin besteht, daß die Tomaten abgezogen, entkernt und in Würfel geschnitten werden (siehe S. 27).

● Geben Sie nun die mittelgroße, geschälte und fein gehackte Zwiebel mit 3 EL Öl in einen Schmortopf. Wenn sie glasig geworden ist, die enthäutete und in Scheibchen geschnittene Knoblauchzehe, die Tomaten und Salz hinzufügen. Bei mäßiger Hitze ohne Deckel 30 Minuten kochen lassen. Rühren Sie von Zeit zu Zeit um.

● Der Fond ist fertig: Geben Sie die Muscheln dazu, machen Sie ihnen die Hölle heiß und nehmen Sie den Topf vom Herd, sobald sie sich geöffnet haben. Betrauen Sie Ihre Freunde damit, die Muscheln aus den Schalen zu lösen und wieder in ihren Saft zu legen. Den Topf zudecken, damit sie warm und schmackhaft bleiben.

● Die Tomatensauce ist nun beinahe fertig. Bringen Sie in einem großen Topf Salzwasser zum Kochen und geben Sie die Spaghettini hinein. Umrühren und bei größter Hitze 8 bis 10 Minuten kochen: nicht *al dente*, wie sonst, sondern etwas weicher. Wenn die Sauce fertig ist, den Herd ausschalten und den Topf zudecken.

● Benutzen Sie die kleine Atempause, um so viel Petersilie zu waschen, zu trocknen und fein zu wiegen, daß Sie 2 Eßlöffel davon bekommen, und gießen Sie das restliche Öl in die Servierschüssel.

● Sobald die Spaghettini fertig sind, muß es schnell gehen: sie werden abgeschüttet, in die Servierschüssel gegeben und im Olivenöl gewendet. Gießen Sie die Tomatensauce darüber, lassen Sie die Muscheln abtropfen und legen Sie sie auf die Tomaten. Mit Petersilie und Pfeffer aus der Mühle bestreuen.

● Sofort servieren, nachdem Sie das Ganze am Tisch kräftig miteinander vermengt haben. Man ißt das Gericht ohne Parmesan (er ist für Neapolitaner zu teuer). Und alle werden den Einfallsreichtum der Armen bewundern, denen es gelingt, derart bescheidene Ausgangsprodukte in ein Festessen zu verwandeln.

Damit Sie sich ein Bild von der Gruppe der Gastropoden machen können – das sind die Mollusken mit einem muskulösen Fuß, zu denen man Weichtiere mit einfacher Schale zählt, wie Nabel-, Schüssel- und Wellhornschnecken –, gebe ich Ihnen hier ein Grundrezept, vom dem ausgehend Sie sich später jede Art phantasievoller Varianten erlauben können:

WELLHORNSCHNECKEN IM SUD
Das ganze Jahr über – für 4 Personen

Ihr Einkaufszettel:
2 kg Wellhornschnecken
2 Zwiebeln
1 Karotte
1 Knoblauchzehe
1 Bouquet garni (ein paar Petersilien-
und Thymianstengel,
1 Lorbeerblatt)
80 g grobes Salz
(falls vorhanden, graues Salz aus Guérande)
Pfefferkörner

- Lassen Sie sich vom wenig ansprechenden Anblick der Bauchfüßer nicht abschrecken, die zugegebenermaßen nicht gerade mit Schönheit gesegnet sind.
- Nehmen Sie zuerst den Sud in Angriff. Dazu lassen Sie in einer sehr großen Kasserolle 1 Liter Wasser, die Zwiebeln, die geschälte und in grobe Stücke geschnittene Karotte und die gehäutete und zerdrückte Knoblauchzehe mit dem Bouquet garni, dazu Salz und reichlich Pfeffer, 20 Minuten bei schwacher Hitze kochen.
- Inzwischen die armen, häßlichen Tierchen mehrmals in frischem Wasser waschen, damit der Sand ausgespült wird. In den Sud werfen und die etwas unnachgiebigen Gastropoden bei sehr schwacher Hitze 1 Stunde kochen. Sie können in der Zwischenzeit Ihrer Hausarbeit nachgehen.

● Lassen Sie nun die Schnecken abtropfen. Sie können sie am gleichen Tag warm oder abgekühlt servieren, aber niemals kalt (im Kühlschrank geht der Geschmack verloren, und das Fleisch wird hart). Ich mag dieses feste und etwas rustikale Fleisch besonders gern mit einer Knoblauchmayonnaise (siehe S. 102). Und denken Sie daran, daß dieses Gericht sich hervorragend in Ihr Repertoire preiswerter Tafelfreuden einordnen läßt.

Mit den Kopffüßern, entfernten Vettern der Schnecken, kommen wir nun zur letzten und vielleicht anrührendsten Kategorie der Weichtiere, denn wir entdecken hier eine gewisse äußerliche Verwandtschaft. Wie soll man sich denn nicht von den großen, ausdrucksvollen Augen des Tintenfischs (oder des Kraken) angesprochen fühlen? Oder von der Art, in der er sich, in einer Tintenwolke leider oft vergeblich Schutz suchend, zögernd vorwärtsbewegt, verzweifelt auf der Suche nach einer Behausung, die seinen wehrlosen Körper vor räuberischen Angreifern schützt? Wie sollten uns die Rendezvous' nicht rühren, die sich die Kalmare (oder Tintenfische) in den Zeiten der Liebe zu Tausenden geben? So geblendet von ihrer Leidenschaft, daß der Hai oder das Netz des Menschen sie tonnenweise dahinraffen können? Meine elfjährige Nichte, der ich das meiste dessen verdanke, was ich vom Meer weiß, meint, ich sollte mich nicht künstlich aufregen und Regungen der Vermenschlichung nachgeben. Wie auch immer, ich gehe etwas melancholisch gestimmt an die Zubereitung der

KALMARE MIT OREGANO

Das ganze Jahr über – für 4 Personen

Ihr Einkaufszettel:
1,5 kg Kalmare (ganz kleine, sie schmecken besser)
2 EL Sherry-Essig oder 1 EL Aceto Balsamico
1 Herz vom Stangensellerie, ganz frisch
und zartgelb, mit unbeschädigten Blättern
1 fleischige rote Paprikaschote
1 Bund frischer oder 1 EL getrockneter Oregano
4 EL Olivenöl
Salz, Pfeffer aus der Mühle

Sie sollten sich der Unterstützung durch eine Vertrauensperson vergewissern und ihr ein Glas gut gekühlten Pinot Grigio verabreichen. Denn was nun folgt, ist ein bißchen unangenehm und muß mindestens 2 Stunden vor der Mahlzeit getan sein. Gönnen auch Sie sich ein Gläschen.

🌢 Trennen Sie die Köpfe mit den Fangarmen von den Taschen. Kümmern Sie sich zuerst um die Köpfe, damit Sie die vorwurfsvollen Augen der unglücklichen Kopffüßer nicht mehr sehen müssen: machen Sie einen Schnitt dicht über den Augen, nehmen Sie den schnabelartig gebogenen Kiefer heraus und waschen Sie das, was übrigbleibt, nämlich die Krone mit den Fangarmen. Spülen Sie aus den Taschen alles heraus, was sich darin findet: eine schleimige, milchige Masse, Knorpelteile (harte, durchscheinende Plättchen) und Sand. Sie können, um es sich bequemer zu machen, die Taschen der Länge nach aufschneiden, aber es sieht besser aus, wenn man sie intakt läßt. Entfernen Sie die feine, grau-rosa Haut, mit der sie ausgekleidet sind, durch sanftes Reiben unter fließendem Wasser. So löst sie sich fast von allein ab. Lassen Sie alles gut abtropfen.

🌢 Das Schwierigste haben Sie jetzt hinter sich. Möbeln Sie sich und Ihren Gehilfen mit einem weiteren Glas wieder ein bißchen auf. Nun werden Sie leichten Herzens die Taschen der Kalmare in 1 cm breite Ringe (oder Streifen, falls Sie sie geöffnet haben) schneiden.

🌢 Geben Sie diese Ringe und die Fangarme in eine antihaftbeschichtete Pfanne und lassen Sie sie bei starker Hitze und unter ständigem Umrühren schwitzen. Dabei tritt sehr viel Flüssigkeit aus. Wenn sie verkocht ist und das Fleisch sich zartrosa gefärbt hat, ist es gar. Gießen Sie nun den Essig darüber und rühren Sie weiter, bis alles verdampft ist. Geben Sie dann das duftende Fleisch in eine Salatschüssel. Während es abkühlt, wird der Tisch gedeckt. Später sind Sie vielleicht nicht mehr in der Lage dazu (der Inhalt der Pinotflasche verringert sich besorgniserregend schnell).

🌢 Waschen Sie mit der Ihnen verbliebenen Geistesgegenwart das Sellerieherz und die Paprikaschote, aus der Sie Kerne und weiße Häute entfernen, nachdem Sie sie geviertelt haben. Schneiden Sie nun alles, auch die zarten Sellerieblätter, in feine Streifen und geben Sie sie zu den abgekühlten Kalmaren.

🌢 Nun das Öl, etwas Salz und ordentlich Pfeffer zufügen und ein paar abgezupfte Oreganoblättchen oder gerebelten Oregano darüberstreuen.

🌢 Das Ganze gut durchmengen und mindestens 1 Stunde kühl stellen. Das läßt Ihnen Zeit, den Pinot auszutrinken und sich gemeinsam mit Ihrem Helfer noch der einen oder anderen Zerstreuung zu widmen. Sie werden Ihre Gäste in der Stimmung empfangen, die diesem Gericht zukommt, in dem, wie Sie sicher bemerkt haben werden, das Rohe, das Marinierte und das Gekochte eine Allianz eingehen, die einen Abriß der Geschichte unserer Zivilisation darstellt.

Krustentiere
und ihre Zubereitung

Die Krustentiere mit ihren abstoßend wirkenden Panzern, ihrem stumpfen Blick und den zum Teil scharfen Scheren berühren uns weniger als die Weichtiere. In dieser Kategorie finden wir die Krabbe (Taschenkrebs), die Seespinne, die Languste, den Hummer, den Kaisergranat (Scampi) und die Garnelen (Sandgarnele, Tiefseegarnele, Gamba). Die Krabbe, die Seespinne, die Languste und der Hummer werden direkt vom lebenden in den gegarten Zustand versetzt, was ihre Zubereitung einigermaßen unangenehm macht, auch wenn die Tiere nicht sympathisch wirken. Man sollte möglichst schwere Exemplare auswählen und die Seespinne der Krabbe vorziehen, weil sie einen feineren Geschmack hat. Wo die Seespinne nicht zu haben ist, sollte man sich für die weibliche Krabbe entscheiden, da sie mehr Fleisch mitbringt als das männliche Tier (das Weibchen hat bauchseitig einen breiteren Muskelstrang. Wenn Sie sich vom guten Zustand der Krabbe überzeugen wollen, dürfen Sie sie nur von hinten anfassen, damit Sie nicht von den sehr schnell reagierenden Scheren gekniffen werden). Bei der Languste, die im Gegensatz zum Hummer keine Scheren hat, ist es der Schwanz, der beim Weibchen größer ist. Der Umgang mit Scampi und Garnelen, die man im allgemeinen in totem Zustand kauft, ist, wie Sie sich denken können, weniger problematisch. Beim Kauf sollte man darauf achten, daß das Fleisch fest und glänzend und der Kopf stabil mit dem Körper verbunden ist.
Ich werde Ihnen nicht sehr viele Rezepte für Krustentiere nennen, denn ich esse diese schmackhafte Spezies, deren Zubereitung leider etwas Deprimierendes hat, lieber in einem erstklassigen Restaurant, das darauf spezialisiert ist.

Die meiner Meinung nach beste Art, Krabben, Seespinnen, Langusten und Hummer zuzubereiten, besteht darin, sie in Brühe zu kochen.

🞄 Das ist wirklich sehr einfach: Setzen Sie in Ihrem großen Kochtopf 2 l kaltes Wasser auf und geben Sie 2 gewaschene und der Länge nach aufgeschnittene Lauchstangen, 2 Zwiebeln und 2 geschälte, in grobe Stücke geschnittene Karotten, eine Handvoll graue Pfefferkörner, 80 g grobes graues Salz und 1 Bouquet garni (bestehend aus 3 Stengeln glatter Petersilie, 1 Lorbeerblatt, 1 Zweig Thymian) hinein. Das Ganze 15 Minuten zugedeckt kochen lassen.

🞄 Die Krustentiere werden nun lebend in die Brühe geworfen und bei nicht zu großer Hitze darin gegart. Eine 500 g schwere Languste braucht 15 Minuten, ein Hummer von 1 kg Gewicht 35 Minuten, eine Krabbe oder eine Seespinne 20 bis 25 Minuten.

🞄 Ich rate Ihnen, das Krustentier mit der einen Hand entschlossen und gewissermaßen heimtückisch wie ein Verräter von hinten zu packen und mit der anderen, sobald es im Wasser ist, den Deckel auf den Topf zu setzen. Er bleibt bis zum Eintritt des Todes geschlossen, was einige Sekunden dauert. Falls Sie vorhaben, eine Krabbe zu kochen, möchte ich Ihnen empfehlen, das Tier, während Sie die Brühe vorbereiten, unter fließend kaltem Wasser »einzuschläfern« und erst im letzten Moment herauszunehmen. So bleibt das Fleisch schön saftig.

🞄 Servieren Sie die Krustentiere kalt (aber nicht aus der Kühlung), die Krabbe oder die Seespinne mit einer Mayonnaise aus Olivenöl, die Languste und den Hummer nur mit einer Spur Olivenöl und einigen Tropfen Zitronensaft. Hummer und Languste werden vorher der Länge nach in 2 Hälften zerlegt; den schwarzen Teil des Magens nimmt man heraus. Bei Krabbe und Seespinne müssen vor dem Servieren Rückenpanzer und Brustplatte voneinander getrennt werden. Jetzt bin ich angesichts der feinschmeckerischen Grausamkeiten schon ganz traurig, und der Aufwand an Muskelkraft, den sie erfordern, hat mich müde gemacht. Also gehe ich direkt zu den Garnelen und Scampi über, mit denen leichter umzugehen ist und deren Zubereitung sich weniger barbarisch gestaltet.

Laden Sie eine Person des schönen Geschlechts (ganz gleich, ob männlich oder weiblich) zum Abendessen ein.
Sie wird zwar behaupten, normalerweise höchstens zwei unangemachte Salatblättchen und ein Viertelchen gegrillte Hühnerbrust zu knabbern, aber es gibt etwas, worauf sie sich wie ein Raubtier stürzen wird, nämlich den

Garnelencurry
Das ganze Jahr über – für 2 Personen

 Ihr Einkaufszettel:
200 g Tiefseegarnelen, vom Fischhändler Ihres Vertrauens geschält
200 g Basmati-Reis
4 milde Zwiebeln oder
8 Lauchzwiebeln
2 EL Erdnußöl
1 etwa 1,5 cm langes Stück frischer Ingwer
1 große Mango, fest und noch ein wenig grün
1 Dose Kokosmilch natur (Feinkostgeschäft oder Exotik-Regal)
2 gehäufte EL Ceylon-oder Madras-Curry, mittelscharf
1 Limette
1 Bund Koriandergrün
2 Becher Vollmilchjoghurt
Salz

Hier muß man in zwei Etappen vorgehen, wie übrigens bei allen Rezepten, die hinterhältige Ziele verfolgen, denn es würde eine unwahrscheinliche Kunstfertigkeit erfordern, parallel zum Kochen auch noch zu verführen.

● Bevor die betreffende Person erscheint, sollten Sie den Reis waschen, 10 Minuten lang einweichen und dann abtropfen lassen; so wird er schneller gar. Die Zwiebeln schälen und in feine Streifen schneiden. In einem Schmortopf werden sie bei milder Hitze im Öl angedünstet. Öfter umrühren, damit sie nicht Farbe annehmen, sondern nur glasig werden.

● Schälen Sie in der Zwischenzeit den Ingwer und reiben Sie ihn mit einer mittelfeinen Reibe. Die Mango wird abgezogen und in kleine Würfel geschnitten (es genügt, das Fleisch von oben nach unten bis zum Kern einzuschneiden, dann in der gleichen Weise quer dazu). Öffnen Sie die Dose Kokosmilch.

● Die Zwiebeln sind gar. Fügen Sie den Curry hinzu. 1 Minute rühren, dann den Ingwer und die Mangowürfel dazugeben. Gründlich umrühren. Gießen Sie soviel Kokosmilch an die Masse, daß sie eine sämige, aber nicht zu flüssige, gehaltvolle, aber nicht zu dicke Konsistenz bekommt.

● 15 Minuten bei sehr schwacher Hitze ohne Deckel köcheln lassen und ab und zu umrühren. Sie dürfen ruhig Kokosmilch nachgießen, falls nötig. Nach Ende der Kochzeit den Herd ausschalten und den Topf zugedeckt stehenlassen.

● Nun wird eine geräumige Kasserolle mit Wasser gefüllt und 1 Handvoll grobes Salz hineingegeben. Pressen Sie die Limette aus. Zupfen Sie kurz vor Erscheinen des Gastes die Korianderblättchen ab.

● Wenn es klingelt, schalten Sie die Platte unter der Kasserolle ein. Begrüßen Sie Ihren Gast, machen Sie Konversation, usw. Im gegebenen Moment werden Sie in der Küche verschwinden, damit sich der Alkohol setzen kann, den Sie Ihrem Gast eingefüllt haben. Vielleicht will er sich auch, je nach Geschlecht, die Lippen nachziehen oder die Krawatte richten.

● Das Wasser kocht. Geben Sie den Reis hinein. Schalten Sie die Platte unter dem Schmortopf wieder ein. Wenn die Masse leise köchelt, den Limettensaft und die Garnelen dazugeben. Umrühren und bei sehr schwacher Hitze garen, bis der Reis fertig ist (nach etwa 5 Minuten) und Sie den Joghurt in eine hübsche Schüssel umgefüllt haben.

● Richten Sie den abgetropften Reis in einer Gemüseschüssel an, und den mit Korianderblättchen bestreuten Curry auf einer Platte. Mit dem Joghurt reichen. Ein absolut sinnlicher Genuß. Man sagt Ingwer, Koriander und Curry aphrodisische Wirkung nach. Selbst wenn's nicht stimmt – Ihr Gast wird todsicher der Versuchung erliegen.

Hier nun ein absolut hinreißender Salat; er ist zwar ziemlich teuer, aber bei gewissen Gelegenheiten sollte man ihn sich schon mal gönnen:

SCAMPISALAT

Von Herbst bis Frühjahr – für Ihre(n) Auserwählte(n)

 Ihr Einkaufszettel:
12 schöne Scampi
1 Handvoll Smyrna-Rosinen
20 cl weißer Rum
100 g grobes Salz (falls vorhanden, aus Guérande)
1 Zwiebel
1 Karotte
4 EL Crème double und etwas Milch
1 Stangensellerie
2 kleine Äpfel (Freiherr von Berlepsch, Ontario oder Maigold)
Salz, Pfeffer aus der Mühle

🌶 Eine Stunde bevor Sie zu Tisch gehen möchten, weichen Sie die Rosinen im Rum ein. Füllen Sie einen großen Topf mit 2 Liter Wasser, geben Sie das grobe Salz, die geschälte und nicht zu fein gehackte Zwiebel, die geschälte und grob gewürfelte Karotte und ein paar Pfefferkörner dazu. Wenn das Wasser kocht, die Scampi hineingeben und 10 Minuten simmern lassen. Abgießen und sofort unter kaltes Wasser halten. 10 Scampischwänze von den Schalen befreien und beiseite stellen.

🌶 In einer Salatschüssel richten Sie nun Ihre Sauce an: Geben Sie die Crème double hinein, die Sie mit ein wenig Milch verdünnt haben, damit sie geschmeidig, aber nicht flüssig ist, und fügen Sie Pfeffer und Salz hinzu. Dann pressen Sie die Köpfe der Scampi über der Schüssel aus. Der Saft, den sie abgeben, hat ein köstliches Aroma.

🌶 Lösen Sie nun das zarte Sellerieherz mit seinen kleinen Blättchen aus der Staude. Es wird gewaschen, trockengetupft, in feine Streifen

geschnitten und in die Salatschüssel gegeben. Die geschälten, vom Kerngehäuse befreiten und in Würfel geschnittenen Äpfel kommen dazu und werden kräftig mit der Sauce vermischt, die verhindert, daß sie oxydieren und sich dunkel färben.
🍎 Jetzt die Rosinen abtropfen lassen und zusammen mit den Scampischwänzen in die Schüssel geben. Mit der Pfeffermühle darübergehen. Noch einmal alles gründlich in der Sauce wenden und mit den beiseite gelegten ganzen Scampi garnieren. Sofort servieren. Ein wahrhaft erlesener Genuß!

Die übrigen Meeresfrüchte
Dazu gehören die Seeigel (oder vielleicht besser: Igelinnen [?], denn es sind nur die Ovarien dieser stacheligen Tiere, die man etwa wie weich gekochte Eier auslöffelt). Und natürlich auch die Algen und die Pflanzen, die am Ufer wachsen: ich liebe den Queller (Salicorn), auch Meeresbohne oder Glasschmalz benannt, weil er sich selbst an den unwirtlichsten Felsen behauptet. Man sollte ihn genauso zubereiten wie grüne Bohnen, das heißt, die Fäden abziehen und in kochendem, in diesem Fall nicht gesalzenem Wasser (er ist an sich schon salzig) einige Minuten garen. Er ist als Gemüse die ideale Beilage für fast alle Fischgerichte.

Frischer Fisch

Von roh bis mariniert,
von mariniert bis gegart:

Die unermeßliche Vielfalt der Fischfamilie
Ich will es Ihnen lieber gleich verraten: die Meeresbewohner, denen meine innigste Zuneigung gilt, sind die Cetaceen. Mit dem Abzählreim: »C'est assez, dit la baleine qui cache à l'eau son dos fin«, der zugleich auch ein Wortspiel ist, kann man sich die bekanntesten Cetaceen, nämlich Wal, Pottwal und Delphin, merken, obwohl der Mörderwal, der Tümmler, der Zweizahnwal und der Grindwal auch nicht vergessen werden sollten. Und danach kommen die Haie, die in der Person meiner Nichte eine überaus eifrige Verteidigerin besitzen. Diese Meerestiere, aus deren Augen verschmitzte Intelligenz blitzt und deren Miene lächelnde Gutmütigkeit ausdrückt, sind lebende Schätze, die unter keinen Umständen verfolgt werden sollten. Lehnen Sie alle Produkte ab, die von diesen Tieren vermarktet werden, ebenso, wie Sie hoffentlich schon längst den empörenden Handel mit Meeresschildkröten boykottieren. Was die übrigen Fische betrifft, die im Wasser beheimateten Wirbeltiere, mit denen wir uns hier befassen wollen, so hat weder die Tatsache, daß sie schon mehrere Millionen Jahre früher als wir auf diesem Planeten waren, noch der Umstand, daß sie einen viel ausgedehnteren Lebensraum bewohnen als wir, sie wirklich intelligent gemacht. Wir haben zu diesem Thema meist eine vorgefaßte Meinung. Wenn ich Sie bäte, einen Fisch zu zeichnen, würden Sie instinktiv etwa folgende Zeichnung anfertigen:

Und damit liegen Sie schon falsch: natürlich gibt es Fische, die so schlank sind (es sind die Teleostei, gemeinhin Knochenfische genannt), aber es gibt auch andere, und gar nicht so wenige, die platt sind (die Seezunge, der Steinbutt und der Rochen, der übrigens zu den Selachiern, also den Knorpelfischen gehört. Es sind die letzten noch lebenden urzeitlichen Wirbeltiere, was ein Grund mehr sein sollte, nicht leichtfertig mit ihnen umzugehen). Es gibt aber auch Fische mit so riesigen, abstoßend häßlichen Köpfen (den Seeteufel und den Petersfisch), daß kein Fischhändler, der auf sich hält, auf die Idee käme, sie ins Schaufenster zu legen. Sie sehen also, daß Sie Ihre Vorurteile überprüfen sollten.

Von den zwanzigtausend erfaßten Arten *ist eine gewisse Anzahl eßbar und wird seit Anbeginn der Menschheit auch gegessen. Darunter gibt es allerdings Fische, die nicht gut schmecken, ja sogar einige, deren Verzehr tödlich sein kann, und man muß schon einen so abartig raffinierten Geschmack haben wie der japanische Gourmet, um nur für den Genuß eines Fugu (oder Kugelfisch) sein Leben aufs Spiel zu setzen. Wieder andere Fische sind so voller Gräten, daß man sich Gaumen und Rachen verletzen kann. Die sollte man, es sei denn, man hätte masochistische Anwandlungen, lieber meiden. Wir werden uns hier mit weniger ausgefallenen Fischen begnügen. Wir wollen sie in mager, halbfett und fett einteilen (denn schließlich geht es hier um Küche und nicht um Zoologie).*

Fische mit magerem Fleisch kommen am häufigsten vor: *da sind der Seebarsch, der Kabeljau, der Seehecht, die Goldbrasse (rosa aus dem Atlantik und silbrig aus dem Mittelmeer), der Seelachs, die Kliesche oder Scharbe, der Rochen, der Petersfisch, die Seezunge, die Scholle und der Schellfisch, den wir geräuchert auch als Smoked Haddock kennen.*

Fische mit halbfettem Fleisch sind: *der Hering, die rosa gefärbte Rotbarbe (Knurrhahn) und die leuchtend rote Streifenbarbe (mullus surmuletus), die Meer- oder Lachsforelle, der Steinbutt, der Heilbutt, der Seeteufel, der Wittling (Merlan) und die Meeräsche.*

Fische mit fettem Fleisch sind: die Makrele, der Zackenbarsch, die Sardine, der Lachs, der Thunfisch, der Schwertfisch und der Meeraal, der einen feineren Geschmack hat als der Flußaal. Selbst Fische mit fettem Fleisch sind magerere Eiweißlieferanten als die meisten Fleischsorten. Außerdem ist es »gutes Fett«, und Sie können unbesorgt zulangen.

Beim Fischhändler findet man selten lebenden Fisch in der Auslage. Halten Sie sich also an einen, der über jeden Verdacht erhaben ist und überzeugen Sie sich trotzdem davon, daß das Auge des Fischs nach außen gewölbt ist und glänzt, der Körper metallisch schimmert, sich fest anfühlt und weder Blut- noch Verletzungsspuren aufweist. Er sollte nach Meer riechen und nicht auch nur andeutungsweise nach Ammoniak. Kaufen Sie niemals fertige Filets, sondern bitten Sie Ihren Fischhändler, sie vor Ihren Augen auszulösen.

Eine Ausnahme gibt es: Der Aal muß lebend gekauft werden, denn sein Fleisch, nicht von Schuppen geschützt, ist leicht verderblich. Wenn Sie empfindsam sind, bitten Sie den Fischhändler, den Fisch zu töten, bevor Sie ihn mitnehmen.
Zu guter Letzt hat Ihnen der Fachmann auch seine gesalzenen Fische anzubieten, ob trockene wie den Stockfisch oder in eine Salzlake eingelegte wie Anchovis oder geräucherte wie Smoked Haddock, Makrele und Hering usw.

Exotische Arten wie den Kugelfisch, den ich vorhin erwähnte, werden Sie nur selten antreffen, und den Schlammspringer (Periophthalmus) mit Sicherheit überhaupt nicht, dieses seltsam anrührende kleine Tier, das sich in Mangrovenwäldern aufhält und als Zeuge aus der Zeit gilt, in der sich ein Teil der Fische zunächst in Amphibien verwandelte, um schließlich zu Festlandbewohnern zu werden. Dieses Tier, das grob geschätzt einen Rückstand von einer Milliarde Jahre in der Entwicklungsgeschichte verkörpert (ein Rekord), ist der erklärte Liebling meiner Nichte, und nie und nirgends und unter keinem Vorwand darf er je gegessen werden.

Roh zubereiteter Fisch sollte erst kurz vor dem Verzehr aus dem Wasser kommen, das versteht sich von selbst (aber ich sage es noch einmal, weil man nie vorsichtig genug sein kann). Sie können ihn in einem sehr guten japanischen Restaurant zu sich nehmen oder bei Ihnen zu Hause, und zwar als Lachstatar, wie man es bei Dschingis-Khan gegessen haben könnte, natürlich ohne die Feinheiten, die ich Ihnen dazu verraten will.

LACHSTATAR

Das ganze Jahr über – für 4 Personen als Vorspeise oder für 2 Personen als Hauptgericht

Ihr Einkaufszettel:
400 g norwegischer Lachs (bitten Sie den Fischhändler,
Haut und Gräten zu entfernen,
das erspart mir eine mühselige Erklärung)
2 Schalotten
1 Limette
2 EL Olivenöl aus erster kalter Pressung
1 Bund Schnittlauch
eventuell 1 kleines Glas norwegischer Lachskaviar
Salz, rosa und weißer Pfeffer

 Bewahren Sie den Lachs bis zur Essenszeit im Kühlschrank auf. Sie können unbesorgt eine hitzige Diskussion über den Einfluß Schopenhauers auf das Werk Arno Schmidts vom Zaun brechen, denn was nun kommt, geht fast von allein.

 Schälen Sie die Schalotten und hacken Sie sie sehr fein (wobei Sie auf das Messer und Ihre Finger aufpassen sollten). Pressen Sie die Limette aus. Hacken Sie das Lachsfleisch weder zu fein (es soll kein Brei werden) noch zu grob (es würde sich nicht gut verarbeiten lassen). Vermengen Sie nun in einer Salatschüssel den Lachs, die Schalotten, den Limettensaft, das Olivenöl, nicht zu knapp Salz und Pfeffer, (zum rohen Fisch paßt der rosa Pfeffer besonders gut) und schließlich noch den Schnittlauch sehr gründlich miteinander.

🍂 Servieren Sie das Lachstatar entweder sofort, oder nachdem es eine Stunde, aber nicht länger, im Kühlschrank gestanden hat. Auf grünen Blättern kuppelförmig aufgeschichtet sieht es sehr hübsch aus. Gut schmeckt es auch, wenn Sie es mit Lachseiern bestreuen. Reichen Sie ein gutes, getoastetes Landbrot und einen sehr fruchtigen, gut gekühlten Weißwein dazu. Was macht es schon, daß man Ihre Interpretation von Arno Schmidts Werk nach allen Regeln der Kunst verrissen hat, Sie haben so oder so das letzte Wort!

🍂 Diese Art der Zubereitung eignet sich genauso für weißen Thunfisch, Goldbrasse oder Seebarsch. Für andere Fischarten empfiehlt sie sich weniger.

Hier noch einmal roher Fisch, diesmal aber mariniert:

THUNFISCH-CARPACCIO

Das ganze Jahr über – als Hauptgericht für 2 Personen oder als Vorspeise für 4 Personen

 Ihr Einkaufszettel:
400 g Filet vom roten Thunfisch in einem Stück
(lassen Sie von Ihrem Fischhändler Haut und Knochen entfernen. Man kann hier tatsächlich
von Knochen sprechen, und auch die Konsistenz
des Thunfischs erinnert an Rindfleisch.)
1 Zitrone
4 EL Olivenöl aus erster kalter Pressung
1 Bund Schnittlauch oder glatte Petersilie
Salz, rosa, schwarzer und weißer Pfeffer

● Ihr Thunfisch wartet im Kühlschrank auf Sie. 2 Stunden vor der Mahlzeit packen Sie ihn mit festem Griff, legen ihn auf ein Hackbrett und schneiden ihn mit einem großen, spitz zulaufenden Messer in so feine und so große Scheiben wie möglich.

● Legen Sie die Scheiben so auf die Teller oder eine große Platte, daß sie einander nicht überlappen. Mit Pfeffer, Salz, Zitronensaft und Olivenöl würzen. Zum Marinieren 1 bis 2 Stunden kalt stellen. Vor dem Servieren mit etwa 2 EL feinen Schnittlauchröllchen bestreuen.

● Dieses Carpaccio ist ausgesprochen würzig, gehaltvoll und sehr gut für die grauen Zellen, die man nie genug verwöhnen kann. Das gleiche Rezept paßt auch für Lachs und weißen Thunfisch. Es wird dann ganz anders schmecken. Servieren Sie es mit geröstetem Brot und einem leichten, kühlen Rotwein (zum Beispiel einem Chinon). Im Winter reiche ich zu diesem Gericht ausgesprochen gern Feldsalat, den ich so anmache: 1 TL Meaux-Senf (scharfer Senf) in 1 EL Aceto Balsamico verrühren, dazu Salz, Pfeffer und 6 EL Olivenöl.

P.S. Das Carpaccio ist nicht die Erfindung des genialen Malers Vittore gleichen Namens, dessen Bilderserie zur Legende der Hl. Ursula ich besonders schätze, sondern stellt eine sehr einfache Art der Zubereitung dar, wobei die Säure eine chemische Reaktion auf das Fleisch bewirkt.

Die Sardinen unter der Rosmarindecke sind ein Beispiel für einfache, ja sogar primitive Kochkunst und dennoch absolut überzeugend und schmackhaft. Sicher ißt man sie schon, seit es den Ofen gibt!

SARDINEN UNTER DER ROSMARINDECKE
Von März bis November – für 2 Personen

(Von Dezember bis Februar ist die Sardine mager; sie gibt sich in dieser Zeit ausgedehnten Spielen hin, die unsere Moral nur verdammen kann...)

 Ihr Einkaufszettel:
12 große Sardinen
1 Paket grobes Salz (nach Möglichkeit aus Guérande)
1 großes Bund Rosmarin, frisch oder getrocknet

Sie haben schon gemerkt, daß man beim Fisch sozusagen im Fleisch wühlt, und jetzt werden Sie auch noch Bekanntschaft mit Eingeweiden machen, aber wie schon Flaubert sagte, gibt es »kein Teilchen Materie, das nicht Gedanken enthielte«.

🌶 Heizen Sie Ihren Backofen auf höchster Stufe vor. Nehmen Sie die Sardine fest in die linke Hand, den weißen Bauch nach oben, stechen Sie ein scharfes Officemesser an der Afteröffnung ein und ziehen Sie es behutsam bis zum Kopfansatz durch. Nehmen Sie die Eingeweide (geht ganz leicht) und die schwarzen Häute heraus. Tupfen Sie alle zwölf Fische nacheinander mit Küchenkrepp sauber und waschen Sie sich hinterher gründlich die Hände.

🌶 Streuen Sie eine große feuerfeste Form mit einer dicken Schicht Salz aus. Legen Sie die Fische so darauf, daß sie einander nicht berühren, und bedecken Sie sie mit den Rosmarinzweigen. 10 Minuten im Ofen garen.

🌶 Dann entfernen Sie die Rosmarinzweige, an denen die obere Haut hängenbleibt und heben die Sardinen am Schwanz vorsichtig von ihrem Salzbett ab, an dem die Haut der Unterseite kleben bleibt. Mit gebuttertem Toast oder neuen Kartoffeln in der Schale und viel gesalzener Butter ist der Genuß vollkommen. Auf diese Art, die sich auch für kleine Makrelen eignet, ist es möglich, diese an sich intensiv riechenden Fische so zuzubereiten, daß überhaupt keine Geruchsbelästigung entsteht. Ein weiterer Vorteil besteht darin, daß man dafür keinen Grill braucht.

__Ich hasse den Holzkohlengrill;__ er ist eine der unglückseligsten Erfindungen von Menschen, die Kochkunst und Kultur gleichermaßen verachten. Es raucht dabei, es stinkt, die Garstufe bewegt sich zwischen roh und verkohlt, und wenn man nicht an Krebs stirbt, hat man die Chance, bei lebendigem Leib zu verbrennen. Das einzige Mal in meinem Leben, daß ich mit einem Grill zu tun bekam, wären wir um ein Haar alle ums Leben gekommen. Es war in der Bretagne; ich hatte wunderbare Andouillettes aufgetrieben, und meine Schwägerin (die, die immer zu spät kommt) hatte die Idee, sie im Garten auf dem Holzkohlengrill zu garen. Ich habe nichts dazu gesagt, weil ich durch und durch demokratisch bin, und mich in die Küche verzogen, um ein Kartoffelpüree zu machen. Plötzlich gräßliche Schreie: ich renne raus und was sehe ich? Erstens dicken, schwarzen Rauch, zweitens den Rasen, den Grill und einen brennenden Benzinkanister, drittens meine Schwägerin und meinen Mann, verschwitzt und rußig, mit zerrauftem Haar, die sich verzweifelt bemühen, den Brand mit dem Gartenschlauch zu löschen. Viertens meine Nichte, die ganz ruhig ist, und ihren Freund, den kleinen Louis, der vor Entsetzen brüllt, und fünftens die Andouillettes, die man im Gras vergessen hat. Ich habe sie und die Kinder gerettet und diese herrlichen Würste in den Ofen getan, wie es sich gehört. Inzwischen ist der Rest meiner Verwandtschaft dazugestoßen, hat den Kanister in den Ausguß geleert, und natürlich fing das Benzin an der Gasflamme Feuer. Louis hat gebrüllt und nach Paris zurückgewollt und sich geweigert, von den Andouillettes zu essen. Womit er völlig recht hatte, denn sie schmeckten penetrant nach Benzin. Ich denke, hier erübrigt sich jeder Kommentar.

Was man künftig in fast allen Restaurants finden wird,
wenn auch zu abschreckenden Wahnsinnspreisen, ist der Lachs auf »einseitige Art«, ein Gericht wie geschaffen für die häusliche Zubereitung, weil es sehr einfach, nicht teuer und schnell herzustellen ist.

Lachs auf »einseitige Art«
Herbst-Winter-Frühling – für 2 Personen

Es ist wie ein Haiku (ein japanischer Dreizeiler, wie Sie wissen).

Ihr Einkaufszettel:
500 g Lachs in Form von 2 dicken Filets
(nahe am Kopf gelöst) mit Haut und Schuppen
Salz, Pfeffer aus der Mühle

● Legen Sie die Filets nebeneinander mit der Haut nach unten in ihre beste, schwere, antihaftbeschichtete Pfanne, und stellen Sie sie bei schwacher Hitze 10 Minuten auf den Herd. Salzen, pfeffern, zudecken und weitere 5 Minuten garen. Das ist alles. Die Haut hat eine Kruste gebildet und ist karamelisiert, das Fleisch ist milchig und so zart, wie Sie es sich von Fleisch gar nicht vorstellen können. Mit Spinat in Butter ein Gedicht.

P.S. Verwenden Sie keine senkrecht zur Mittelgräte geschnittenen Scheiben vom Fisch; schon der Gedanke daran läßt mich vor Ekel frösteln. Beim Filet bleibt die natürliche Geschlossenheit der Fasern erhalten, was diese rücksichtsvolle Art des Garens erlaubt, für die Ihnen manche Spezies dankbar sein wird.

Wozu sind Restaurants eigentlich da?

Wenn Sie in einem guten Restaurant Gemüserohkost oder eine Pampelmuse, geräucherten Lachs, eine Melone auf italienische Art, Fleisch vom Grill und Obst bestellen, sind Sie einfach dumm. Ein gutes Restaurant ist nämlich gerade der Ort, an dem Sie das essen können, woran zu Hause nicht zu denken wäre: auf ein und demselben Teller und gleichzeitig ein Beieinander von langen und kurzen Garzeiten, vollendet gelungene Saucen, vielschichtige Verbindungen, kurz, alles, was ein gut eingespieltes Team von Experten an seinem Arbeitsplatz unter dem wachsamen Auge eines Chefs, der nach Vollkommenheit strebt, hervorzubringen imstande ist.

Der ideale Küchenchef ist einfallsreich, aber maßvoll, großzügig, aber gut organisiert, kühn, aber bescheiden. Vertrauen Sie ihm. Was die anderen betrifft, diese aufgeblasenen, selbsternannten Künstler, die auf der Modewelle schwimmen, vor denen sollten Sie sich hüten. Kochen ist nichts anderes als ein wundervolles Handwerk. Das ist alles, und das ist viel.

Lassen Sie Ihren redlichen Fischhändler für tägliche Abwechslung auf Ihrem Teller sorgen und fahren wir fort mit den Gerichten, die einfach zuzubereiten sind, wie:

SEEBARSCH (auch Wolfsbarsch genannt)
oder
GOLDBRASSE MIT THYMIAN

Das ganze Jahr über – für 4 Personen

 Ihr Einkaufszettel:
1 Seebarsch von 1200 g oder
1 Goldbrasse von 1 kg – vergewissern Sie sich,
daß die Haut unbeschädigt ist.
Falls Ihr Händler den Fisch gern schuppen möchte,
hindern Sie ihn daran. Er soll ihn nur ausnehmen
und, im Fall der Goldbrasse, entbarten.
1 Bund Thymian
1 Zitrone
8 EL Olivenöl aus erster kalter Pressung
Salz, Pfeffer aus der Mühle

🐟 Den Ofen eine halbe Stunde vor der Mahlzeit vorheizen (250 Grad/ Gas Stufe 8). Das Innere des Fischs unter fließendem Wasser schnell und gründlich reinigen, mit Küchenkrepp vorsichtig trockentupfen, damit die Schuppen nicht abfallen. Innen salzen und mit Thymianzweigen füllen. Mit dem restlichen Thymian eine feuerfeste Form auslegen, den Fisch darauf betten, pfeffern und salzen.

🐟 25 Minuten garen. Inzwischen die Beilage, z. B. geschmorte Zucchini oder Karotten mit Knoblauch oder einfach einen grünen Salat zubereiten. Und natürlich die Sauce: die Zitrone auspressen und mit einem kleinen Schneebesen den Saft und das Olivenöl miteinander verschlagen.

🐟 Den Fisch aus dem Ofen nehmen. Die verkrustete Haut mit den Schuppen abheben. Das Fleisch darunter ist weiß und weich und gerade richtig. Den Kopf entfernen, die Filets abheben und sofort mit Zitronenöl, Salz und Pfeffer servieren. Bestechend einfach und nicht zu übertreffen.

Sie sehen in der Auslage einen wunderschönen roten Thunfisch (aus dem Mittelmeer), der bis zu 300 kg schwer werden kann: Ihnen bleibt fast das Herz stehen, und schon beherrscht Sie nur noch ein einziger Gedanke: ein Thunfischsteak, das es an Zartheit und Wohlgeschmack mit einem Tournedos aufnehmen kann, muß es sein.

THUNFISCHSTEAK
Frühjahr bis Sommer – für 2 Personen

 Ihr Einkaufszettel:
1 Stück Thunfischfilet von etwa 400 g, vom Fischhändler
zu »Tournedos« von 3 cm Dicke zurechtgeschnitten
1 EL Olivenöl aus erster kalter Pressung
Salz, Pfeffer aus der Mühle

● Nehmen Sie Ihre beste Pfanne, geben Sie das Öl hinein und, wenn es heiß ist, den Thunfisch. Braten Sie ihn bei ziemlich starker Hitze auf beiden Seiten 5 Minuten an. Pfeffern, salzen, Hitze zurückschalten und noch einmal auf jeder Seite 2 Minuten garen. Zudecken, vom Herd nehmen und 5 Minuten ruhen lassen. So erhält er – es ist wie beim roten Fleisch – die gewünschte Zartheit, denn das Blut, das sich unter der Hitze in der Mitte des Fleischs zusammengezogen hat, kann bei milder Wärme wieder alle gegarten Fasern durchdringen.
● So weit, so gut. Vorzüglich passen dazu in Würfel geschnittene und in Olivenöl geschmorte Zucchini, die mit ein wenig Thymian, durchgepreßtem Knoblauch, Salz und Pfeffer gewürzt werden. Oder auch in ihrer Haut gegarte Auberginen.
● In der gleichen Weise können Sie eine dicke Scheibe weißen Thunfisch (aus dem Atlantik), Schwertfisch oder Bonito zubereiten.

Da sich Ihre intellektuellen Fähigkeiten dank der Fischkur mit atemberaubender Geschwindigkeit verbessern, wird Ihnen die bewundernswerte Einfachheit des nächsten Gerichts blitzschnell einleuchten. Es sind Seezungenfilets mit Zitrone, die Sie 10 Minuten, bevor Sie sich an den Tisch setzen, zubereiten. Mit in Butter geschwenktem Brokkoli als ausgezeichneter Ergänzung bekommen Sie, alles in allem, innerhalb einer Viertelstunde eine vollständige Mahlzeit.

SEEZUNGENFILETS MIT ZITRONE
Das ganze Jahr über – für 2 Personen

Ihr Einkaufszettel:
400 g Seezungenfilet; der Händler Ihres Vertrauens
löst die Filets vor Ihren Augen aus
1 schöne, unbehandelte Zitrone, fest und schwer
je 1 Bund Schnittlauch, Estragon und
glatte Petersilie
50 g Butter
Salz, Pfeffer aus der Mühle

● Waschen Sie die Zitrone. Mit Hilfe Ihres Zestenreißers (dessen Erwerb, der Ihnen bis dato nicht gerade sinnvoll erschien, sich bald amortisieren wird) die Schale der ganzen Zitrone abnehmen. Es entstehen feine, schmale Streifchen, die Sie auf einen Teller legen. Mit einem scharfen, kleinen Messer die Zitrone nun bis auf das »nackte Fleisch« abschälen, das heißt auch die weiße Haut abziehen, die das Fruchtfleisch schützt. Nehmen Sie jetzt die abgepellte Zitrone in die linke Hand und schneiden Sie das Fruchtfleisch zwischen den Häuten heraus, die die Schnitze voneinander trennen. Die Zitronenspalten legen Sie auf den Teller zu den Schalenstreifen. Das Kniffligste haben Sie damit hinter sich, und Sie können das erhebende Gefühl des Neueingeweihten genießen, der wieder etwas dazugelernt hat.
● Die Petersilie waschen und abtropfen lassen. Etwa 1 EL voll Kräuter je Bund fein hacken.

● Schneiden Sie die Seezungenfilets dem Faserverlauf (oder auch dem der Gräten) folgend in drei längliche Stücke. Das hört sich kompliziert an, ist es aber nicht.

● Nehmen Sie Ihre antihaftbeschichtete Pfanne und lassen Sie bei mäßiger Hitze die Butter darin schmelzen. Bei etwas stärkerer Hitze dann die Seezungenfilets auf jeder Seite eine Minute zart anbräunen (aufpassen, daß die Butter nicht verbrennt) und in der Pfanne pfeffern und salzen.

● Heben Sie die Filetstücke mit dem Pfannenwender heraus und legen Sie sie auf die (möglichst vorgewärmten) Teller. Geben Sie die Zitronenschalen und -schnitze in die Pfanne. Durchrühren, die Pfanne vom Herd nehmen und die Kräuter dazugeben. Verteilen Sie alles zusammen über den Fisch. Ein feines, geradezu köstliches Essen. Und so viele Vitamine! Sie sind auf dem Weg zu begreifen, daß wohlverstandener Genuß geradewegs zur Gesundheit führt.

P.S. Um die Teller anzuwärmen, stellen Sie sie für 10 Minuten bei 80 Grad/Gas Stufe 4 in den Ofen oder auf eine Kasserolle mit kochendem Wasser (vor dem Servieren Unterseite abtrocknen) oder kaufen Sie eine elektrische Wärmevorrichtung! Ich besitze nichts dergleichen und benutze zur vollen Zufriedenheit Ofen oder Wasserbad.

Hier eine andere Art einfacher Zubereitung, die wir noch nicht ausprobiert haben und die gerade zarten Fischen gerecht wird. Sie hat außerdem noch den Vorteil, daß sie das Aroma schont und kein Geschirr schmutzig macht: »Rotbarben in der Folie«. Je mehr Intelligenz die echte, leuchtendrote Rotbarbe auszustrahlen scheint, desto häßlicher und blöder wirkt der dreieckige Kopf des Knurrhahns, der fälschlich als rosa Rotbarbe bezeichnet wird, in Wirklichkeit aber zu den Seehähnen gehört. Sie werden hier kein Rezept für diesen Fisch finden, der mir unsympathisch ist, wenngleich ich zugebe, daß er gut schmeckt.

ROTBARBEN IN DER FOLIE
Das ganze Jahr über – für 2 Personen

 Ihr Einkaufszettel:
2 echte Rotbarben von je 200 g,
von Ihrem verläßlichen Händler geschuppt
und ausgenommen
2 Porreestangen
1 kleines Herz vom Stangensellerie
oder ¼ Sellerieknolle
4 Salbeiblätter, am besten frische
50 g Butter, zimmerwarm
Salz, Pfeffer aus der Mühle

🌶 Sie haben Gemüse gekauft, wissen also, daß Sie etwas Vorbereitungszeit brauchen. Den Ofen auf 250 Grad/Gas Stufe 8 vorheizen. Das Wurzelende und das Grüne vom Porree entfernen, die Stangen gründlich waschen und der Länge nach in feine Streifen schneiden. Das zarte Herz aus dem Stangensellerie herausnehmen und ebenfalls in feine, lange Streifen schneiden. Die Blättchen ganz lassen, den Rest wegwerfen. Falls Sie eine Knolle verwenden, waschen, schälen und mit dem Sparschäler feine Späne davon abziehen. Auch die sympathischen Mulliden werden gewaschen und sorgfältig trockengetupft. Salzen und pfeffern Sie die sehr feine Haut und das Innere und legen Sie in jeden Fisch ein Salbeiblatt ein.

● Nehmen Sie zwei Bogen Alufolie, und falten Sie sie jeweils doppelt zusammen. Mit der Hälfte der weichen Butter bestreichen. Legen Sie je ein Salbeiblatt in die Mitte, darauf den Fisch und das miteinander vermengte Gemüse, geben Sie Pfeffer und Salz darüber und den Rest der Butter.

● Schließen Sie die Folien, indem sie die Ränder ineinander falten, umbiegen und fest zusammendrücken. Versuchen Sie nicht, ein zu ordentliches Päckchen zu machen; dabei kann die Folie reißen – und bleiben Sie ganz ruhig. Das einzige, worauf es ankommt, ist, daß die Folie fest geschlossen ist. Schieben Sie die Päckchen auf einem Blech in den Ofen. Jetzt haben Sie 20 Minuten Zeit, in denen sie anstellen können, was Sie wollen.

● Legen Sie jedes Päckchen auf einen Teller. Öffnen Sie die Folie: Düfte steigen daraus empor und verheißen Ihnen, daß der Geschmack dieses Gerichts nicht hinter seinem Wohlgeruch zurückstehen wird.

Mit dem Kabeljau mit Estragon kommen wir nun zur Familie der Gadiden, zu der auch der Stockfisch gehört. Frisch ist er jedoch der unangefochtene Star, seit die Menschen ihn in den kalten Meeren fangen, deren Küsten er aufsucht, um zu laichen. In Frankreich wird er seit dem 16. Jahrhundert frisch verzehrt; davor diente er überall in Europa gesalzen oder geräuchert als Nahrungsmittel.

KABELJAU MIT ESTRAGON

Das ganze Jahr über – für 4 Personen
(Es ist ein wunderschönes Gericht, das Sie, ohne sich finanziell zu übernehmen, mit anderen teilen können.)

 Ihr Einkaufszettel:
4 Filetstücke à 150 g vom Kabeljau, mit Haut
(Nehmen Sie keine Scheibe, sondern ein großes Stück vom Fisch, und lassen Sie sich daraus nach Entfernen der Mittelgräte 4 gleich große Filetstücke schneiden.)
1 kleines Bund Estragon
50 g Butter
150 g Crème double
Salz, Pfeffer aus der Mühle

🌶 Jetzt kommen wir zum ernsten Teil: es geht um das Reduzieren von Sauce. Es gibt Menschen, die glauben, daß Saucen die ganze Kochkunst ausmachen. Das ist nicht wahr, sie sind nur ein Teil davon, und für sich genommen stellen sie keine Mahlzeit dar.

🌶 Fangen Sie gut eine halbe Stunde vor dem Essen mit der Arbeit an. Stellen Sie Ihre Servierplatte warm (Wasserbad oder Ofen bei schwacher Hitze). Pfeffern und salzen Sie die Filets (natürlich auf der Fleischseite).

🌶 Lassen Sie die Hälfte der Butter in Ihrer größten antihaftbeschichteten Pfanne bei milder Hitze zergehen. Legen Sie die Filets mit der Hautseite nach unten hinein. Bei unveränderter Hitze 15 Minuten garen. Nutzen Sie die Zeit, um den Estragon fein zu hacken, Sie benötigen etwa 2 Eßlöffel voll. Nehmen Sie dann die Filets mit dem

Pfannenwender heraus und legen Sie sie auf die Platte. Richtig: Sie haben das »einseitige« Garen wiedererkannt.

🍎 Geben Sie nun die Crème double mit dem Estragon zusammen in die Pfanne, leicht pfeffern und salzen und das Ganze 10 Minuten einkochen lassen: die Flüssigkeit verdampft, und dadurch wird die Crème eingedickt. Diesen Vorgang nennt man »Reduzieren«. Nun die Pfanne vom Herd nehmen und den Rest der Butter stückchenweise mit dem Schneebesen untermengen. Geschafft: Sie haben eine Sauce reduziert, und Sie wissen, daß dabei nichts schiefgehen kann.

🍎 Die Sauce über die Filets gießen. Mit ein paar ganzen Estragonblättchen garnieren. Diesmal könnten Sie Dampfkartoffeln dazu servieren; sie passen gut zur cremigen Sauce. Vorzüglich aber auch mit frischen Nudeln, die nach dem Kochen nur eben in Butter geschwenkt und mit Pfeffer und Salz abgeschmeckt werden.

Vom Petersfisch, dem armen, mit abstoßender Häßlichkeit geschlagenen *zeus faber*, erzählt man sich, er verdanke seine dunklen Flecken den Fingern des Apostels Petrus (ein Fischer, wie jeder weiß), der ihn wegen seines scheußlichen Anblicks vor Schreck wieder ins Meer geworfen haben soll. Was rundum falsch ist, denn erstens fischte der Apostel im See Genezareth, weshalb er keinen Petersfisch gefunden haben kann, denn der ist ein Meeresfisch; und zweitens reagiere ich sehr skeptisch auf derlei Wundergeschichten. Da Häßlichsein Schmackhaftigkeit nicht ausschließt, schlage ich Ihnen vor, sich an einem Petersfisch mit Basilikum gütlich zu tun.

PETERSFISCH MIT BASILIKUM
Sommer – für 3 Personen

 Ihr Einkaufszettel:
600 g Filets vom Petersfisch (auch Heringskönig),
die Ihr redlicher Fischhändler
freundlicherweise vor Ihren Augen auslöst
600 g schön reife, feste Tomaten
1 kleine Zwiebel
2 frische Knoblauchzehen
1 kg frische dicke Bohnen
1 kleines Bund kleinblättriges Basilikum
3 EL Olivenöl aus erster kalter Pressung
Salz, Pfeffer aus der Mühle

🍅 Machen Sie sich eine Stunde vor der Mahlzeit an die Arbeit. Die Tomaten abziehen, entkernen und in grobe Würfel schneiden (siehe S. 26). Zwiebel und Knoblauchzehen schälen und fein hacken (Sie wissen, wie's geht). In einer Kasserolle bei schwacher Hitze in 2 EL Öl andünsten und, wenn sie glasig sind, die Tomaten zugeben. Salzen, auf starke Hitze schalten und 20 Minuten kochen lassen, damit die Flüssigkeit reduziert wird (es ist die gute alte Sauce, die Sie schon kennen). Von Zeit zu Zeit umrühren.

● Benutzen Sie die Atempause dazu, den Ofen einzuschalten (250 Grad/Gas Stufe 8), eine zweite Kasserolle mit gesalzenem Wasser aufzusetzen und die dicken Bohnen aus den Schoten zu lösen. Die Kerne ins kochende Wasser schütten und, sobald es wieder sprudelnd kocht, abgießen, unter kaltes Wasser halten, abtropfen lassen und nach der Methode abziehen, die ich Ihnen für den echten Nizzasalat angegeben habe, Sie wissen schon (siehe S. 28).

● Die Fischfilets pfeffern und salzen, in eine mit dem restlichen Öl ausgepinselte feuerfeste Form legen und für 10 Minuten in den Ofen schieben.

● Nehmen Sie eine Schüssel mit einem etwas höheren Rand, geben Sie das Tomatenpüree hinein, legen Sie die fertig gegarten Filets, die Sie mit dem Pfannenwender herausgehoben haben, damit sie ganz bleiben, darauf und verteilen Sie die Bohnenkerne dekorativ darüber. Dann alles mit einer Handvoll Basilikumblättchen bestreuen, noch einmal mit der Pfeffermühle darübergehen, und schon sind Sie auf dem Weg ins Paradies, zu dem dieses Gericht der Schlüssel ist.

Der Abend ist gekommen. Das Basilikum verbreitet seinen Duft und regt mich dazu an, Ihnen ein weiteres Sommerrezept vorzuschlagen. Hier also etwas vom Reizvollsten, das es zu kosten gibt, wenn man lustlos im Essen stochert, weil es zu heiß ist und die alten Knochen nicht mehr so recht wollen:

FLAN VON WEISSEM FISCH MIT BASILIKUM

Sommer – für 6 Personen

 *Ihr Einkaufszettel:*
600 g Filet von Kabeljau, Seelachs, Wittling,
Seehecht oder Petersfisch, absolut frisch
1 kg vollreife, feste Tomaten
4 frische Knoblauchzehen
6 sehr frische, große Eier von Hühnern
aus Freilandhaltung
1 Bund Basilikum
3 EL Olivenöl aus erster kalter Pressung
Salz, Pfeffer aus der Mühle

Dieses Gericht wird kalt gegessen, gehen Sie also gleich nach dem Einkaufen an die Zubereitung, solange die Temperatur noch erträglich ist. Lassen Sie sich dabei Zeit.

● Natürlich muß man wieder Tomaten abziehen, entkernen und in grobe Würfel schneiden (siehe S. 27). (Dieser Arbeitsgang ruft bei Ihnen nicht mehr die anfängliche Begeisterung hervor, strengt Sie deshalb aber auch nicht mehr an. Das ist doch immerhin schon etwas.) Schälen Sie die Knoblauchzehen. Geben Sie die Tomaten mit 2 EL Öl in einen Schmortopf und pressen Sie den Knoblauch darüber aus. Kochen lassen und unter gelegentlichem Umrühren mit dem Holzlöffel bei mittlerer Hitze reduzieren.

● Bewaffnen Sie sich in der Zwischenzeit mit einer Epilierpinzette und ziehen Sie die Gräten heraus, die möglicherweise noch in den Filets geblieben sein könnten. Schneiden Sie das Fleisch in Würfel und treiben Sie es durch ein grobes Sieb oder die Scheibe mit den großen Löchern der Passiermaschine; so behält der Fisch noch etwas Festigkeit.

● Schalten Sie Ihren Ofen ein (180 Grad/Gas Stufe 5) und stellen Sie die zu drei Viertel mit Wasser gefüllte Fettpfanne hinein.

● Eine geschlossene Tortenform mit Öl ausfetten. In einer großen Schüssel die Eier nicht übermäßig lang mit dem Schneebesen schlagen. Die Basilikumblätter grob hacken.

● Normalerweise hat das Tomatenpüree zu diesem Zeitpunkt die richtige Konsistenz, d. h. es ist weder zu flüssig, noch zu fest. Vom Herd nehmen, den Fisch, dann die Eier, das Basilikum und schließlich reichlich Pfeffer und Salz miteinander vermengen. Nach gründlichem Umrühren probieren, ob nachgewürzt werden muß.

● Füllen Sie die Masse in die Form und stellen Sie sie in den Ofen ins Wasserbad. Während der folgenden 40 Minuten können Sie sich im Wasser erfrischen oder im Schatten ein Schläfchen machen.

● Prüfen Sie unauffällig, ob die Garzeit beendet ist, indem Sie ein Messer in die Mitte des Flans einstechen. Die Klinge soll beim Herausziehen feucht, aber nicht klebrig sein. Lassen Sie den Flan in der Form abkühlen. Vielleicht sind Sie noch in der Lage, sich einen Krimi einzuverleiben? Tun Sie's.

● Wenn der Flan kalt ist, stürzen Sie ihn. Sofern Ihnen ein Rest Energie geblieben ist, machen Sie einen Tomatensalat mit Basilikum (siehe S. 27) dazu und, wenn Sie es gern etwas fetter hätten, eine Mayonnaise mit Olivenöl (siehe S. 81), die Sie mit Zitronensaft etwas verdünnen. Und nun essen Sie: Das Gericht zergeht Ihnen auf der Zunge, so zart ist es, und Sie brauchen nicht zu kauen, was wirklich erholsam ist. Sie bekommen wieder richtig Appetit, so köstlich ist der Flan. Wenn Sie nicht zu sechst bei Tisch sind, können Sie sich auch am nächsten Tag noch daran freuen: Sie, das Objekt Ihrer Begierden und Ihre Nichte. Und kommen Sie mir nicht damit, daß Kochen anstrengend sei!

Dieses Rezept ist Menschen gewidmet, die nur fettreiche, schwere und absolut traditionelle Gerichte mit langer Garzeit mögen und deshalb dem Fisch, den sie nicht wirklich als Nahrungsmittel betrachten, mit ausgeprägtem Mißtrauen begegnen.

SEETEUFEL-MEURETTE

Winter (damit können Sie der Kälte die Stirn bieten) – für 2 Personen

 Ihr Einkaufszettel:
500 g Seeteufel, in etwa 3 cm dicke Scheiben geschnitten
250 g ganz kleine Zwiebeln (sogenannte Perlzwiebeln)
250 g sehr kleine weiße Champignons
125 g geräucherter Bauchspeck mit Schwarte,
in sehr feine Würfel geschnitten
50 g Butter, zimmerwarm
1 Flasche ausgezeichneter roter Bordeaux
1 EL Mehl
1 Bouquet garni
Salz, Pfeffer aus der Mühle

● Machen Sie es sich mit Ihrem Assistenten bequem. Schälen Sie die Perlzwiebeln, was ein wenig Geduld erfordert, entfernen Sie die Stiele der Champignons und waschen Sie sie kurz unter fließendem Wasser.

● Braten Sie die Speckwürfelchen bei mäßiger Hitze in einem Topf an, dabei ab und zu umrühren. Wenn sie gleichmäßig gebräunt sind, mit dem Schaumlöffel herausnehmen und das Fett, das sie ausgeschwitzt haben, abgießen (nicht wegen der Kalorien, sondern weil es nicht besonders gut ist) und durch die Hälfte der Butter ersetzen. Sobald sie heiß geworden ist, die kleinen Zwiebeln darin wenden und weich dünsten, ohne sie braun werden zu lassen. Nun die Speckwürfel und den Wein zugeben und mit dem Kochlöffel die karamelisierten Säfte vom Topfboden lösen. Das Bouquet garni, Pfeffer und Salz hinzufügen. Bei kräftiger Hitze ohne Deckel bis auf die Hälfte reduzieren.

● Erholen Sie sich mit einem Glas von dem Bordeaux, den Sie zu Ihrem Essen auf den Tisch bringen wollen und der sehr gut zu französischer Gebirgssalami (Rosette de Lyon) paßt. Das wäre dann Ihr Aperitif.
● Wenn der Wein eingekocht ist, die Champignons in den Topf geben und 10 Minuten schmoren.
● Für die letzten 15 Minuten die Seeteufelscheiben hineinlegen und, immer noch offen, diesmal nur eben simmern lassen. Den Fisch mit dem Schaumlöffel herausheben und in einer Schüssel beiseite stellen. Verkneten Sie den Rest der Butter mit dem Mehl. Schöpfen Sie eine kleine Kelle voll Flüssigkeit aus dem Topf und verdünnen Sie die Mischung damit. In den Topf geben und unter kräftigem Umrühren einige Male aufkochen. Nehmen Sie das Bouquet garni heraus und gießen Sie den Inhalt des Topfs über den Fisch.
● Frische Nudeln mit Butter oder Dampfkartoffeln vervollständigen dieses gehaltvolle Gericht. Bieten Sie hinterher eine Auswahl von Weichkäsen an und als Dessert einen milden, aromareichen Mokka. Sie alle werden sich wunschlos glücklich fühlen.

Wir wollen die Reihe der Rezepte für frischen Fisch mit einer Apotheose beschließen (irgendwann muß man immer aufhören), mit einem Gericht, das sich den Rang eines Mythos erworben hat, sowohl, was die Fische, also die Zutaten, betrifft als auch seine kulinarische Reputation: es ist die Echte Bouillabaisse, von der Sie bisher höchstwahrscheinlich nur erbärmliche Nachahmungsversuche kennengelernt haben.
Lassen Sie sich in der Provence nieder, so nah wie möglich an der Küste und, wie gesagt, in der Zeit zwischen Mai und Oktober.
Ich bezweifle nämlich, daß der Fischhändler Ihres Vertrauens über die Fischsorten verfügt, die für dieses Rezept gebraucht werden, und gerade das ist der zentrale Punkt. Mieten Sie eine Wohnung mit einer ordentlich ausgestatteten Küche, die so geräumig ist, daß Sie eine größere Tafelrunde bewirten können. Denn für weniger als acht von Hand verlesene Personen (zu denen Sie zählen) lohnt es sich nicht, eine derartige Arbeit auf sich zu nehmen. Machen Sie Ihre Besorgungen in Begleitung eines Freundes, der kräftig genug ist, die Einkaufstasche zu tragen.

ECHTE BOUILLABAISSE
Von Mai bis Oktober – für 8 Personen

 Ihr Einkaufszettel:
5 kg Fische für die Bouillabaisse, von jeder Art gleich viel: Rascasse (roter Drachenkopf), Petersfisch, Meeraal, Petermännchen, Kleine Meersau, Seekuckuck (Felsenfisch), die Sie vom freundlichen Fischhändler gegen ein fürstliches Trinkgeld zurechtmachen lassen, indem er Köpfe und Flossen entfernt und jeden Fisch in 8 Portionen teilt. Erkundigen Sie sich nach den Garzeiten der einzelnen Fische. Lassen Sie sich die Köpfe getrennt mitgeben.
1 kg Fisch für die »Suppe«: Kleine Meersau, Meeraal, Meerjunker, Rascasse usw., die sehr klein sein dürfen: das Wichtige für den Geschmack ist die Vielfalt. Lassen Sie sie gegen ein weiteres Trinkgeld schuppen, ausnehmen und säubern.

2 Knoblauchknollen
1 Karotte, 3 Zwiebeln, 3 Porreestangen
1 Stengel Sellerie (den bekommen Sie geschenkt;
ein Ausgleich für die Wahnsinnsausgaben beim Fischhändler)
8 schön rote, feste Tomaten
2 Lorbeerblätter
2 kleine frische Fenchelzweige
4 große Prisen Safran
8 Kartoffeln
1 Bund glatte Petersilie
1 rote Chilischote
1 Kiste weißer trockener Coteaux-d'Aix
je 2 Hände voll Nabelschnecken und Wellhornschnecken,
beide gekocht
4 EL Olivenöl aus erster kalter Pressung
graues Salz (falls vorhanden, aus Guérande)
Pfeffer aus der Mühle

❦ Für die Zubereitung muß man insgesamt zwei Stunden rechnen. Machen Sie also ein paar Flaschen gut gekühlten Coteaux-d'Aix auf, versammeln Sie Ihre Freunde um sich herum und unterhalten Sie sich mit ihnen über die Entwicklung der Arten und den Schutz der vom Aussterben bedrohten Tiere, über Migrationswellen und die Verschmutzung der Meere, an der die unverantwortlichen Leute Schuld sind, die vorgeben, uns zu regieren, über den Fischfang und seine handwerklichen und industriellen Techniken usw. Bleiben Sie in Anbetracht der intellektuellen Qualität der Versammlung auf hohem Niveau. Humor kann dabei nicht schaden.

❦ Rüsten Sie jeden Gast mit einem Officemesser oder einem Sparschäler aus und verteilen Sie die Aufgaben; Sie verstehen es, dies mit unaufdringlicher, aber unbestreitbarer Autorität zu tun (in der Küche sind Sie der Chef). Dulden Sie – außer bewundernden – keinerlei Kommentare zu Ihrer Vorgehensweise.

❦ Beginnen Sie mit der Suppe: Lassen Sie zwei Knoblauchzehen, eine Karotte und eine Zwiebel schälen, eine Porreestange, von der Sie nur das Weiße behalten, sowie den Selleriestengel putzen. Alles wird sehr fein geschnitten. Vier Tomaten werden abgezogen, entkernt und in Würfel geschnitten.

● In einem großen Kochtopf 2 EL Olivenöl heiß werden lassen und bei milder Hitze die Zwiebel und den Knoblauch darin anschwitzen. Dann bei stärkerer Hitze die Karotte, den Porree und den Sellerie unter ständigem Rühren anbräunen lassen. Jetzt die Tomaten, ein Lorbeerblatt und einen Fenchelzweig zugeben. Sobald das Gemüse zu kochen beginnt, 1 Liter kaltes Wasser zugießen und eine knappe Handvoll Salz einstreuen.

● Wenn das Wasser wieder aufkocht, alle Fische für die Suppe und die Köpfe der Fische, die in die Bouillabaisse kommen, hineinwerfen. Bei milder Hitze zugedeckt 20 Minuten köcheln lassen.

● Nun wird die Bouillabaisse vorbereitet: 2 Zwiebeln und die 2 Knoblauchknollen schälen, 2 Porreestangen putzen lassen. Weitere 4 Tomaten werden abgezogen, entkernt und in Würfel geschnitten. Lassen Sie Porree und Zwiebeln sehr klein schneiden und den Knoblauch durchpressen.

● Die Suppe ist gekocht. Im Mixer pürieren, dann die dickflüssige Masse durch ein feines Spitzsieb gießen und so lange durchrühren, bis die Fischmasse fast trocken ist. So kann man verhindern, daß Gräten und Knorpelteile, die sogar pulverisiert unzuträglich wären, in die Suppe kommen.

● Kosten Sie die passierte Suppe und salzen Sie nach, falls nötig (diesmal mit feinem Salz). Geben Sie Pfeffer und zwei Prisen Safran hinein. Verhindern Sie, daß Ihre Freunde ebenfalls probieren; es würde nichts übrigbleiben.

● Gehen Sie zur Zubereitung der Bouillabaisse über und lassen Sie die Kartoffeln schälen, waschen und in etwa 1 cm dicke Scheiben schneiden.

● In einem sehr großen Topf bei mäßiger Hitze die Zwiebeln, die Knoblauchzehen und den Porree in 2 EL Öl andünsten. Häufig umrühren. Nun bei starker Hitze die Tomaten, 4 kräftige Petersilienstengel, das Lorbeerblatt, den verbleibenden Fenchel und schließlich die Chilischote zugeben. Einige Minuten anschmoren. Mit einem halben Liter kaltem Wasser und einem halben Liter Coteaux-d'Aix ablöschen. Eine kleine Handvoll Salz und den restlichen Safran einstreuen und zum Kochen bringen. Gießen Sie die beiseite gestellte Suppe dazu und geben Sie die Kartoffeln hinein, sobald alles schön kocht.

● Stärken Sie Ihre Freunde mit den Wellhorn- und Nabelschnecken, die erstere mit einer kleinen Gabel, letztere mit einer Stecknadel herausziehen sollten.

● Reichen Sie mit gesalzener Butter bestrichene Brotscheiben dazu, und sie werden alles Schlechte vergessen, was sie je von Ihnen gedacht haben mögen: so bringt eine reaktionäre Arbeitgeberschaft die berechtigten Forderungen der Ausgebeuteten zum Verstummen.

● Wenn die Suppe wieder anfängt zu kochen, die Fische nach Kategorien geordnet nacheinander in die Suppe legen und, sobald sie gar sind, mit dem Schaumlöffel herausnehmen (ihre Garzeit ist unterschiedlich, und Bouillabaisse bedeutet nicht bouillie = Brei). Mit der Messerspitze, die bis zur Mittelgräte nicht auf Widerstand stoßen darf, können Sie sich davon überzeugen, daß der Fisch gerade gar ist.

● Benutzen Sie die Garzeit der Kartoffeln, um die Fische zurechtzumachen, indem Sie Gräten und Haut (wenn sie dick ist) entfernen, und sie auf 8 Suppenteller zu verteilen.

● Wenn die Kartoffeln schön mehlig sind (was etwa 30 Minuten dauert), ist die Bouillabaisse fertig. Die Suppe kräftig mit der Schöpfkelle durchrühren und kochendheiß in die Teller mit dem Fisch geben.

● So. Angesichts dieses Meisterwerks wird augenblicklich Stille eintreten. Ihre Assistenten betrachten Sie mit ehrfürchtiger Bewunderung und schlagen sich den Bauch voll. Sie übrigens auch, wobei Sie den anderen die freundliche Nachsicht desjenigen zuteilwerden lassen, der das Wissen hat: des Chefs.

● Als Beilage können Sie kleine, mit Knoblauch abgeriebene und in Olivenöl geröstete Croûtons reichen sowie Rouille, die Sie beim Fischhändler Ihres Vertrauens kaufen können (er kennt sich damit aus, und Sie wollen schließlich nicht die ganze Zeit in der Küche verbringen). Nie und nimmer aber geriebenen Schweizer Käse, wie ich es in unsäglichen, prätentiösen Sudelküchen von Marseille und anderswo erlebt habe. Das ist eine unverzeihliche Geschmacksverirrung, geradezu kriminell.

Konservierter Fisch

Geräuchert oder gesalzen

Seit man das Feuer gezähmt hat, und das heißt seit achthunderttausend Jahren, wird der Fisch überall auf dem Planeten vom Menschen geräuchert. Auch getrocknet und gesalzen wird er (was auf nahegelegene Salzvorkommen, entweder von Stein- oder Meersalz, schließen läßt). Seit der Erfindung von Nicolas Appert schließlich steckt man Fisch auch in Dosen und Gläser. Und wozu eigentlich haben unsere Vorfahren alle diese Prozeduren unternommen? Um den Fisch haltbar zu machen, natürlich! Denken Sie an den Zustand einer Seezunge nach acht Tagen Transport in der prallen Sonne. Sie müssen bedenken, daß die schnelle Beförderung auf der Straße, Kühl- und Tiefkühleinrichtungen erst seit sehr kurzer Zeit existieren. Der Mensch mußte sich Verfahren einfallen lassen, die es möglich machten, ein so überaus leicht verderbliches Nahrungsmittel wie den Fisch auch in küstenfernen Regionen und manchmal Monate nach dem Fang zu verteilen und zu verkaufen. Wir denken viel zu wenig über die geniale Überlebenskunst nach, die unsere Spezies damit bewiesen hat und beschränken uns törichterweise auf die Bewunderung dichterischen Schaffens, ohne zu verstehen, daß das eine ohne das andere nicht existieren könnte. Was ein Fehler ist.

Wir wollen mit der Konserve anfangen, wie wir sie heute kennen und gewöhnlich als solche verbrauchen: sie eignet sich hervorragend für den kleinen Imbiß oder das Picknick. Man kann in einem sehr guten Feinkostgeschäft bretonische oder portugiesische Sardinen in Olivenöl aus erster kalter Pressung kaufen, die mit zunehmendem Alter immer besser werden und nach drei oder vier Jahren im Schrank köstlich schmecken. Weißen Thunfisch vom Atlantik als Filets oder in Scheiben, in Olivenöl oder natur. In Weißwein und mit Gewürzen marinierte Makrelen, deren Gräten reine Leckerbissen sind.

Süßsaure Heringe, die von den nordischen Küsten zu uns kommen. Anchovis in Salz, von denen die besten aus Nizza stammen, und die, wie wir gesehen haben, für die Anchovissauce unentbehrlich sind, usw. Den Lachs, den Seehecht und die Garnelen »natur«, wie auch die Zubereitungen in Saucen möchte ich hier übergehen, denn das alles ist meist von ziemlich mittelmäßigem Geschmack, und ich empfehle Ihnen, sich auf die großen Klassiker zu beschränken.

Bei der Gelegenheit fällt mir ein beliebtes Rezept aus der Toskana ein, das ich besonders schätze:

WEISSE BOHNEN MIT THUNFISCH
Das ganze Jahr über – für 4 Personen

Ihr Einkaufszettel (für den Vortag):
1 Dose (200 g) weißer Thunfisch (Atlantik) in Olivenöl
200 g kleine weiße Bohnen
1 kleine Zwiebel
2 EL Olivenöl aus erster kalter Pressung
1 paar Stengel glatte Petersilie
Salz, Pfeffer aus der Mühle

 Weichen Sie die Bohnen über Nacht ein. Nach dem Morgentee, wenn Sie sich allmählich aufgerappelt haben, die Bohnen abgießen, abtropfen lassen, in einen großen Topf schütten und mit kaltem Wasser bedeckt zum Kochen bringen. Bei sehr kleiner Hitze 2- bis 3 Stunden zugedeckt kochen lassen.

 Gehen Sie inzwischen unter die Dusche, machen Sie sich zurecht und schälen Sie dann die Zwiebel, die Sie senkrecht zur Wurzel in sehr feine Scheiben schneiden.

 Lassen Sie Ihre Bohnen abtropfen. Geben Sie sie in eine Schüssel und mischen Sie sofort das Öl darunter. Die Zwiebelscheiben, die in Ringe zerfallen, dazugeben, mit Pfeffer und Salz würzen. Wenn die

Bohnen abgekühlt sind, den zerkrümelten Thunfisch mit seinem Öl hinzufügen und die fein gehackte Petersilie darüberstreuen. Und schon können Sie servieren. Sie sollten immer alles im Haus haben, was man für diese sättigende Vorspeise braucht. Sie liefert einen weiteren Beweis für den Einfallsreichtum der Armeleuteküche.

Natürlich gehören auch die konservierten Fischeier zu den Konserven, also die vom Lachs aus dem Atlantik und die vom Stör aus dem Kaspischen Meer, die schon seit langem außerordentlich geschätzt werden (wie Hamlets Replik: »It was caviare to the general« beweist, die wir mit »Perlen vor die Säue geworfen« übersetzen würden), sei es Beluga-Kaviar (der seltenste, grobkörnigste Kaviar), Ossiotr-Kaviar (mittelgroß gekörnt, jodhaltig und goldbraun), Sevruga-Kaviar (feinkörnig, dunkelgrau, köstlich) oder gepreßter Kaviar (dessen Geschmack wohl am stärksten an die ursprüngliche, rustikale Zubereitung erinnert). Man sollte keine Blinis, keine Crème fraîche dazu nehmen, keine Zitrone, nichts außer einer dünnen Scheibe getoastetem, mit Butter bestrichenen Landbrot. Und Wodka oder Champagner. Die Fische liefern uns auch Bottarga, die gesalzenen, getrockneten und gepreßten Eier von Thunfisch oder Meeräsche, den Dorschrogen, ungeräuchert oder geräuchert, aus dem die Griechen Taramosalata *zubereiten, und schließlich den Forellenrogen. Machen Sie einen großen Bogen um Seehasenrogen, diesen gräßlichen, knallrot oder schwarz gefärbten Kaviarersatz, der nur nach Salz und Chemie schmeckt. Lieber einmal im Leben einen exzellenten Kaviar essen, als jeden Tag seine aufgemotzte Kopie. Zum Schluß ein Kuriosum: geräucherte Dorschleber als Delikatesse auf getoastetem Brot.*

Wir kommen nun zum geräucherten Fisch.
Ich glaube, Sie kennen den köstlichen Genuß, den geräucherter Atlantiklachs aus Schottland, Irland oder Norwegen für uns bedeutet (geradezu überwältigend, wenn es Wildlachs ist). Ich hoffe, daß Sie ihn seinem minderwertigeren, aber weiter verbreiteten Bruder, dem Pazifiklachs, vorziehen. Das rührende Tier, das zwischen September und Januar im klaren Wasser sauberer Flüsse geboren wird,

schwimmt zwischen seinem ersten und fünften Lebensjahr dem Meer zu, faulenzt ein bißchen in der Mündung herum und unternimmt danach noch einige Jahre lang, es können bis zu sechs werden, Ausflüge in die Unendlichkeit des Meeres, bevor es, ohne sich je in der Richtung zu irren, wieder in seinen heimatlichen Fluß zurückfindet, um dort zu laichen und zu sterben. Gerade in der Flußmündung, auf seinem Rückweg, wird er am häufigsten gefangen. Kosten Sie vorzugsweise den bauchseitig gelegenen Fleischstreifen, der fetter und weicher ist als der am Rücken, mit Scheiben von getoastetem und gebutterten Landbrot. Achten Sie dabei darauf, daß der Lachs in einer kleinen Räucherei zubereitet wurde. Verzichten Sie auf Zitrone, Zwiebeln, hart gekochtes Ei oder Blinis (industriell hergestellt, was die Geschmacksverirrung noch schlimmer macht), mit denen man dieses Wunder der Zivilisation entstellt. Vergessen Sie aber auch nicht die geräucherte Forelle (die, Gott sei Dank, mit Elsaß-Lothringen nach Frankreich zurückgekehrt ist) und, nun etwas rustikaler, den Kipper, den geräucherten Hering, den die Engländer häufig als Bestandteil ihres Frühstück zu sich nehmen, sicher mit Recht, und die Sprotten, Nachbarn des Herings, die bei den Menschen im Norden außerordentlich beliebt sind. Ich möchte Ihnen aber auch den Räucheraal empfehlen, der fett und schmackhaft ist, nicht aber den Heilbutt; ich finde ihn trocken und langweilig im Geschmack. Zum Schluß kann ich den echten Smoked Haddock nicht genug rühmen, d. h. den geräucherten Schellfisch und nicht diese entsetzlichen, gelbgefärbten Filets von was weiß ich welchem Fisch, den skrupellose Händler unter diesem Namen verkaufen.

Hier ein Rezept, das ich einfach liebe: es ist

POCHIERTER GERÄUCHERTER HADDOCK

Das ganze Jahr über – für 2 Personen

🌿 *Ihr Einkaufszettel:*
400 g echter Smoked Haddock (geräucherter Schellfisch),
ein dickes Stück, es soll sich weich anfühlen
und von blasser Farbe sein
1 kleine Zwiebel
1 Karotte
1 l Vollmilch
1 Bouquet garni
50 g Butter
Pfeffer aus der Mühle

● Zwiebel und Karotte schälen, in grobe Stücke schneiden und der Milch, die Sie mit dem Bouquet garni in einem großen Topf aufgesetzt haben, zufügen. Zum Kochen bringen und 10 Minuten sanft sieden. Den Topf vom Feuer nehmen, den geräucherten Schellfisch hineingeben und 15 Minuten zugedeckt gar ziehen lassen.
● Die Butter bei milder Hitze schmelzen und mit Pfeffer aus der Mühle würzen. Den Fisch abtropfen lassen, häuten, auf zwei vorgewärmte Teller verteilen und mit der zerlassenen Butter übergießen.
● Es ist nicht der Pfeffer, der Ihnen die Tränen in die Augen treibt, sondern die glückliche Verbindung von zart und scharf gewürzt, die in dieser Zubereitungsart zur Geltung kommt. Besonders gern esse ich zu diesem Fisch ein Kartoffelpüree mit Olivenöl, Spinat in Butter oder gedämpften Porree. Auch diesen mag ich furchtbar gern.

Anrichten können Sie den Smoked Haddock auch lauwarm, zerpflückt (natürlich ohne Butter) und mit einer Vinaigrette aus Sherry-Essig und Olivenöl aus erster kalter Pressung gewürzt, entweder auf einem Bett von jungen Spinatblättern oder Brunnenkresse oder auch Linsensalat. Auch so schmeckt er köstlich.

Beschließen möchte ich dieses Kapitel mit dem gesalzenen und getrockneten Fisch, als dessen Sinnbild der Stockfisch in der ganzen Welt bekannt ist. Er ist die Nahrung der Armen Europas (vor allem Portugals, wo die *bacalhoada con cebola* etwa unserem »Schnitzel mit Pommes frites« entspricht, jedoch um Klassen besser ist), aber auch Amerikas, der Antillen (hmm ..., diese *acras de morue*!) und Afrikas, und dies seit Beginn des Jahrtausends, als die Basken den Kabeljau bis nach Neufundland hinauf verfolgten. Ich möchte nicht versäumen, darauf hinzuweisen, daß die »Entdeckungen« von Christoph Kolumbus und Jacques Cartier dadurch einiges von ihrem Glanz einbüßen.

***Ich liebe ihn einfach, den Stockfisch,** diese gesegnete Erscheinungsform des Kabeljaus, aber Vorsicht: verlangen Sie den an Bord des Fangschiffs gesalzenen, einfach nur aufgeschnittenen und mit Haut und Gräten, denen er seinen Geschmack verdankt, in einem Stück belassenen Fisch. Dick sollte er sein, und seine Farbe ein helles Elfenbein. Weisen Sie die Filets zurück, die ebenso fad sind wie der fangfrisch verarbeitete Kabeljau würzig ist. Am Tag vor der Zubereitung kaufen und 24 Stunden in mehrfach erneuertem Wasser (das ihm Salz entzieht und Feuchtigkeit zurückgibt) einweichen. Nicht länger (sonst geht der charakteristische Geschmack verloren) und nicht kürzer (er wäre dann für unsere empfindliche Zunge zu salzig, obwohl ich bei Freunden auf den Antillen gegrillten Stockfisch gegessen habe, der steinhart war, eine interessante Erfahrung). Wenn Sie Stockfisch nicht mögen, brauchen Sie das, was nun folgt, nicht zu lesen, aber das ist dann zu Ihrem eigenen Schaden.*

Als ich zum ersten Mal eine Stockfischbrandade zu essen bekam, habe ich so kräftig zugelangt, daß mir schlecht geworden ist. Dieser Zwischenfall konnte sie mir aber keineswegs verleiden, was etwas heißen mag. Hier also ihre Zubereitung.

Stockfischbrandade

Das ganze Jahr über – für 4 Personen oder nur für Sie

 Ihr Einkaufszettel:
1200 g fangfrisch gesalzener Stockfisch; dem Händler Ihres Vertrauens wird es ein Vergnügen sein, ihn in Stücke zu schneiden
1 große Kartoffel (Bintje)
3 Knoblauchzehen
1 Glas frische Vollmilch
2 Gläser Olivenöl aus erster kalter Pressung
Pfeffer, Muskat und, falls nötig, Salz

🍢 Entsalzen Sie den Stockfisch wie auf Seite 159 beschrieben. Legen Sie ihn dann ehrfurchtsvoll in einen großen Topf und bedecken Sie ihn mit kaltem Wasser, das Sie bei mittlerer Hitze fast bis ans Kochen bringen und 5 Minuten am Sieden halten. Schalten Sie dann die Platte aus und lassen Sie den Fisch noch 15 Minuten zugedeckt gar ziehen.

🍢 Herausnehmen, abtropfen lassen und geduldig Haut und Gräten entfernen (von nichts kommt nichts, und hier lohnt sich's wirklich).

🍢 Setzen Sie eine kleine Kasserolle mit gesalzenem Wasser auf, in der Sie Ihre gut gewaschene Kartoffel als Pellkartoffel 30 Minuten kochen. »Zerpflücken« Sie den Stockfisch und geben Sie ihn in den Mörser, worin Sie ihn mit dem geschälten und durchgepreßten Knoblauch zusammen zerstoßen.

🍢 Erhitzen Sie die Milch. Geben Sie die Stockfisch-Knoblauch-Mischung in einen großen Topf und erwärmen Sie sie bei sehr milder Hitze. Kräftig umrühren und darauf achten, daß sie nicht zu kochen anfängt (das ist wichtig). Nach und nach abwechselnd die Milch und das Öl hinzufügen, bis die Masse die Konsistenz eines Pürees angenommen hat. Pellen und zerstoßen Sie nun auch die Kartoffel im Mörser und fügen Sie sie der Brandade hinzu, die dadurch noch milder und samtiger wird (es geht auch ohne, aber ich mag sie gern dazu). Noch einmal kräftig umrühren.

🍅 Kosten Sie, salzen Sie nach, wenn nötig, und würzen Sie mit Pfeffer und Muskat. Noch einmal gut durchrühren. So, jetzt ist die Brandade heiß, sie hat gerade die richtige Konsistenz, sie ist sämig, und ihr Aroma zieht Ihnen glatt den Boden unter den Füßen weg.

🍅 Ich kenne Sie: Sie essen doch alles allein auf. Und wenn Sie beschlossen haben, alle moralischen Bedenken zum Teufel zu jagen, reiben Sie Fladenbrot mit Knoblauch ab und schneiden es in Würfel, die Sie in Olivenöl goldbraun rösten und zu Ihrer Brandade essen. So weit wie wir uns jetzt schon mit Fett eingelassen haben, kommt es darauf auch nicht mehr an. Legen Sie sich hinterher hin, begnügen Sie sich am nächsten Tag mit einer Gemüsebrühe, und alles kommt von selbst wieder in Ordnung.

Unser Ausflug zu den Meerestieren endet hier.
Ich rechne fest damit, daß er Ihnen für immer den Geschmack an jenen Abscheulichkeiten verleidet hat, die von der Nahrungsmittelindustrie in so großem Maßstab verbreitet werden, daß viele Menschen vergessen haben, welche Wunder die Meere bergen, und welche Köstlichkeiten sich in respektvollem und kundigem Umgang mit ihnen für die Küche erschließen lassen. Dieses Wissen und dieser Respekt tragen zum Schutz der Arten vor sinnlosem Abschlachten bei. Sie fördern aber auch die wissenschaftliche Neugier: ein ehrlicher Koch kennt seinen Fisch, seine Gewohnheiten und seinen Lebensraum, und er wird Naturparks besuchen, um mehr über ihn zu erfahren.
Wenn ein Kind, dem Sie sagen, es solle einen Fisch zeichnen, ein paniertes Fischstäbchen hinkritzelt (was mir passiert ist), nehmen Sie es mit ins Fischgeschäft, in den nächstgelegenen Meeres-Naturpark – und bekochen Sie es. Schließlich essen wir nicht seit zwei Millionen Jahren Fisch, um letztlich bei einem Superimitat zu landen.
Seit zwei Millionen Jahren essen wir auch Fleisch. Sie können sich wohl vorstellen, daß wir vom Australopithecus bis zum heutigen Menschen einiges an Geschicklichkeit dazugewonnen haben.

LANDTIERE

Geflügel oder das kleine Tier

Fleisch vom Metzger oder das große Tier

Das Rind
Das Kalb
Das Lamm
Das Schwein

Die tierischen Nebenprodukte

Eier
Käse

Und damit sind wir beim Fleisch angekommen, oder besser gesagt, bei den verschiedenen Fleischsorten. Ohne Zweifel haben sich unsere Gepflogenheiten in dieser Domäne am stärksten weiterentwickelt. So ist es zum Beispiel nicht mehr gerade üblich, seinen Nachbarn zu verspeisen, wie es der *Homo erectus* hier bei uns vor siebenhundertfünfzig bis zweitausend Jahren noch getan hat. Man stopft sich auch nicht mehr mit Störchen, Kranichen, Reihern oder Schwänen den Hals wie die Herren von Stand im Mittelalter, noch mit halb verwesem Fleisch, wie die Liebhaber von Wildbret im vorigen Jahrhundert. All das machte sicher krank. Übrigens ißt man heute kaum noch gejagtes Wild, sondern domestizierte und gemästete Tiere, die geschlachtet werden, ohne je das wilde, freie Leben ihrer Vorfahren kennengelernt zu haben.

Wir machen eine Einteilung in klein und groß.
Das Kleine, das ist das Geflügel, Nachkomme des Niederwilds, heute durch die Exzesse der Industrie derart entstellt, daß man sich der Hilfe eines verantwortungsbewußten Geflügelhändlers versichern muß, um etwas Anständiges zu essen zu bekommen.
Das Große, das ist das Fleisch vom Metzger, die Weiterentwicklung des Großwilds von damals, und hier ist die allgemeine Situation genauso düster: es gilt, einen vertrauenswürdigen Metzger zu finden, bevor man sich auch nur auf soviel wie ein Steak einlassen kann. Ich habe Sie gewarnt: beklagen Sie sich nicht, wenn Ihr Hähnchen nach nichts schmeckt, Ihr Rindfleisch wäßrig und das Kalbfleisch sehnig ist. Diese Tatsache liefert nur den Beweis für Ihre Gleichgültigkeit oder Ihren Geiz, und damit basta. Mit dem Fleisch ist es wie mit dem Kaviar, lieber nur wenig von der besseren Qualität essen, als viel von der mittelmäßigen. Wenn man darüber nachdenkt, gilt dies eigentlich für alles.

Muß ich es noch erwähnen? (aber ich sag's trotzdem), niemals tiefgekühltes Fleisch! Das arme, es wird brutal vom Frost überwältigt und hat gerade noch geatmet, da wird es, kaum aufgetaut, gegessen und erlebt nie diesen äußerst wichtigen Zeitpunkt, der je nach Fleischsorte differiert, zu dem das Fleisch abgehangen ist und sich der Vollkommenheit nähert. Außerdem kommt das tiefgekühlte Fleisch aus industrieller Produktion, was an sich schon eine Garantie für Mittelmäßigkeit ist.

Geflügel oder das kleine Tier

Bei Ihrem Geflügelhändler finden Sie gut aufgezogene Vögel, deren Fleisch noch etwas von dem Wildgeschmack bewahrt hat, der ihnen früher zueigen war. Das gilt für die Wachtel, die Taube, den Fasan, das Perlhuhn ... Sie können auch Enten aus hervorragender Aufzucht finden (leider nicht aus chinesischer, der besten der Welt), gute, mit Körnern gefütterte, im Freien gehaltene Hähnchen und Kaninchen, die sich an Grünfutter sattgefressen haben; ihr Fleisch ist fest und ohne Fett. (Das mit dem Kaninchen irritiert mich einigermaßen: was hat dieses Tier, das weder Eier legt noch Federn hat, beim Geflügelhändler zu suchen, von dem das Lexikon behauptet, er handle »mit Vögeln, die man ihrer Eier oder ihres Fleisches wegen hält«. Ist das Kaninchen ein geschickt verkleideter Vogel? Oder der Geflügelhändler ein skrupelloser Fälscher?).

Hier jedenfalls ein erstes Geflügelrezept; es betrifft die Ente, die ich in allen ihren Erscheinungsformen liebe: sei es das kleine, geschäftige und freundliche Tier, das mit seinem Quaken unsere Tümpel und Teiche belebt oder der wilde Vogel, der in tadelloser Flugordnung im Herbst über unseren Himmel zieht, sei es die wundersame Zier der Gärten des Kaisers von China oder die Reiherente, sei es in Gestalt von Stopfleber oder Entenbrust, von eingemachter Ente, Muskelmagen oder Braten, ich mag alles von ihr. Und ganz besonders ihr dunkles, saftiges Fleisch und ihre knusprige Haut, wenn sie süßsauer zubereitet wurde. In diesem Sinne also eine

ENTENBRUST MIT HONIG

Von Herbst bis Frühjahr – für 2 Personen

Ihr Einkaufszettel:
2 mittelgroße Entenbrüste oder
eine große aus erstklassiger Aufzucht
(zum Beispiel von einer Barbarie-Ente)
1 Zitrone
2 EL Thymian- oder Rosmarinhonig
100 g Smyrna-Rosinen
2 EL weißer Rum
Salz, Pfeffer aus der Mühle

Den Ofen einschalten (80 Grad/Gas Stufe 4) und die Servierplatte hineinstellen. Die Zitrone auspressen.

Mit der Spitze des Officemessers die Haut der Entenbrust auf der ganzen Fläche in Abständen einstechen, damit das Fett leichter austreten kann und die Haut knusprig wird. Haut und Fleisch mit Salz einreiben und pfeffern. Mit der Hautseite nach unten in eine antihaftbeschichtete Pfanne legen.

Bei mittlerer Hitze 8 Minuten auf der Hautseite braten, dann 2 Minuten auf der Fleischseite. (Wenn wirklich sehr viel Fett austritt, dieses während des Bratens ein- oder zweimal abgießen). Die gegarte

Entenbrust aus der Pfanne nehmen und auf der Servierplatte warm stellen. So, gebratene Entenbrust können Sie jetzt also schon zubereiten.

🐖 Gießen Sie alles Fett weg und saugen Sie den Rest, ohne zu reiben, mit Küchenkrepp auf, damit der angeschmorte Saft darunter nicht verlorengeht.

🐖 Die Pfanne wieder auf den Herd stellen und den Honig, der dabei aufschäumt, hineingeben, dazu den Zitronensaft und die Rosinen, die Sie 3 Minuten aufquellen lassen. In der Zwischenzeit schneiden Sie das Fleisch, das geruht hat, schräg in schmale Scheiben auf.

🐖 Jetzt kommt der Rum in die Pfanne, fügen Sie etwas Salz und Pfeffer hinzu und gießen Sie alles kochendheiß über die gut warm gehaltenen Entenbrustscheiben. Sie schmecken wunderbar mit einem Selleriepüree (es paßt einfach gut zu allen stark gewürzten Sachen), das Sie vorher zubereitet und im Wasserbad warm gehalten haben.

Wenn Sie die Entenbrust nur gebraten haben möchten, halten Sie sie nach beendeter Garzeit noch kurz warm, damit das Blut das ganze Fleisch durchdringen und dadurch zart machen kann. Dieses Ruhenlassen ist für alle gegrillten oder gebratenen Fleischsorten wichtig.

Es ist Winter. Sie und Ihre besten Freunde drohen aus Mangel an Licht und Wärme zugrunde zu gehen. Tun Sie etwas dagegen! Meine geflügelte Favoritin, diesmal im Ganzen, wird die triste Stimmung aufhellen. Es ist die

ENTE MIT MARSALA
Herbst bis Winter – für 4 Personen

 *Ihr Einkaufszettel:*
1 schöne Ente (ungefähr 2 kg), vom Geflügelhändler
bratfertig gemacht (z. B. Challans-Ente,
Barbarie-Ente oder eine Ente vom Biobauernhof)
2 frische Salbeizweige
oder 1 Handvoll getrocknete Blätter
1 große Zwiebel
1 Flasche echter Marsala
Salz, Pfeffer aus der Mühle

🐷 Bringen Sie sich 2 Stunden vor der Mahlzeit schon mal auf Trab. Schalten Sie den Ofen ein (220 Grad/Gas Stufe 7) und probieren Sie den Marsala. Es reicht, wenn Sie einen halben Liter davon übrigbehalten.

🐷 Stechen Sie, wie ich es Ihnen bei der Entenbrust (siehe S. 166) beschrieben habe, die Haut der Ente überall mit einem Officemesser ein, damit das Fett leichter abfließen kann (das Fettdepot unter der Haut schützt unseren tapferen Vogel vor der Kälte – schauen Sie sich die Schwimmer an, die den Ärmelkanal überqueren: alle gut im Futter. Was der Körper eben so braucht).

🐷 Reiben Sie dann das sympathische Tier kräftig mit Salz, Pfeffer und der Hälfte der Salbeiblätter ein. Salzen und pfeffern Sie auch das Innere und stecken Sie den restlichen Salbei und die geschälte Zwiebel hinein. Legen Sie den Vogel mit dem Bauch nach oben in eine große feuerfeste Form oder direkt auf das Backblech. Er bleibt 30 Minuten im Ofen. Den Kurzzeitwecker einstellen.

🐷 Wenn er klingelt, schalten Sie den Ofen auf 170 Grad/Gas

Stufe 6 herunter und ziehen, ohne sich zu verbrennen, das Blech heraus. Legen Sie die Ente auf einen großen Teller und schütten Sie das Fett weg, das sich in der Form oder auf dem Blech gesammelt hat. Legen Sie dann den Vogel wieder auf seinen Platz, übergießen Sie ihn mit 25 cl Marsala und schieben Sie ihn wieder in den Ofen.

🐗 Nutzen Sie die Stunde, die darüber vergeht, um die Beilage herzustellen. Ich empfehle das traditionelle Selleriepüree und dazu Maronen natur, die ich eingeschweißt zu kaufen rate, natürlich in erstklassiger Qualität, weil die Zubereitung von Maronen mühselig ist und Sie dazu nicht in der Verfassung sind. Man braucht sie dann nur ein paar Minuten bei kleiner Hitze in reichlich Butter zu schwenken.

🐗 Vergessen Sie das Tier nicht, das in Ihrem Ofen schwitzt. Begießen Sie die Ente alle 10 Minuten mit ihrem Bratensaft (dazu mit Ofenhandschuhen das Blech halb herausziehen und mit dem Suppenlöffel den Saft herausschöpfen). In der Halbzeit (nach 30 Minuten) mit dem zweiten Glas Marsala. Der Braten wird Ihnen später seine Dankbarkeit dafür durch zartes Fleisch beweisen.

🐗 Vergessen Sie aber auch nicht, die Platte und die Saucenschüssel im Wasserbad warm zu stellen. Nach einer Stunde wird der Ofen für die restlichen 30 Minuten auf 120 Grad/Gas Stufe 5 heruntergeschaltet. Sie verbringen diese Zeit damit, Ihre besten Freunde zu empfangen und sie mit einem Glas ausgezeichneten Portwein zu bedenken. Bei dem hinreißenden Duft, der Ihre Behausung durchzieht, und diesen Beweisen wahrer Freundschaft werden ihre Gesichter wieder Farbe annehmen.

🐗 Bitten Sie Ihre Freunde zu Tisch. Holen Sie Ihr Geflügel aus dem Ofen und tranchieren Sie es direkt auf dem Blech oder in der Form: so wird die bernsteinfarbene, seidige Sauce, die sich gebildet hat, durch den austretenden Saft noch angereichert.

🐗 Tummeln Sie sich dabei ein bißchen, das Essen darf nicht kalt werden. Schneiden Sie den Bürzel weg, der unangenehm nach Drüsen schmeckt (nach denen, die das Fett produzieren, das die Federn imprägniert) selbst, wenn sie entfernt worden sind.

🐗 Richten Sie die Entenstücke, von Maronen umgeben, auf der Platte an. Schaben Sie das Blech oder die feuerfeste Form gut aus und gießen Sie die mit dem ausgetretenen Saft vermengte Sauce in die Sauciere. Geben Sie das Selleriepüree in eine Schüssel und bringen Sie alles sofort auf den Tisch. Trinken Sie dazu einen schweren Rotwein. Ihre Freunde werden vor Freude weinen und Ihnen auf ewig dankbar sein.

Jetzt ist der Frühling wieder da, und auch in altem Gehölz steigen die Säfte wieder. Sie geben sich der süßen Liebe mit Ihrem Lieblingsassistenten oder Ihrer Lieblingsassistentin hin und brauchen keine Rezepte mehr, die Sie, wie das vorstehende, so richtig aufwärmen – Sie sind heiß genug. Deshalb rate ich Ihnen zu Tauben mit grünen Erbsen, die verhindern sollen, daß Sie sich gegenseitig auffressen (sagt man nicht vom Objekt seiner Sehnsucht, man habe es »zum Fressen« gern?). Für beide, die Tauben und die Erbsen, ist jetzt die ideale Saison.

Tauben mit grünen Erbsen
Frühjahr – für 2 Personen

 Ihr Einkaufszettel:
2 fleischige junge Tauben, 4 Wochen alt,
ausgenommen und zurechtgemacht, nicht bardiert
500 g grüne Erbsen
6 Lauchzwiebeln
50 g Parmaschinken in einem dicken Stück
(ein Endstück, z. B.)
30 g Butter
10 cl trockener Weißwein
10 cl Kalbs- oder Geflügelfond aus dem Feinkost-
geschäft – kein Muß, aber ich mag ihn, weil er
der Süße eine pikante Note gibt
1 TL Zucker, Salz, Pfeffer aus der Mühle

🐗 Eine Stunde vor Ihrem Festmahl zusammen mit de(m)r Erwählten Ihres Herzens die Erbsen palen, die Lauchzwiebeln häuten, dabei ein kleines Stückchen vom Grün stehen lassen. Die Tauben außen und innen mit Salz und Pfeffer einreiben und den Schinken in ganz kleine Streifchen schneiden.

🐗 Die Butter bei milder Hitze in einem Topf auf den Herd stellen und die Zwiebeln darin schwenken und weich werden lassen. Nun mit der Hitze ein wenig heraufgehen, die Tauben in den Topf geben und geduldig rundum goldbraun anbraten. Die Butter darf dabei nicht verbrennen. Anschließend Tauben und Zwiebeln mit dem Schaumlöffel herausheben und bitten, sich auf einem Teller etwas zu gedulden.

🐗 Den Wein in den Topf gießen und bei kräftiger Hitze kochen lassen, bis er auf die Hälfte reduziert ist. Jetzt die Tauben mit dem Saft, den sie abgegeben haben, die Zwiebeln, den Fond, den Parmaschinken, die grünen Erbsen, Zucker, Pfeffer und Salz in den Topf geben und zudecken. Sobald die Sauce zu kochen beginnt, die Hitze verringern und 20 Minuten leise köcheln. Das läßt Ihnen Zeit, auf die Schnelle Ihre(n) Erwählte(n), je nach Geschmack in der Küche oder im Zimmer nebenan zu beglücken.

🐗 Gehen Sie zu Tisch. Das Fleisch ist sehr zart. Trinken Sie einen gut gekühlten Sancerre oder einen Chablis dazu, und Sie werden gurren wie die Täubchen. Ein ideales Essen für Turteltauben wie Sie. Nehmen Sie ganz nebenbei zur Kenntnis, daß letztere nicht zum Verzehr bestimmt sind und wieviel Anleihen das Vokabular der Verliebten doch beim Geflügel macht.

»Und wo bleibt das Wild?«, werden Sie mich fragen.
Ich habe nichts damit im Sinn, weil ich es nicht über mich bringen
würde, das Wenige an Freiheit und Leben in unberührter Natur,
das sich in unserem Klima noch erhält, zu töten und aufzuessen.
Mit einer einzigen Ausnahme, die sich auf den Fasan bezieht,
den die Griechen ohnehin zum Hausgeflügel rechneten; anscheinend
zu Recht. Das schien sich mir im Elsaß zu bestätigen. Am Tag vor
der Eröffnung der Jagd stolzierten dort jede Menge Fasanen, noch
dazu große und fette, am Rand der Route Nationale auf und ab,
um in tiefen Zügen die Autoabgase zu inhalieren. Ich habe daraus
geschlossen, daß man sie gerade erst am Morgen per Lastwagen in
der Natur ausgesetzt hatte, die ihnen fremder als fremd war.
Seit damals also halte ich jedes Jahr ein Festmahl mit Fasan, auf die
Art zubereitet, der ich den Vorzug gebe: es ist der

Fasan im Wirsingbett
Herbst – für 3 Personen

Ihr Einkaufszettel:
1 schöner, fleischiger Fasan oder
(noch besser, eine Fasanenhenne) ohne Hautgout
1 schöner Kopf Wirsing
8 Karotten von bescheidenem Format
2 schöne gelbe Zwiebeln
1 großes Schweinsnetz, um den Boden eines großen Topfes
auszulegen, beim Metzger bestellen
(das Netz, nicht den Topf)
2 schöne frische Thymianzweige
1 Lorbeerblatt
1 fingerdicke Scheibe Lachsschinken
(Speck ist manchmal gut, würde aber hier
den zarten Geschmack
des »Haupttiers« beeinträchtigen
1 Handvoll grobes Salz
Salz, Pfeffer aus der Mühle

🐖 Nach der Lektüre einiger Zeilen von Samuel Beckett, die Sie in genau den Zustand nüchterner Präzision versetzen, der hier angemessen ist, füllen Sie viel Wasser in einen normalen Topf und streuen eine Handvoll grobes Salz hinein. Während das Wasser heiß wird, schneiden Sie mit der Spitze eines Officemessers aus dem Wirsing den Strunk heraus und werfen ihn weg. So lassen sich die Blätter leicht abnehmen. Die äußersten, zähen und zu dicken Blätter werden nicht verwendet. Die übrigen behutsam eins nach dem anderen ablösen. Schneiden Sie die breiten Mittelrippen heraus, sie sind zu hart. Der Wirsing hat, wie Sie feststellen werden, sehr viel Ähnlichkeit mit dem Organ, mit dem wir zu denken versuchen.

🐖 Alle Blätter liegen auf einem Haufen in Ihrem Spülbecken. Das Wasser kocht. Geben Sie immer 5 oder 6 Blätter zugleich in den Topf und lassen Sie sie genau 5 Minuten darin. Herausnehmen und kurz abtropfen lassen. So geht es weiter, bis keine Blätter mehr übrig sind. Das nennt man ein Gemüse »blanchieren«. Unblanchiert hätte Ihr Wirsing einen leicht bitteren Geschmack und wäre schwer verdaulich.

🐖 Schälen Sie Ihre Karotten mit dem Sparschäler, enthäuten Sie die Zwiebeln und vierteln Sie alles. Dann ist der bewegende Moment der Vereinigung der bunt zusammengewürfelten Zutaten gekommen. Nehmen Sie Ihren großen Lieblingstopf (der Kochtopf ist für den Koch das, was für den Radwanderer das Fahrrad ist) und legen Sie den Boden mit dem Schweinsnetz aus. Darauf packen Sie eine Lage noch sehr feuchter Blätter, mit denen Sie auch die Wände des Topfs auskleiden (nur die Hälfte der Blätter verwenden). Nicht ungeduldig werden. Sie bauen nichts Geringeres als das Nest des teuren Vogels, der, gepfeffert und gesalzen und mit einem Thymianzweig im Hinterteil, von behutsamer Hand mitten hineingelegt wird.

🐖 Legen Sie Karotten, Zwiebeln, Thymian, Lorbeerblatt und den in sehr kleine Würfel geschnittenen Lachsschinken darauf, und füllen Sie auch die Zwischenräume damit aus. Betrachten Sie Ihr Werk noch ein letztes Mal, denn Sie werden es nun mit der anderen Hälfte der Blätter zudecken, die einen Deckel bilden, der am Rand sorgfältig eingeschlagen wird.

🐖 Verschließen Sie den Topf nun luftdicht, indem Sie den Deckel mit Hilfe einer dicken Paste aus Mehl und Wasser darauf festkitten.

Ein Strang davon wird rundum auf den Rand des Topfs geklebt, dann der Deckel aufgesetzt und fest angedrückt.

🐖 Bei starker Hitze schnell zum Kochen bringen. Sobald Sie es sieden hören (nach einigen Minuten), auf schwächste Hitze herunterschalten. Lassen Sie alles 1$^1/_2$ Stunden garen.

Sie können Ihren Topf auch 2 Stunden im Wasserbad in den Ofen stellen (bei 170 Grad/Gas Stufe 6). Dies ist nun ein typisches Beispiel für die Zubereitung unter Dampfdruck, der das Verdienst zukommt, die Zutaten in ihrer natürlichen Form zu belassen, obwohl sie vom rohen in den gekochten Zustand übergehen. Sie können Ihren angefangenen Beckett zu Ende lesen.

🐖 Bringen Sie den Topf auf den Tisch, hebeln Sie den Deckel mit einem Schraubenzieher oder einem Stecheisen ab, nur keine Angst. Der Wirsing wird bernsteinfarben sein und der Dampf, der aus dem Topf aufsteigt, wird einen unwiderstehlichen Duft verströmen. Bescheiden werden Sie zunächst die Blätter vom Deckel servieren und so den köstlichen Vogel freilegen, der, von keinem Schmutz berührt, goldbraun und wunderbar anzusehen in einem leichten Jus schwimmt. Sie verteilen nun alles auf die ungeduldig wartenden Teller Ihrer beiden Tischgenossen. Das Erlebnis wird unvergeßlich sein. Mir liegt daran, Sie auf den diätetischen Wert dieses königlichen Mahls hinzuweisen, das Sie so wenig belastet, daß Sie hinterher gleich wieder an Ihre Arbeit flitzen können.

Wenn Sie sich finanziell völlig verausgabt haben, können Sie auf diese Art auch ein Perlhuhn zubereiten, und zwar mit dem gleichen Erfolg.

Apropos Perlhuhn: hier ein wirklich gutes Rezept, das ich Ihnen schnell noch zukommen lassen möchte:

PERLHUHN MIT SCHALOTTENCONFIT

Juli bis September – für 3 Personen

Ihr Einkaufszettel:
1 schönes, fleischiges Perlhuhn von 1 kg
300 g Schalotten (wenn möglich graue Schalotten,
denn jetzt ist die Jahreszeit dafür)
1 EL Olivenöl aus erster kalter Pressung
30 g Butter
Salz, Pfeffer aus der Mühle

Es macht nicht viel Arbeit und schmeckt sehr gut. Nur das Schälen der Schalotten ist etwas mühselig, aber ein Kinderspiel, das Ihre Nichte gern übernehmen wird (in diesem Fall 400 g rechnen, weil Kinder meistens großzügiger wegschnippeln).

Während das kleine Schätzchen sich abrackert, reiben Sie Ihr Perlhuhn mit Pfeffer und Salz ein und geben das Öl und die Butter in einen Topf, in dem Sie das Geflügel bei schwacher Hitze geduldig rundherum goldbraun anbraten, wobei Sie darauf achten, daß das Fett nicht anbrennt.

Fügen Sie die ganzen Schalotten hinzu, die Sie zugedeckt 30 Minuten bei schwächster Hitze garen und im Anschluß daran noch 15 Minuten offen und bei stärkerer Hitze, damit der Saft einkocht und mit den Schalotten eine Art Konfitüre bildet.

Dazu ein Kartoffelpüree mit Sahne und Butter bereitet servieren, und Sie werden einmal mehr die Freude erleben, die der Koch beim Anblick der verklärten Mienen seiner Gäste empfindet.

**Ich mag das Perlhuhn und sein bräunliches Fleisch,
das sich im Geschmack noch etwas vom Wildleben bewahrt hat.**
Also kommen Sie, hier ist das letzte Rezept, das Perlhuhn mit Zitrone, die diesem reizenden Tier einen Hauch von Afrika verleiht (was ihm gut steht, da es aus Ägypten kommt, um es genau zu sagen – außerdem nennen es die Italiener *faraona*).

PERLHUHN MIT ZITRONE
Das ganze Jahr über – für 4 Personen

 *Ihr Einkaufszettel:
1 großes Perlhuhn von 1,2 kg, vom redlichen Geflügelhändler in 8 Stücke zerteilt
1 EL Olivenöl aus erster kalter Pressung
15 cl trockener Weißwein
1 große unbehandelte Zitrone
je 1 Zweig Rosmarin und Thymian
Salz, Pfeffer aus der Mühle*

🐖 Es geht kinderleicht: Die Perlhuhnstücke mit Salz und Pfeffer einreiben, das Öl in einem Topf heiß werden lassen und die Stücke bei mäßiger Hitze darin goldbraun anbraten.

🐖 Das Fleisch herausnehmen und auf einem Teller beiseite stellen. Das Öl abgießen und dafür den Wein in den Topf geben und bei kräftiger Hitze auf die Hälfte reduzieren. Das gibt Ihnen Zeit, die Zitrone zu waschen und in sehr feine Scheiben zu schneiden (die Enden wegwerfen) und die Kerne daraus zu entfernen.

🐖 Die Perlhuhnstücke in den reduzierten Wein legen, die Zitronenscheiben zugeben und Rosmarin- und Thymianblättchen hineinstreuen.
Zudecken und bei schwacher Hitze 45 Minuten garen, ab und zu umrühren. Schmeckt gut mit Basmati- oder Surinam-Reis, der in Salzwasser gekocht wurde.

Dieses Rezept kann genauso für Hähnchen verwendet werden.

Das wirklich gute Hähnchen
Machen Sie doch einmal eine Umfrage bei Ihren Bekannten: für die meisten ist Geflügel gleich Brathähnchen. Dieses arme Tier ist im Verlauf der Jahrhunderte (und der industriellen Aufzucht) weltweit zu einem der banalsten Nahrungsmittel geworden, die zum Überleben des Menschen beitragen. Man muß sich mal vor Augen halten, in welchem Zustand es sich befindet. Ständig essen Sie sein fades Fleisch, das wasserhaltig und trocken zugleich ist und dessen Konsistenz und Mangel an Geschmack uns, ganz gleich, wie wir es auch zubereiten, fatal an den Inhalt von Babygläschen erinnert. Gräßlich. Tun Sie etwas dagegen: Kein Batteriehähnchen, kein Hähnchen aus sogenannter »Freilandhaltung«, das kaum besser ist. Sondern ein Bresse-Hähnchen, ein französisches Maishähnchen oder ein Hähnchen vom Biobauernhof, das sich vier Monate im Grünen vergnügen durfte, mit den besten Körnern gefüttert und schließlich vierzehn Tage lang mit Milch, Hafer und Mais gemästet worden ist. Andere Hähnchen oder Hühner sind nicht genießbar, lassen Sie sich das gesagt sein.

Mein Bruder und ich haben als Kinder Erfahrungen mit einem Hähnchen gesammelt, das wir selbst mit reifen Bananen gemästet hatten. Es war ein außergewöhnliches Erlebnis, es nur einfach gebraten zu essen, und diese Erfahrung hat über mein Verhältnis zur Küche entschieden (mein Bruder dagegen wurde ein Opfer der Verdrängung). Mit folgendem unkomplizierten Rezept will ich Sie also mit diesem Vogel bekanntmachen.

GEBRATENES HÄHNCHEN
Das ganze Jahr über – für 4 Personen

 Ihr Einkaufszettel:
1 wirklich gutes Hähnchen, vom vertrauenswürdigen Händler ausgenommen und bratfertig gemacht, mit Innereien
Salz, Pfeffer

Das ist alles. Es ist von bestechender Einfachheit.

Schalten Sie Ihren Backofen ein (170 Grad/Gas Stufe 6). Damit es vollendet gelingt, muß ein Hähnchen langsam braten. Wählen Sie eine feuerfeste Form, auf der es bequem Platz hat. Reiben Sie es innen und außen mit Salz und Pfeffer ein und legen Sie den gut gewaschenen Magen wieder hinein, während Sie die gesäuberte Leber beiseite lassen. Legen Sie das Hähnchen in die Form.

Schieben Sie es für 1 Stunde in den Ofen, wo es während der Garzeit zweimal mit dem Saft übergossen wird, den es abgibt. (Verbrennen Sie sich nicht, ziehen Sie dazu die Ofenhandschuhe an, kippen Sie die Form leicht nach vorn und nehmen Sie einen Eßlöffel zum Begießen).

Stecken Sie nach 30 Minuten die Leber in das Hähnchen und lassen Sie es weitere 30 Minuten garen. Nach 15 Minuten wird es noch einmal begossen.

Das wär's: Und das Ergebnis gleicht in nichts Ihren früheren Erfahrungen. Der Jus ist sämig und goldbraun, das Fleisch saftig und die Haut knusprig.

Tranchieren Sie (wobei Sie ganz nebenbei den Bürzel verdrücken sollten – das, was ich vom Hähnchen am liebsten mag) die Hähnchenbrust mit den Flügeln und die Schenkel mit ihren Keulen. Weiter zerkleinern können Sie hinterher. Der Trick ist der, daß man bei der Brust mit dem Messer der Knochenstruktur folgend bis zum Rückengrat schneidet und bei den Schenkeln das Gelenk finden und durchtrennen muß. Vergessen Sie nicht das »Pfaffenbißchen«, es wäre schade darum. Und verteilen Sie die Leber und den Magen gerecht. Ich serviere diesen einfach wunderbaren Braten im Sommer mit einem Raukensalat, im Winter mit Feldsalat. Sie werden mit ansehen, wie Ihre Gäste alle Hemmungen ablegen und nicht nur die Knochen abnagen, sondern auch Knorpelteile knuspern. Einige, die vergeblich nach dem Bürzel Ausschau halten, werfen Ihnen vielleicht auch mißtrauische Blicke zu.

Es gibt unzählige Arten, ein Hähnchen zuzubereiten. Hier noch eine, die ich sehr gern mag und die ich befreundeten Artisten verdanke, die vor nichts Angst haben – weil ihr Beruf es verlangt – und sehr geschickt sind, denn auch das gehört zu ihrem Beruf.

DAS HÄHNCHEN VON ISABEL UND DIEGO MIT MANDELN UND HONIG

Das ganze Jahr über – für 4 Personen

 Ihr Einkaufszettel:
1 Hähnchen, das die auf Seite 177 genannten Kriterien erfüllt, mit seinen gesäuberten Innereien
200 g geschälte Mandeln der besten Qualität
60 g Butter
125 g Thymianhonig
2 EL Olivenöl aus erster kalter Pressung
500 g milde Zwiebeln
Salz, Pfeffer aus der Mühle

🐖 Es war in Spanien, an einem Sommerabend. Das Hähnchen kam nicht aus Bresse, aber es war vom besten, was man auf der Halbinsel finden konnte. Diego hat es innen mit Salz und Pfeffer eingerieben, dann die Mandeln in einer trockenen Pfanne sehr behutsam hellgelb geröstet. Den Magen, die Leber und das Herz hat er in feine Streifen geschnitten und sie ein paar Sekunden mit der Hälfte der Butter bei milder Hitze in die Pfanne gegeben. Dann die Pfanne vom Herd genommen und die Mandeln zugefügt. Mit dieser Mischung hat er das Hähnchen gefüllt.

🐖 Isabel nähte die Öffnung mit einer dicken Nadel und gewachstem Faden sorgfältig zu.

🐖 Nun wurde das Hähnchen auch außen mit Salz und Pfeffer eingerieben und mit Honig bepinselt – der in Spanien zu dieser Jahreszeit die ideale Konsistenz hatte. Wenn Ihrer zu fest ist, stellen Sie ihn ein paar Minuten ins warme Wasserbad.

🐗 Inzwischen hatte Isabel in einem großen Topf die restliche Butter und das Öl erhitzt. Diego hat das Tier hineingelegt und bei mäßiger Hitze in aller Ruhe von allen Seiten goldbraun werden lassen. Isabel und ich haben die Zwiebeln geschält und in feine Streifen geschnitten. Wir mußten weinen, und da haben wir uns mit *Tio Pepe* getröstet.

🐗 Als das Hähnchen rundum schön gebräunt war, hat Diego die Zwiebeln dazugetan, alles noch mal gesalzen und gepfeffert und ein halbes Glas Wasser dazugegossen. Erst hat es 15 Minuten bei milder Hitze zugedeckt geköchelt, dann 45 Minuten offen, während wir uns Tapas einverleibten, *Tio Pepe* tranken und über die Rolle der Kunst in unserer verrotteten Gesellschaft diskutierten.

🐗 Das Hähnchen war prall und goldbraun und lag in einer Art Konfitüre. Wir haben es mit einfachem gekochten Reis gegessen. Es war ein herrlicher Abend. Sogar die Mücken hielten Waffenruhe. Jahre später, es war im Winter, habe ich dieses Gericht am selben Ort nachgekocht, mit meiner Schwägerin und meiner Nichte, die sich damals noch an ihr Fläschchen halten mußte, die arme. Aber der alte Zauber war wieder da.

Das Hähnchen gibt mir die Gelegenheit, wieder einmal zu zeigen, daß ich die Belgier mag. Ich verdanke ihnen sehr viel, denn ich lernte mit *Tim und Struppi* und *Jo, Jette* und *Jocko* und *Monsieur Lambigue*, den Figuren des genialen Vandersteen, lesen. Und später haben *Blake* und *Mortimer* meine Phantasie beflügelt. Baudelaire hat sie nicht kennengelernt, der Unglückliche, sie hätten ihn von seiner krankhaften Abneigung gegen dieses biedere Völkchen heilen können. Und was nun folgt, kannte er bestimmt auch nicht:

HÄHNCHEN-WATERZOOI
Das ganze Jahr über – für 4 Personen

Ihr Einkaufszettel:
1 gut gebautes Hähnchen (bitten Sie den Geflügelhändler, die Brust mit den Flügeln und die ganzen Schenkel auszulösen, die Flügel abzutrennen und Ihnen die Karkasse und die Innereien mitzugeben)
1 Lorbeerblatt
1 kleiner Thymianzweig
5 mittelgroße Karotten
1 Herz vom Stangensellerie
4 weiße Rübchen
4 Schalotten
½ l Schlagsahne
1 Bund Kerbel, ein paar Stengel glatte Petersilie
Salz, Pfeffer aus der Mühle

Die Karkasse, die Flügel, die Petersilie, das Lorbeerblatt, den Thymian, eine geschälte und in Scheibchen geschnittene Karotte, einen gewaschenen und in Stücke geschnittenen Selleriestengel mit Salz und Pfeffer in eine große Kasserolle geben. Einen halben Liter kaltes Wasser dazugießen und zum Kochen bringen. Zugedeckt 30 Minuten sacht köcheln lassen. Nutzen Sie die Zeit, um Ihren Lieblings-Comic-strip (natürlich belgisch) noch mal zu lesen.

🐖 Die Bouillon durch ein Sieb in eine andere, ebenfalls große Kasserolle umgießen. Den Siebinhalt wegwerfen.

🐖 Denken Sie an die Geduld, die Hergé schon für eine einzige Bildtafel von *Tim und Struppi* aufbringen mußte, und nehmen Sie die etwas mühseligen Dinge auf sich, die zu tun sind: Karotten, weiße Rübchen und Schalotten schälen, das Sellerieherz mit seinen zarten kleinen Blättchen putzen, waschen und alles in ziemlich grobe Streifen schneiden.

🐖 Die Bouillon einmal richtig aufwallen lassen; dabei setzt sich das Fett an den Rändern ab, und Sie können es mit dem Löffel entfernen. In diese spartanische Brühe geben Sie nun die Sahne und, wenn sie wieder kocht, auch das Hähnchen, das sich fast schon langweilte, dazu den Magen, das Gemüse, Salz und Pfeffer. Zugedeckt bei schwacher Hitze 45 Minuten kochen lassen. Vertiefen Sie sich ruhig wieder in Ihre belgische Lektüre.

🐖 Hähnchen und Gemüse mit dem Schaumlöffel herausnehmen. Die Flüssigkeit bei starker Hitze reduzieren, bis nur noch ein halber Liter übrigbleibt (das dauert etwa 20 Minuten). In der Zwischenzeit können Sie das Hähnchen enthäuten, entbeinen und in etwa gleich große Teile zerlegen (die Belgier sind Demokraten, das weiß schließlich jeder).

🐖 Jetzt die Hitze verringern und die in vier Teile geschnittene Leber, dann das Gemüse und die Hähnchenteile in die Brühe geben. Entfernen Sie das ölige Fett des Geflügels, das sich immer wieder ringsum an der Topfwand absetzt.

🐖 Nach zwei- bis dreimaligem Wiederaufkochen in Suppentellern servieren, nachdem Sie abgezupfte Kerbelblättchen und fein gewiegte Petersilie darübergestreut haben, was sehr hübsch aussieht.

Dies ist eine vollständige Mahlzeit, die sich zwischen Suppe und Ragout einordnen läßt. Hätte Baudelaire davon gekostet, würde sich sein Gesundheitszustand entschieden verbessert haben.

Mein Faible für die bäuerliche Küche ist Ihnen gewiß nicht entgangen. »Wer Hähnchen sagt, sagt Huhn, und wer Huhn sagt, der sagt Huhn im Topf« und meint Heinrich IV., einen der liebenswertesten Könige in der Geschichte Frankreichs, der jeden Sonntag »Das Huhn im Topf« mit seinen Untertanen teilte.

HUHN IM TOPF
Herbst bis Frühjahr – für 6 Personen

 Ihr Einkaufszettel:
1 schönes, in die Jahre gekommenes Huhn
mit seinen Innereien
1 große Scheibe altbackenes Landbrot
1 Glas Milch
1 Schalotte
2 Knoblauchzehen
1 dicke Scheibe roher Schinken (Bayonne, z. B.)
1 dicke Scheibe Kochschinken
1 Bund glatte Petersilie
4 Eier
65 g Butter
200 g Geflügellebern (Ihr Geflügelhändler gehört nicht zu den Schurken, die unerfahrenen Kunden Herzen andrehen)
1 Bouquet garni
500 g mittelgroße Karotten
300 g weiße Rübchen
3 Zwiebeln
1 Nelke
4 Stangen Porree
2 zarte Stangen Sellerie
125 g Crème épaisse
1 Zitrone
30 g Mehl
grobes Salz, feines Salz, Muskat,
Pfefferkörner und Pfeffer aus der Mühle

Gehen Sie 4 Stunden vor der Mahlzeit an die Arbeit. Das Garen, das nachher die meiste Zeit erfordert, geht auch ohne Sie.

🐖 Bereiten Sie zuerst die Farce zu: Dazu schneiden Sie die Rinde vom Brot ab und weichen es in Milch ein. Schälen Sie die Schalotte und den Knoblauch und hacken Sie beides sehr fein. In eine Salatschüssel geben. Zerkleinern Sie beide Schinkenscheiben mit der entsprechenden Maschine, und ab damit in die Salatschüssel. Die gewaschene und trockengetupfte Petersilie, von der Sie ein paar Stengel für das Bouquet garni zurückbehalten, fein wiegen. Ab in Richtung Salatschüssel. Ein mit der Gabel geschlagenes Ei → Salatschüssel. 15 g Butter in einem kleinen Tiegel zergehen lassen und die Geflügellebern, den Magen, Herz und Leber des alten Huhns, die ausgedient haben, bei milder Hitze eben fest werden lassen. Schneiden Sie das Fleisch von Magen und Herz fein und zerdrücken Sie die Lebern mit der Gabel. Alles kommt in die Salatschüssel. Drücken Sie das Brot zwischen den Händen aus und zerkrümeln Sie es. Ab in die Schüssel. Salz mit Maßen (wegen des Schinkens), Pfeffer und Muskat großzügig zugeben. Gehen Sie mit beiden (sauberen) Händen in die Schüssel und mischen Sie alles kräftig durch, bis Sie einen homogenen, festen Teig bekommen. Vergewissern Sie sich, daß die Würze stimmt.

🐖 Füllen Sie nun das Huhn mit der Farce und nähen Sie die Öffnung mit einer großen Nadel und gewachstem Faden fest zu. Sie werden sich vorkommen wie ein Landarzt alter Schule.

🐖 Was möglicherweise von der Füllung übrigbleibt, legen Sie in die Mitte eines großen Baumwolltaschentuchs, das Sie mit Küchengarn fest zu einem Bündel verschnüren.

🐖 Das Huhn kommt in einen großen Topf (mit dem Farcebündel, falls es eins gibt) und wird mit soviel kaltem Wasser, daß es gerade davon bedeckt wird, zum Kochen gebracht. Geben Sie je eine Handvoll grobes Salz und Pfefferkörner und das Bouquet garni dazu (Lorbeerblatt, Thymian, Petersilie; ich hatte gesagt, ich würde es nicht wiederholen).

🐖 Zugedeckt bei sehr schwacher Hitze $2^{1}/_{4}$ Stunden kochen lassen, dabei zwei- bis dreimal mit dem Sieblöffel abschäumen.

🐖 Nehmen Sie sich zwischendurch eine Viertelstunde Zeit, um die Fettschicht, die sich gebildet hat, mit dem Schaumlöffel abzunehmen und im letzten Moment die Karotten, die weißen Rübchen und die Zwiebeln, von denen Sie eine mit der Nelke bestecken werden, zu schälen. Den Porree waschen und putzen, nur das Weiße mit einem Ansatz von Grün behalten, die Selleriestengel waschen und der Länge und der Breite nach einmal durchschneiden.

🐖 Alles in den Topf geben. Wieder zum Kochen bringen und zugedeckt weitere 45 Minuten bei schwacher Hitze garen. Nach 15 Minuten Kochzeit 1 Liter Bouillon abnehmen und bei starker Hitze auf etwa die Hälfte reduzieren, was ungefähr 25 Minuten in Anspruch nimmt.

🐖 In einer kleinen Schüssel die restlichen Eigelbe, die Crème épaisse und den Saft der halben Zitrone mit dem Schneebesen verschlagen.

🐖 Stellen Sie nun eine Mehlschwitze her (bei der Béchamel haben Sie schon etwas Ähnliches gemacht): Lassen Sie die verbliebene Butter in einer Kasserolle zergehen, verrühren Sie das Mehl damit und gießen Sie, wenn es ordentlich heiß geworden ist, unter schnellem Rühren die reduzierte Bouillon dazu. Ausschalten, sobald sie wieder zu kochen beginnt, noch einmal umrühren und dann unter kräftigem Schlagen mit dem Schneebesen die Mischung aus Eigelb, Crème épaisse und Zitronensaft hinzufügen. So bekommen Sie einen sämig eingedickten Jus, den Sie in der Sauciere servieren.

🐖 Das Huhn mit dem Schaumlöffel aus dem Topf heben. Das Gemüse abtropfen lassen. Die Bouillon können Sie, z. B. für ein Risotto, aufheben.

🐖 Auf einer großen Servierplatte das zerteilte Huhn, die in Stücke geschnittene Farce und das Gemüse anrichten und jedem Gast eine mit der Sauce übergossene Portion davon vorlegen. Falls einige mit besonders großem Hunger gesegnet sein sollten, kann ein guter Langkornreis das Gericht vervollständigen. Waschen Sie den Reis gründlich und binden Sie auch ihn in ein Taschentuch, Typ kariertes Großvatermodell, und lassen Sie genügend Platz (man darf nicht vergessen, daß der Reis beim Kochen sein Volumen verdreifacht). Er wird ebenfalls in dem großen Topf gegart, aus dem Sie vorher die Flüssigkeit für den Jus entnommen haben. Rechnen Sie 50 g pro Person. Alle werden froh und zufrieden sein, nicht anders als Heinrich IV. in Gesellschaft seiner Freunde.

Das Kaninchen, dieses vielfach verkannte Tier, ist nicht nur ein umgänglicher und ruhiger Geselle (der weder gackert noch schreit), sondern als Wildkaninchen aus unserer Landschaft gar nicht wegzudenken. Als Hauskaninchen ist es beliebt und in vielen unserer Gärten anzutreffen. Es kann schwimmen und auf Bäume klettern, was viel zu wenig bekannt ist. Als Pflanzenfresser knabbert es mit Vorliebe die Kräuter, die seinem Fleisch Würze verleihen. Außerdem ist es geradezu eine Fundgrube der Semantik, denn mit diesem kleinen Säugetier verbinden sich unzählige Redewendungen, aber auch Texte der Weltliteratur, wie z. B. »Der Bau« von Franz Kafka, befassen sich mit ihm. Und last not least ist es ein Gegenstand der Naturwissenschaft, und zwar sogar der Mathematik geworden: die Beobachtung seiner bemerkenswerten Vermehrungsfreudigkeit erlaubte es dem Mathematiker Leonardo Fibonacci, Verfasser des liber abaci, im 13. Jahrhundert ein System der numerischen Progression zu erarbeiten, das heute noch benutzt wird. Und das Kaninchen hat immerhin das Werk eines so bedeutenden zeitgenössischen Künstlers wie Mario Merz inspiriert.

Kaufen Sie Ihr Kaninchen beim Geflügelhändler unzerteilt. Es kann in reiferem Alter stehen und durch zahlreiche Vaterschaften erprobte Muskeln haben; sein Fleisch sollte von der Würze durchdrungen sein, die durch schier endloses, geduldiges Kauen abwechslungsreicher Kost erworben wird. Es darf etwas abgehangen sein, aber Leber und Nieren sollten noch prall sein von Feuchtigkeit. Vor allem aber hat es nicht zuviel Fett, nur hier und da kleine feste, weiße Flöckchen. Dann wird es Ihre Erwartungen gewiß nicht enttäuschen.

Hier nun drei Kaninchenrezepte. Das erste ist für den Sommer gedacht.

KANINCHEN MIT TOMATEN IN ASPIK

Von Juni bis Oktober – für 6 Personen

🍲 *Ihr Einkaufszettel (für den Vortag oder spätestens morgens für den Abend):*
1 Kaninchen von 2 kg, das die auf Seite 185 beschriebenen Kriterien erfüllt
8 große Tomaten, reif und fest
1 große unbehandelte Zitrone
2 gestrichene EL Thymianblätter
1 Bund großblättriges Basilikum
4 EL Olivenöl aus erster kalter Pressung
1 Kalbsfuß, einmal durchgehackt
$^1/_4$ l trockener Weißwein
1 Karotte, 1 Zwiebel
1 Selleriestengel, 1 Bouquet garni
4 Blatt Gelatine
grobes Salz, feines Salz, Pfeffer aus der Mühle

🐖 Sie haben die Wahl: entweder schlummert in Ihnen ein verhinderter Geflügelhändler, und Sie entbeinen Ihr Kaninchen mit Hilfe eines Officemessers selber, oder aber Sie bitten Ihren Spezialisten, es gegen ein gutes Trinkgeld für Sie zu tun. In diesem Fall sollten Sie aber auch die Karkasse, den Kopf und die Innereien mit nach Hause nehmen.

🐖 Heizen Sie den Backofen vor (280 Grad/Gas Stufe 9). Waschen Sie die Tomaten und die Zitrone. Erstere schneiden Sie in dicke Scheiben, nachdem Sie die festen Teile innen entfernt haben, letztere werden hauchdünn aufgeschnitten, die Kerne herausgenommen. Salzen und pfeffern Sie das gesamte Kaninchenfleisch. Leber und Nieren legen Sie zunächst beiseite, sie werden später noch verwendet.

🐗 Nehmen Sie eine große, runde Terrine aus Keramik oder feuerfestem Glas. Legen Sie zuunterst dicht an dicht eine Lage Tomatenscheiben, die Sie mit Pfeffer und Salz und einer großzügigen Handvoll Thymian bestreuen. Dann eine Lage Kaninchenfleisch, einige Zitronenscheiben und ein paar Basilikumblätter. Machen Sie in dieser Reihenfolge weiter: Tomaten, Salz, Pfeffer, Thymian, Kaninchenfleisch, Zitrone, Basilikum. Richten Sie es so ein, daß Sie mit einer Lage Tomaten abschließen. Zuletzt das Olivenöl darübergeben.

🐗 Gießen Sie kochendes Wasser in die Fettpfanne und setzen Sie die Form hinein. Eine Stunde im Ofen lassen.

🐗 Bringen Sie in der Zwischenzeit in einem großen Kochtopf die Karkasse, den Kaninchenkopf und den Kalbsfuß in einem Liter Wasser und dem Wein zum Kochen. Dazu kommen die gewaschene und in Scheiben geschnittene Karotte, die geschälte und in Scheiben geschnittene Zwiebel, der gewaschene und in Stücke geschnittene Selleriestengel, eine kleine Handvoll grobes Salz, eine weitere Handvoll Pfefferkörner und das Bouquet garni (Petersilie, Thymian, Lorbeerblatt, das wissen Sie schon im Schlaf). Nehmen Sie zwei- oder dreimal mit dem Sieblöffel den Schaum ab (es sind die Verunreinigungen, die an die Oberfläche kommen), und lassen Sie alles zugedeckt bei mittlerer Hitze kochen, solange die Terrine im Ofen schwitzt. Sie sagen sich sicher, dies sei doch sehr arbeitsaufwendig. Dazu kann ich nur sagen, nein, es ist wirklich einfache Küche, und das Ergebnis kann sich sehen lassen.

🐗 Wenn die Terrine gar ist, nehmen Sie sie mit Küchenhandschuhen heraus. Legen Sie einen Teller darauf, der einen etwas größeren Durchmesser hat als die Form. Halten Sie ihn mit den Daumen fest, kippen Sie die Form über dem Topf, so weit, so daß der Saft dort hineinläuft. Auf diese Art bleibt der kunstvolle Aufbau der Terrine erhalten.

🐗 Die können Sie jetzt eine Zeitlang vergessen. Kochen Sie die Brühe noch 1 Stunde auf dem Herd, aber diesmal offen: $1/2$ bis $1/4$ Liter Flüssigkeit müssen übrigbleiben. 5 Minuten vor Ende der Kochzeit die Leber und die Nieren des Kaninchens in den Topf geben.

🐗 Gießen Sie die kostbare Bouillon durch ein feines Spitzsieb in eine Kasserolle. Weichen Sie die Gelatine in kaltem Wasser ein. Leber und Nieren herausnehmen, der Länge nach einmal durchschneiden und auf die Terrine legen. Wenn Sie sparsam sind, schaben Sie auch die Fleischreste von den Knochen, nehmen Wangen, Zunge und Hirn, die köstlich schmecken, hinzu und verteilen alles zusammen ebenfalls auf der Terrine.

🐖 Lassen Sie die Bouillon noch einmal aufkochen, nehmen Sie sie dann vom Herd und rühren Sie die mit der Hand ausgedrückte Gelatine hinein. Gießen Sie soviel von der Bouillon über die Terrine, daß alles gut bedeckt ist. Den Rest in einer kleinen Schüssel aufheben.

🐖 Stellen Sie die Terrine (und die kleine Schüssel) nach dem Abkühlen für 6 bis 12 Stunden in den Kühlschrank, damit die Bouillon gut geliert.

🐖 Zum Stürzen tauchen Sie die Behältnisse ein paar Sekunden in kochendes Wasser, dann geht es ganz leicht.

🐖 Servieren Sie dieses Meisterwerk an Würze und Frische mit Basilikumblättern garniert und von Aspikwürfeln umgeben auf einer großen Platte. Bringen Sie dazu einen einfachen Römersalat mit Parmesan und Pinienkernen auf den Tisch, und Sie haben den Inbegriff eines leichten Festessens verwirklicht, das ich mit einem weißen, gut gekühlten Graves zu begleiten empfehle. Die Terrine hält sich übrigens, im Kühlschrank aufbewahrt, 2 bis 3 Tage (aber die Wahrscheinlichkeit, daß es dazu kommt, ist eher gering!).

Nun, da der Herbst gekommen ist, brauchen Sie Trost und Ausgleich für das Gericht, dem Sie den ganzen Sommer über so fleißig zugesprochen haben, und das wäre, in anderer Gestalt ein »Mariniertes Kaninchen«. Ohne daß Sie sich mit Gewissensbissen herumschlagen müßten, weil Sie ungerechterweise eines jener armen, von skrupellosen Jägern verfolgten Tiere vertilgen wollen, verleihen Sie mit dieser Zubereitung einem schlichten, braven Stallkaninchen die Würze eines Kaninchens aus freier Wildbahn. Das Geheimnis heißt Marinade.

MARINIERTES KANINCHEN
Herbst bis Winter – für 4 Personen

Ihr Einkaufszettel (für den Vortag):
1 Kaninchen von etwa 1200 g, einschließlich Kopf
und Innereien, bitten Sie Ihren Händler,
es in 8 Teile zu zerlegen
4 Thymianzweige
1 Rosmarinzweig
4 Knoblauchzehen
4 EL Olivenöl aus erster kalter Pressung
1 Glas trockener Weißwein
4 Karotten
4 Porreestangen
1 Lorbeerblatt
Salz, Pfeffer aus der Mühle

Am Tag vorher oder am Morgen desselben Tages die Kaninchenstücke mit Salz und Pfeffer einreiben. Mit dem Thymian, dem Rosmarin, den mit der flachen Messerklinge zerdrückten, ungeschälten Knoblauchzehen, 2 EL Öl und dem Wein in eine Terrine geben. Das Fleisch ein- oder zweimal wenden.

1 Stunde vor der Mahlzeit die Karotten schälen und den Porree putzen, von dem Sie alles Grün bis auf den Ansatz wegschneiden. Porree und Karotte waschen und in Stücke schneiden.

Das restliche Öl in einen Topf geben und die abgetropften Kaninchenstücke darin bei mäßiger Hitze goldbraun werden lassen. Wenn sie rundum angebraten sind, herausnehmen, auf einem Teller beiseite stellen und an ihrer Stelle das Gemüse mit dem Lorbeerblatt andünsten. Sacht anbräunen, dann das Fleisch und die Marinade zufügen.

Bei mäßiger Hitze zugedeckt 45 Minuten kochen lassen. 10 Minuten vor Ende der Garzeit Leber und Nieren dazugeben. Der Jus ist konzentriert, das Gemüse schön weich gekocht, und das Fleisch zart und würzig. Servieren Sie es mit einer Polenta, mit Selleriepüree oder

Kartoffelbrei mit Olivenöl. Laden Sie Jäger ein, dieses köstliche Täuschungsmanöver mit Ihnen zu teilen und hören Sie sich die Meinung dieser Spezialisten an. Lassen Sie dann die Bombe platzen und weiden Sie sich anschließend an ihrer Verlegenheit, die Ihnen wie Milch und Honig runtergehen wird.

Zum Schluß ein Rezept, für das ich mein Erstgeburtsrecht verkaufen würde (bei Licht besehen schwierig, da ich im Gegensatz zu Esau die Ältere und Köchin zugleich bin. Wenn ich mich mies fühle, beklage ich mein schlimmes Schicksal, wenn es mir gut geht, denke ich, ich habe alles, was ich mir nur wünschen kann – wonach also das Glück eine moralische Entscheidung ist, was in etwa das einzig Vernünftige ist, das Sartre je geäußert hat). Also:

KANINCHEN MIT BACKPFLAUMEN

Von Herbst bis Winter oder an allen Tagen des Jahres –
für 4 bis 6 Personen

 Ihr Einkaufszettel:
1 Kaninchen von 2 kg, in 8 Teile zerlegt, mit seinen Innereien
500 g Backpflaumen
½ Flasche Côtes du Rhône, z. B. ein Saint-Joseph
2 EL Olivenöl
1 dicke Scheibe geräucherter Bauchspeck mit Schwarte,
in kleine Würfel geschnitten
1 Zwiebel
2 Knoblauchzehen
1 Bouquet garni
½ TL Quatre-épices-Gewürzmischung
(siehe Seite 309)
Salz, Pfeffer aus der Mühle

🐖 Weichen Sie die Pflaumen 4 Stunden vor der Mahlzeit im Wein ein. In der Zwischenzeit können Sie Ihrer Arbeit nachgehen. 1^1/$_2$ Stunden später wird das Kaninchen mit Pfeffer und Salz eingerieben. Leber und Nieren zunächst beiseite lassen. Gießen Sie das Öl in einen großen Topf und braten Sie die Kaninchenstücke bei mäßiger Hitze von allen Seiten an. Dann herausnehmen und auf einen Teller legen.

🐖 An ihrer Stelle jetzt die Speckwürfel sachte anschwitzen, bis sie goldbraun sind. Inzwischen die Zwiebel und die Knoblauchzehen schälen und in dünne, aber nicht übertrieben feine Scheiben schneiden.

🐖 Die Speckwürfel herausnehmen und in Gesellschaft der Kaninchenstücke warten lassen. Sie werden im Topf jetzt von Zwiebel und Knoblauch abgelöst, die, diesmal bei sehr schwacher Hitze, unter gelegentlichem Umrühren glasig werden sollen.

🐖 Wenn sie weich und durchsichtig sind, das Kaninchen und die Speckwürfel mit dem Saft, den sie abgegeben haben, wieder in den Topf zurückbefördern und das Bouquet garni, den Wein mit den Backpflaumen sowie die Quatre-épices-Gewürzmischung hinzufügen. Bei Kochbeginn die Hitze auf die schwächste Stufe herunterschalten und 2 Stunden zugedeckt köcheln lassen. 10 Minuten vor dem Essen die Leber und die Nieren dazugeben.

🐖 Nutzen Sie die Zeit, um ein Kartoffelgratin oder aber eine Polenta zu machen, als ideale Beilage für dieses sinnlich-würzige Gericht, das Ihnen im Mund zergeht. Sie trinken dazu natürlich den selben Wein, den Sie zum Kochen verwendet haben. Laden Sie Gäste ein, die sich für ein Cassoulet, geschmortes Rindfleisch oder ein Huhn im Topf, kurz das Beste, was ländliche Kochkunst zu bieten hat, wirklich begeistern. Sie sind es wert, Ihnen beim Essen Gesellschaft zu leisten.

Fleisch vom Metzger
oder das große Tier

Zu allererst gilt es, einen standesbewußten Metzger zu finden. Dieser vertrauenswürdige Mensch trägt eine blühende Miene zur Schau, eine blütenweiße Schürze, hat saubere Lappen zur Hand und herrscht über eine beeindruckende Batterie von wohlgeschliffenen Messern und eine Schar von Lehrlingen, die er gern ein wenig herumkommandiert. Sein Hauklotz ist immer sauber, seine Frau, rundlich, freundlich, mit kühn geschwungener Wasserwelle und weißer, molliger Hand sitzt an der Kasse. Der vertrauenswürdige Metzger ist teuer: aber es lohnt sich. Er verkauft nur Rindfleisch bester Qualität (das schottische Angusrind gehört zum besten überhaupt), das er, ganz wie es sich gehört, abhängen zu lassen versteht, so daß es etwas bräunlich-trocken aussieht, und das Fett darin gelb und fest strukturiert ist. Das Milchkalb, das unter seiner Mutter steht und dessen perlmuttfarbenes Fleisch nichts von den Hormonen weiß, die die armen Tiere aus industrieller Kälbermast aufschwemmen, das Milchlamm oder den jungen Hammel, der auf den Weiden der Voralpen Thymian, Rosmarin und Pfefferkraut fressen durfte oder wie in Frankreich die Salzweiden der Küste abgraste, auf der Grenze zwischen Normandie und Bretagne (bei dieser Gelegenheit fällt mir die Redensart ein: »Der Couesnonfluß, verrückt wie nie, schob den Berg in die Normandie«. Natürlich ist der Mont Saint-Michel gemeint, der als Idee nur aus keltischem Geist geboren werden konnte), bei unserem redlichen Metzger finden Sie diese Tiere, wie übrigens auch das Spanferkel und seine Eltern vom Bauernhof, und im Frühjahr das Zicklein, kurz alles, was rohes Fleisch angeht. Es liegt bei diesem biederen Mann eine Art Spannung in der Luft, als sei sie elektrisch aufgeladen, geradezu sinnlich. Rohes Fleisch hat, wie jeder weiß, mit Sex zu tun.

Ehre, wem Ehre gebührt, am Anfang steht also:

Das Rind

... der Stolz des redlichen Metzgers, ein Tier, das schon siebentausend Jahre v. Chr. von den Mazedoniern geschätzt wurde.

Wir unterscheiden zwei große Kategorien von Fleisch: die sogenannten »edlen« Teile, die man roh, mariniert, gegrillt oder gebraten verzehrt, also solche mit einfacher oder kurzer Zubereitung; und die sogenannten »niederen« Teile (was zum Nachdenken über die ideologische Ausrichtung der Berufsgenossenschaft der Metzger anregen könnte), die, geschmort oder gekocht, lange Garzeiten beanspruchen. Eigentlich das Fleisch von Tieren, die man als »alte Kühe« bezeichnen würde. Es sind arme Ochsen oder Kühe, die als Zugtiere abgewirtschaftet haben oder von Mutterschaften und langem Milchgeben ausgelaugt sind, und deren stark »ausgereiftes« Fleisch Ihnen dann manchmal als Mastochsenfleisch, wenn auch zu einem niedrigeren Preis, verkauft wird.

Wenn Sie sich nicht ausschließlich von Hamburgern ernähren, sind Sie vielleicht schon mal auf die Idee gekommen, es mit einem Steak zu versuchen. Schon beim Gedanken daran kriege ich eine Gänsehaut. Erstens: Sie haben bei irgendeinem Metzger irgendein Steak verlangt oder, was noch schlimmer ist, es in eine Schale verpackt im Supermarkt gekauft. Zweitens: Sie haben es auf gut Glück in die Pfanne geworfen. Dazu möchte ich Ihnen folgendes sagen:
– zum Rohessen oder Marinieren gibt es nichts Besseres als das Filet oder das Contrefilet, beides mageres und sehr zartes Fleisch;
– zum Grillen (Ihr Steak) eignet sich am besten durchwachsenes (d. h. von dünnen Fettspuren netzartig durchzogenes) Fleisch aus dem Lenden- oder Nierenstück, Rumpsteak, Entrecôte (Zwischenrippenstück) und Hochrippe;
– zum Braten in der Pfanne nehmen Sie das Tournedos (das nichts anderes ist als eine kleine Scheibe aus dem Filet) oder eine der

»Metzgerspezialitäten« wie das Fleisch aus dem Bauchlappen*, das Zwerchfellfleisch** und das Fleisch aus der Hüfte oder Blume;
– für den Braten ist das klassische, aus dem Lenden- oder Nierenstück geschnittene Roastbeef gut;
– zum Schmoren und Kochen bieten sich Beinfleisch, Mittelbug, Querrippe usw. an, die sich durch langes Garen in köstliche Gerichte verwandeln lassen.
Und vor allem über diese wollen wir reden.

---

* – Anm. d. Ü.: Das »Flank Steak«, als Scheibe vom gerollten und gebundenen Bauchlappen (Spannrippe) geschnitten.
** Zapfenförmiger Muskel, der einen Teil des Geschlinges bildet und das Zwerchfell stützt. Kurzfaseriges und deshalb zartes Fleisch.

Fangen wir also wie gewohnt mit rohem Fleisch an,
und zwar mit einem

Steak Tatar

Das ganze Jahr über – nur für Sie

Ihr Einkaufszettel:
200 g Filet oder Contrefilet vom Rind
1 kleine Zwiebel
ein paar Stengel glatte Petersilie
2 Eigelb
1 TL Kapern
1 EL scharfer Dijon-Senf
Tabasco, Worcestersauce
1 EL Olivenöl aus erster kalter Pressung
Salz, Pfeffer aus der Mühle

Nur Mut: nehmen Sie ein großes, scharf geschliffenes Messer und ein Schneidebrett und hacken Sie Ihr Filet ganz fein – in der Maschine würde dieses zarte Fleisch zu Brei. Verfahren Sie mit der Zwiebel und der Petersilie in der gleichen Weise und vermengen Sie alles mit den übrigen Zutaten (die Menge an Tabasco und Worcestersauce hängt von Ihrem Geschmack ab). Salzen und pfeffern Sie ordentlich. Ich rate dringend davon ab, Ketchup zu verwenden, das in der Lage ist, welchen Geschmack auch immer zu entstellen.

Essen Sie das Tatar im Winter mit Feldsalat, im Sommer mit Raukensalat. Trinken Sie einen roten Graves dazu. Mit getoastetem Brot ein unkomplizierter Genuß. Und vor allem eins: Essen Sie es schnell auf, denn rohes Hackfleisch verdirbt schnell.

Und weiter geht es mit etwas Mariniertem, nämlich dem

RINDFLEISCH-CARPACCIO
Das ganze Jahr über – nur für Sie

 Ihr Einkaufszettel:
150 g Filet vom Rind (verständigen Sie Ihren Metzger
einen Tag vorher, dann kühlt er das Fleisch
so stark, daß er es fein schneiden kann wie Parmaschinken,
was hier angebracht ist)
1 Zitrone
Olivenöl aus erster kalter Pressung
1 Stück Parmesan
Salz, Pfeffer aus der Mühle

🐗 Es ist so einfach, daß Sie Ihre Nichte mit der Zubereitung betrauen können; in diesem Fall sollten Sie 300 g Filet rechnen.
🐗 Legen Sie sie (die Filetscheiben, nicht die Nichte) auf einen großen, flachen Teller, und zwar so, daß sie einander möglichst wenig überlappen.
🐗 Salzen und pfeffern Sie wirklich gründlich. Beträufeln Sie die Scheiben mit der Hälfte des Zitronensafts, dann mit dem Olivenöl. Sie können das Carpaccio sofort servieren, aber meiner Ansicht nach schmeckt es herzhafter, wenn es noch 1 bis 2 Stunden im Kühlschrank marinieren kann. Bestreuen Sie es auf jeden Fall vor dem Servieren mit Parmesanspänen, die Sie mit dem Sparschäler oder einem Spezialmesser für Hartkäse (vom Eisenwarenhändler Ihres Vertrauens) abgezogen haben. Mit einem Raukensalat schmeckt es wirklich gut.

P.S. Ich habe gehört, diese Art der Zubereitung sei eine neuere Erfindung und komme aus Venedig. Dort soll ein Hotelier sie für eine amerikanische Kundin, die sich wohl außerstande erklärt haben soll, was auch immer zu verdauen (ein typisches Symptom für Melancholie), kreiert und nach dem Maler Carpaccio benannt haben, wahrscheinlich wegen dessen großzügiger Verwendung der Farbe Rot, woraus geschlossen werden darf, daß das Carpaccio aus Rindfleisch bestand. Seltsam, weil man in Norditalien sonst eher Kalbfleisch als *carne cruda* ißt (gleiche Zubereitung, nur daß es sich um Kalbsnuß handelt).

Wie man Rindfleisch grillt, in der Pfanne brät oder als Braten gart.
Kaufen Sie immer ein dickes Fleischstück (z. B. ein Entrecôte von 400 g für 2 Personen), es ist wesentlich schmackhafter. Legen Sie es nicht in den Kühlschrank oder, falls doch nötig, ohne das Einwickelpapier auf einen Teller und nehmen Sie es 1 Stunde vor der Zubereitung aus dem Kühlschrank. Fragen Sie den Metzger nach den Garzeiten, die er Ihnen, je nachdem ob Sie es blau, blutig, rosa oder durchgebraten haben möchten, nennen wird.

Sie haben sich fürs Grillen entschieden, also für durchwachsenes Fleisch.

🐖 Ganz einfach: man muß nur eine gute Grillpfanne haben (das alte Modell aus Gußeisen, schwer und nicht kaputtzukriegen, kann ich Ihnen nicht warm genug empfehlen, es ist ein Gerät, das ein Leben lang hält. Die antihaftbeschichteten Grillpfannen taugen nicht dafür; das zu dünne Metall verträgt keine große Hitze), und sie ordentlich heiß werden lassen, bevor man das Fleisch hineinlegt. So schließen sich unter der Einwirkung der starken Hitze die Poren an der Oberfläche des Fleischs und bewahren das Blut und den Saft, die seinen Geschmack und seine Zartheit ausmachen. Nach 2 Minuten umdrehen, damit die andere Seite auch anbrät. Dann die Hitze ein wenig herunterschalten und das gleiche noch einmal wiederholen, dabei das Fleisch jedoch um 90 Grad drehen, damit es ein schönes goldbraunes Gittermuster bekommt. Lassen Sie es nach dem Grillen 2 bis 3 Minuten auf einem heißen Teller ruhen, damit das Blut, das sich unter der Hitzeeinwirkung im Inneren des Fleischs zusammengezogen hat, wieder alle Fasern durchdringen kann. Pfeffern und salzen Sie zum Abschluß.

Durchwachsenes Fleisch, für eine gute Grillade geeignet, gart in seinem eigenen Fett; es wäre absurd, welches hinzuzufügen. Wenn Sie dagegen ein mageres (aber auf jeden Fall dickes) Stück kaufen, bepinseln Sie es mit etwas Erdnußöl, bevor Sie es in eine schwere, vorher erhitzte Pfanne legen. Von diesen beiden Punkten – dem Öl und dem Gerät – abgesehen, ist die Technik die gleiche. Man darf Rindfleisch nie in Butter anbraten; sie verträgt die erforderlichen Temperaturen nicht.

Auch das Braten im Ofen beruht auf der gleichen Technik.

🐖 Schieben Sie das Fleisch, das vor der Zubereitung eine Stunde Zeit hatte, Raumtemperatur anzunehmen, in den auf höchste Stufe vorgeheizten Ofen (280 Grad/Gas Stufe 9). Fragen Sie auch hier den Metzger nach der Garzeit und lassen Sie das Fleisch danach noch 5 Minuten im ausgeschalteten, halb geöffneten Ofen ruhen. Salzen und pfeffern Sie erst hinterher.

Das war's: Übrigens sind diese Techniken zweifellos die ersten, nach denen Fleisch gegart wurde. Der Rest ist dann eine Sache der Erfahrung.

Das Gehackte vom Rind ist zum Glück nicht nur synonym mit »Hamburger«. Es hat in viele volkstümliche, schmackhafte und preiswerte Küchen Eingang gefunden. Ihr Metzger wird vor Ihren Augen das magere Rindfleisch, das Sie verlangen, durch den Wolf drehen, und Sie verarbeiten es sofort, denn nichts verdirbt schneller, als die zerstörten Fleischfasern, und ich möchte nicht, daß Sie krank werden. Ich jedenfalls liebe jene kleinen Hackfleischbällchen, die man in Griechenland und in der Türkei unter dem Namen »Keftedes« ißt. (Wie Sie wissen, gleichen griechische und türkische Küche einander sehr – ich hüte mich, einer von ihnen den Vorrang zu geben – und nur überzogener Nationalismus und sprachliche Eigentümlichkeiten machen hier wirklich einen Unterschied. Ich will trotzdem hinzufügen, daß sich die griechische Alltagsküche heutzutage in einem desolaten Zustand befindet, weil Massentourismus und Verelendung sie verdorben haben, und daß man in der Türkei wunderbar essen kann, hoffentlich noch lange).

KEFTEDES
Das ganze Jahr über – für 6 Personen

 Ihr Einkaufszettel:
1 kg mageres Rindfleisch, vor Ihren Augen
durch den Fleischwolf gedreht
50 g altbackenes Weißbrot, ohne Rinde
25 cl trockener Weißwein
2 Zwiebeln
3 Knoblauchzehen
25 frische Pfefferminzblättchen
(auf eines mehr oder weniger kommt's nicht an)
1 Ei
1 EL Oregano
100 g Mehl
Olivenöl aus erster kalter Pressung
zum Braten
Salz, Pfeffer aus der Mühle

🐖 Es ist ganz einfach: Die Brotkrume in Weißwein einweichen, dann ausdrücken und in einer Salatschüssel zerkrümeln.

🐖 Die Zwiebeln und die Knoblauchzehen schälen und erstere fein hacken; letztere werden durchgepreßt. Die Pfefferminzblättchen fein wiegen. Alles zum Brot in die Schüssel geben.

🐖 Das Ei mit der Gabel verschlagen. Es kommt mit dem Fleisch, dem Oregano und viel Salz und Pfeffer ebenfalls in die Schüssel.

🐖 Alles mit sauberen Händen gut durchmengen, bis die Masse homogen ist. Noch einmal die Hände waschen.

🐖 Streuen Sie das Mehl auf einen großen Teller. Nehmen Sie jeweils etwa 1 EL voll von der Masse, die Sie zwischen den Handflächen zu einem Bällchen formen. In Mehl wälzen und den Überschuß abstreifen.

🐖 Gießen Sie so viel Öl in einem großen Schmortopf, daß der Boden bedeckt ist. Wenn es heiß genug ist (es darf aber nicht rauchen!), die Bällchen hineinlegen und bei mäßiger Hitze rundherum anbräunen. Mit 2 Eßlöffeln wenden.

🐖 Dazu einen Schluck gut gekühlten Retsina – dieser griechische Weißwein hat einen wunderbar harzigen Geschmack – und etwas Gemüserohkost wie etwa Fenchel, rote Paprikaschote, Radieschen und Gurke usw. zum Knabbern. Sie werden sich, genau wie ich, in dieses Stückchen *mare nostrum* verlieben.

Sogar Menschen, die sich der Kochkunst gegenüber ausgesprochen ablehnend verhalten, strecken die Waffen vor der Lieblichkeit der »Fleischbällchen in Tomatensauce« Das gilt auch für den Verfasser des Vorworts zu diesem bescheidenen Machwerk, immerhin einen Menschen von ausgesprochen unnachgiebigem Charakter, dessen Widerstand vor diesem Gericht dahinschmilzt und schließlich, wenn es dazu noch mein Kartoffelpüree mit Sahne gibt, so völlig zum Erliegen kommt, daß er sich fast schon von der Liebe zur Menschheit überwältigen läßt.

FLEISCHBÄLLCHEN IN TOMATENSAUCE

Sommer bis Herbst – für 4 Personen
(sprich: für die Familie)

Ihr Einkaufszettel:
500 g mageres Rindfleisch, vor Ihren Augen
durch den Wolf gedreht
200 g geräucherter Bauchspeck, ohne Schwarte,
ebenfalls gehackt
2 mittelgroße Zwiebeln
1 Bund glatte Petersilie
1 Ei
100 g Mehl
50 g Butter
4 große reife, feste Tomaten
125 g Crème épaisse (dicke Sahne)
Salz, Pfeffer aus der Mühle

Mit den Fleischbällchen ist es immer das gleiche: man muß sich die Hände waschen, und man muß kneten. Das Fleisch, der gehackte Speck, die geschälten und fein gehackten Zwiebeln, 2 EL fein gewiegte Petersilie, das Ei und dazu reichlich Pfeffer und Salz werden zu einem Teig vermengt.

Jetzt muß man sich wieder die Hände waschen. Mehl auf einem Teller verteilen, 8 größere Bällchen formen und im Mehl wenden. Überschüssiges Mehl abstreifen. Die Butter in einen Topf geben und die Bällchen bei mäßiger Hitze rundum darin anbräunen.

🐖 In der Zwischenzeit (hier kommt das Neue) die Tomaten abziehen, entkernen und würfeln, was Sie schon im Schlaf können (siehe S. 27).

🐖 Wenn die Fleischbällchen schön braun sind, die Tomaten zugeben und das Ganze, immer noch bei mäßiger Hitze, zugedeckt ungefähr 30 Minuten köcheln lassen, bis die Tomaten verkocht sind. Vom Herd nehmen, die Crème épaisse zufügen und mit ein paar Petersilienblättchen bestreuen, damit es hübsch aussieht. Und nun präsentieren Sie dieses einfache Gericht Ihrer gerührten Familie. Vergessen Sie das Kartoffelpüree nicht, das seine besänftigende Wirkung noch verstärkt.

Über kurze Garzeiten will ich mich nicht weiter verbreiten, und Sie haben bemerkt, daß das letzte Rezept eigentlich schon in die Kategorie Schmoren gehört. Was ich beim Rind am liebsten mag, ist das »ausgereifte« Fleisch aus den sogenannten »niederen Teilen«, die das »gemeine« Volk schon immer in der schmackhaftesten Weise zuzubereiten verstanden hat. Reichtum, der römische Kaiser dazu angestachelt hat, Hunderte von Straußen schlachten zu lassen, um davon nichts als die Hälse zu essen (welch irrwitzige Idee!), und heute bewirkt, daß sich neureiche Leute eine Mahlzeit ohne Kaviar, Gänseleberpastete, Hummer oder Trüffel nicht vorstellen mögen (genauso dumm), ist, wenn er solche Blüten treibt, sicherlich verachtenswert. Ergreifen wir also entschieden Partei für den Einfallsreichtum des einfachen Volks, das es verstanden hat, aus einer Notlage (man denke nur an die »alten Kühe«) sich mit unglaublicher Findigkeit ein Eßvergnügen ersten Ranges zu verschaffen.

Fangen wir mit dem unangefochtenen Champion dieses Genres, dem gemischten Fleischtopf, an:

Die Mengen sollten Sie, unabhängig von der Zahl der Gäste, eher großzügig bemessen, denn was übrigbleibt, schmeckt aufgewärmt, falls überhaupt möglich, noch besser, und Sie können sich 3 Tage lang daran delektieren. Hier also die Menge für 3 Mahlzeiten, wenn man von 4 Personen ausgeht. Sie stehen sicher etwas ratlos vor diesem Berg von Lebensmitteln. Nur keine Aufregung, die Sache macht nicht viel Arbeit und ist unglaublich schnell vertilgt. Sie haben den Eintopf fürs Abendessen vorgesehen. Also kaufen Sie morgens ein und fangen mit der Arbeit an, sobald Sie wieder zurück sind.

GEMISCHTER FLEISCHEINTOPF
Das ganze Jahr über

 Ihr Einkaufszettel:
1 kg Beinfleisch am Stück
1 kg Mittelbug am Stück
1 kg Querrippe am Stück
500 g Ochsenschwanz, in Stücke gehackt
9 mittelgroße Karotten
1 Stange Sellerie, 2 große Zwiebeln
2 Nelken, 1 Bouquet garni
(Petersilie, Thymian, Lorbeerblatt)
4 Markknochen
4 mittelgroße Kartoffeln (halbfeste bis mehlige Sorte)
4 weiße Rübchen
4 Stangen Porree
im Sommer können Sie 4 kleine Zucchini dazunehmen
2 Bund glatte Petersilie
2 Knoblauchzehen
15 cl Olivenöl aus erster kalter Pressung
grobes Salz (falls erhältlich, aus Guérande)
und feines Salz
schwarze Pfefferkörner
und Pfeffer aus der Mühle

🐗 Füllen Sie einen sehr großen Topf zur Hälfte mit kaltem Wasser. Schälen Sie eine Karotte, waschen Sie einen großen Stengel Sellerie mit seinen Blättern und schneiden Sie ihn in Stücke. Schälen Sie die Zwiebeln und bestecken Sie beide mit je einer Nelke. Geben Sie das alles mit dem Bouquet garni, einer Handvoll grobem Salz und einer etwas kleineren Handvoll Pfeffer in den Topf.

🐗 Bringen Sie das Wasser zum Kochen und geben Sie dann alle Fleischstücke hinein, nicht aber die Markknochen. So bekommen Sie ein schmackhaftes Fleisch, denn das kochende Wasser läßt die Säfte nicht austreten. Wenn man es kalt aufsetzt, bekommt man eine gute Bouillon, aber nur mittelmäßiges Fleisch. Aber was uns vorrangig interessiert, ist doch das Fleisch, nicht wahr? Nichts hindert Sie übrigens, wenn Sie nur die Bouillon essen wollen, das Fleisch in kaltem Wasser aufzusetzen. Das ist Ihre persönliche Entscheidung, in die ich mich nicht einmische.

🐗 Wenn das Wasser wieder anfängt zu kochen, den Schaum, der sich bildet, etwa zwei- bis dreimal abschöpfen, dann auf die schwächste Stufe herunterschalten, den Topf zudecken und die Bouillon 3 bis 4 Stunden sacht kochen lassen. Je nachdem, wie lange Sie für Ihre Lektüre von Zola, Marx oder Victor Hugo brauchen.

🐗 Nehmen Sie den Topf dann vom Herd und lassen Sie die Bouillon abkühlen. So können Sie, wenn Sie eine Stunde vor der Mahlzeit wieder an die Arbeit gehen, das ausgetretene Fett, das zu einer weißen Schicht erstarrt ist, abnehmen und bekommen eine magere, gesunde Brühe.

🐗 Füllen Sie 1 Stunde vor der Mahlzeit eine kleine Kasserolle mit der Bouillon und legen Sie die Markknochen hinein.

🐗 Schälen Sie die Karotten, die Kartoffeln, die weißen Rübchen und putzen Sie den Porree, von dem Sie fast alles Grüne wegschneiden.

🐗 Stellen Sie den großen Topf wieder auf den Herd. Das Fleisch wird wieder heiß, während Sie das Gemüse in einer großen, zur Hälfte mit gesalzenem Wasser gefüllten Kasserolle garen. Der Reihenfolge nach kommen zuerst die weißen Rübchen, 10 Minuten später die Kartoffeln und die Karotten und noch einmal 10 Minuten später für 15 Minuten der Porree hinein. Im Sommer sind die letzten 5 Minuten für die Zucchini reserviert. So bekommen Sie Gemüse, das noch Biß hat und frisch ist. Benutzen Sie Ihren Kurzzeitwecker, dann werden Sie nicht nervös.

🐖 Pochieren Sie gleichzeitig die Markknochen in ihrer siedenden Bouillon (so werden sie zur gleichen Zeit fertig wie das Gemüse), und bereiten Sie eine grüne Sauce zu, die hervorragend zum Eintopf paßt. Dazu waschen Sie die Petersilie, tupfen sie trocken und geben alle Blättchen in Ihren Mixer. Fügen Sie den geschälten und in Scheiben geschnittenen Knoblauch, eine kleine Kelle voll Bouillon, das Olivenöl, feines Salz und Pfeffer hinzu. Schalten Sie Ihren Mixer ein, und schon haben Sie eine schöne, glatte Paste, die lebhaft jadegrün gefärbt ist und sich sehr wirkungsvoll ausnimmt. Wenn Sie auf Nummer Sicher gehen möchten, können Sie diese Sauce am Abend auch als erstes machen.

🐖 So, jetzt ist alles fertig. Nehmen Sie eine riesige Platte. Lassen Sie das Fleisch abtropfen und legen Sie es in die Mitte, das abgetropfte Gemüse wird darum herum garniert, und schließlich kommen auch die Markknochen dazu. Bringen Sie die Platte dampfend heiß auf den Tisch. Es gibt getoastetes Landbrot dazu, auf das jeder sein Ochsenmark streichen kann, grobes Salz und Senf (scharfen aus Dijon und Meaux) und die himmlische, grüne Sauce (von der Turiner *salsa verde* inspiriert) als Krönung des Ganzen.

🐖 Achten Sie darauf, daß etwa zwei Drittel des Fleischs für die nächsten Tage übrigbleiben. Die Armen sind vorausschauend, sie wissen, was Hungern heißt. Und Sie, Sie möchten die weiteren »Folgen« doch um nichts auf der Welt versäumen.

Nach diesem Liebesmahl wachen Sie sehr früh auf und können es kaum erwarten, die erste »Folge« Ihres Eintopfs zu probieren, die da heißt

RINDFLEISCHSALAT
Das ganze Jahr über – für 2 Personen
(man kann schließlich nicht alle Tage Gäste haben)

Ihr Einkaufszettel:
1 Bund Kerbel
1 Bund Schnittlauch
1 Bund glatte Petersilie
Das ist alles. (Sie haben den Stangensellerie
vom Vortag noch, es ist noch Fleisch übrig, Sie haben noch
scharfen Dijon-Senf, Olivenöl aus erster kalter Pressung,
Rotweinessig, Salz und eine
Pfeffermühle im Schrank.)

Nehmen Sie ein Drittel der vom Eintopf übriggebliebenen Fleischstücke. Schneiden Sie das Fleisch, nachdem Sie das Fett entfernt haben, in nicht zu große Würfel. Werfen Sie die hohlen Stengel des Stangenselleries weg, waschen Sie das Herz und schneiden Sie es mit den zarten Blättchen in feine Streifen.

Machen Sie eine gute Vinaigrette aus: Salz, Pfeffer und 1 gehäuften EL Senf, den Sie in 1 EL Essig auflösen und mit 4 EL Öl verschlagen. Die Fleischwürfel hineingeben, mit der Vinaigrette vermengen und gut durchziehen lassen, während Sie von den Kräutern so viel wiegen, daß es jeweils 1 EL voll ergibt.

Geben Sie Selleriestreifen und Kräuter zum Fleisch in die Salatschüssel und vermengen Sie alles miteinander. Fertig. Gedauert hat es eine Viertelstunde. Dies ist eines von den Gerichten, wie Metzger sie zubereiten, die wissen, was gut ist.

P.S. Wenn Sie noch Gemüse vom Eintopf übrig haben, können Sie es fein geschnitten dem Salat zufügen, der es mit Freuden aufnimmt.

Dies ist der dritte Tag. Laden Sie Ihre Familie zum krönenden Abschluß der Resteverwertung noch einmal ein. Und präsentieren Sie ihr ein

Haschee Parmentier
Das ganze Jahr über – für 4 Personen

 Ihr Einkaufszettel:
1,5 kg Kartoffeln (Bintje)
2 Zwiebeln und 4 Schalotten
125 g Butter
1 kleine Knoblauchzehe
¼ l Vollmilch
¼ l Sahne
feines Salz, Pfeffer aus der Mühle,
grobes Salz, Muskat
(Petersilie vom Vortag ist noch übrig und natürlich
das Fleisch und die Bouillon)

🐖 1 Stunde vor der Mahlzeit die Zwiebeln und die Schalotten schälen und fein hacken.

🐖 In der Pfanne mit einem Drittel der Butter unter gelegentlichem Umrühren sanft glasig dünsten. Unterdessen das Fleisch aus dem Eintopf vom Fett befreien und mit dem Messer fein hacken. Etwa die Menge Petersilie, die 3 EL voll ergibt, fein wiegen, die Knoblauchzehe schälen und durchpressen. Alles in die Pfanne geben und gut miteinander vermengen. 1 Schöpflöffel voll Bouillon, die im Kühlschrank wartet, zufügen. Bei stärkerer Hitze rühren, bis das Fleisch die Bouillon aufgenommen hat, die seinen Geschmack noch vollmundiger macht. Pfeffern, salzen und beiseite stellen.

🐖 Bereiten Sie das Kartoffelpüree, wie ich es Ihnen auf Seite 65 beschrieben habe, mit der Milch und der Sahne zu und geben Sie das zweite Drittel der Butter und geriebene Muskatnuß dazu. Den Ofen einschalten (220 Grad/Gas Stufe 7).

🐖 Eine Gratinform ausbuttern. Den Boden mit einer dünnen

Schicht Püree bedecken. Darüber kommt das Fleisch, das gleichmäßig verteilt wird. Dann das restliche Püree darübergeben, glatt streichen und mit Butterflöckchen belegen.

🐖 Die Form auf einem gut mit Wasser bedeckten Blech in den Ofen schieben: so wird das Haschee voller im Geschmack (das hervorstechende Charakteristikum des Haschee Parmentier ist seine milde, wohlabgerundete Würze, wie Sie bemerken werden).

🐖 20 Minuten im Ofen lassen, bis sich eine dünne, knusprige und wohlgebräunte Kruste gebildet hat, in der sich das ganze Geschmacksvolumen des Haschees sammelt.

🐖 Grüner, mit einer Senfvinaigrette angemachter Salat paßt sehr gut dazu. Ihre Familie, die von diesem Gericht bisher nur gräßlich entstellte Fassungen kannte (wie Hackfleisch in Kartoffelpüree aus der Packung, mit geriebenem Schweizer Käse überbacken), kommt aus dem Staunen nicht mehr heraus.

P.S. Mit dem Rest der Bouillon können Sie einen wunderbaren *Risotto milanese* zubereiten. Das wäre dann etwas für den vierten Tag. Mit Hilfe des Eintopfs sind Sie am Ende einer kulinarisch wie ökonomisch bedeutungsvollen Kette von Gerichten angelangt.

Sie kennen die Marseiller als arm, träge und sinnlich.
Und Sie können sich sicher vorstellen, daß auch sie die eine oder andere Zubereitungsart für ausgereiftes Fleisch gefunden haben. Ihr »Marseiller Schmorfleisch« ist ein Meisterwerk, das ganz à la Faulenzer entsteht.

Marseiller Schmorfleisch
Das ganze Jahr über – für 6 Personen
(oder besser zweimal 3 oder dreimal 2, denn
aufgewärmt schmeckt es noch besser)

 Ihr Einkaufszettel (für den Vortag):
1 kg Beinfleisch und 1 kg Dicker Bug,
von Ihrem Metzger in grobe Würfel geschnitten
(es wäre zu anstrengend für Sie)
1 Flasche Rotwein, ein erstklassiger Côtes-du-Rhône
2 Likörgläser Rotweinessig
4 Knoblauchzehen
1 große Zwiebel
1 Thymianzweig
1 Lorbeerblatt
3 Petersilienstengel
3 Nelken
1 unbehandelte Orange
1 dicke Scheibe geräucherter Speck, von Ihrem Metzger
mit Schwarte in kleine Würfel geschnitten (siehe oben)
1 Likörglas Cognac
3 gestrichene EL Mehl
2 EL Olivenöl aus erster kalter Pressung
grobes graues Salz, Pfeffer aus der Mühle

Geben Sie am Abend vorher das Fleisch (aber nicht den Speck) in eine große Terrine, bedecken Sie es mit drei Vierteln des Weins und 1 Glas Essig und fügen Sie 2 geschälte und in Scheibchen geschnittene Knoblauchzehen und die geschälte, grob gehackte Zwiebel hinzu. Außerdem den Thymian, das Lorbeerblatt, die Petersilie, die Nelken, die gewaschene, mit dem Sparschäler abgenommene Orangenschale und eine kleine Handvoll grobes Salz. Einmal durchmengen, damit die Gewürze sich gut verteilen. Zudecken. Ruhen Sie sich aus.

🐖 Wenn Sie sich dazu aufraffen können, am nächsten Tag, sonst aber spätestens 4 Stunden vor der Mahlzeit, 1 EL Öl in einen großen Topf geben und die Speckwürfel darin bei mäßiger Hitze anschwitzen, bis sie schön goldbraun sind. Keine Sorge, es geht ganz von allein, Sie müssen nur ein- oder zweimal umrühren.

🐖 Schälen Sie den restlichen Knoblauch, fügen Sie ihn zerkleinert den Speckwürfeln zu und lassen Sie ihn nur schwach anbräunen. Geben Sie das restliche Öl und das aus der Marinade genommene, abgetropfte Fleisch ebenfalls hinein. Schalten Sie auf stärkste Hitze, damit das Fleisch rundherum gut angebraten wird. Wenden Sie es zwei- bis dreimal.

🐖 Wenn der Topfboden fast trocken ist, den Cognac dazugießen, ein brennendes Streichholz daran halten und schnell zurücktreten: es gibt eine Stichflamme.

🐖 Nun das Mehl darüberstäuben und bei unvermindert starker Hitze gut umrühren. Gießen Sie jetzt die Marinade, den Essig und den restlichen Wein zu. Rühren Sie kräftig durch, damit sich der angeschmorte Saft und das Mehl vom Topfboden lösen. Sobald die Flüssigkeit zu kochen beginnt, herunterschalten und bei sehr schwacher Hitze zugedeckt noch 3 bis $3^1/_2$ Stunden, je nachdem, wie lange nach all der Aufregung die Siesta zur Wiederherstellung Ihrer Kräfte dauert, köcheln lassen.

Beauftragen Sie jemand anderen, zu gegebener Zeit die Beilage fertigzustellen. Ideal wären Dampfkartoffeln, eine Polenta aus Weizen oder Mais oder aber frische *Pasta.* Es genügt, sich das Rezept vorzunehmen und rückwärts zu zählen.

Sie genehmigen sich einen Pastis, um sich Appetit zu machen. Bieten Sie auch den Nachbarn ein Glas an, die sich, vom Duft betört, zahlreich vor Ihrer Haustür eingefunden haben. Beruhigen Sie die Leute und schicken Sie sie in den Schoß ihrer Familien zurück (zuviel Abwasch). Essen Sie noch am nächsten und am übernächsten Tag von diesem wunderbaren Gericht, das sich durch Aufwärmen immer noch verbessert, und von dem Jean Giono behauptet hat, man könne an Weihnachten anfangen, davon zu essen, um an Ostern damit fertigzuwerden. Ich will hier nicht so weit gehen wie der Dichter.

Mit dem Schmorfleisch möchte ich mich vom Rind verabschieden.
Wir sollten nicht zu viel davon essen; indem wir Abwechslung in unseren Küchenzettel bringen, leisten wir auch einen Beitrag zur Ökologie unseres Planeten. Denken Sie nur einmal an die Mengen von Getreide und Silage, die ein Ochse vertilgen muß, bis er die verwertbare Größe erreicht hat: sie sind enorm und, wenn man an das Gleichgewicht der Nahrungskette denkt, absolut überproportioniert.

Wir gehen also weiter und kommen zum Rind im Kindesalter,
das noch bei seiner Mutter trinkt: es ist

Das Kalb

Es ist äußerst schwierig, ein echtes Milchkalb zu finden, eines, das nach dem Entwöhnen geschlachtet worden ist und von der Welt außer dem Euter seiner Mutter und dem Grünzeug, das es gefressen und wiedergekäut hat, noch nichts zu sehen bekommen hat. Natürlich kommt das gesunde kleine Tier von einem Biobauernhof, und nur die Ehrlichkeit Ihres Metzgers und die Garprobe bieten eine Garantie für seine Qualität. Das mit Hormonen gefütterte Kalb verliert nämlich dabei reichlich Wasser, und sein Fleisch wird trocken und zäh. Einige Qualitätsmerkmale lassen sich mit geübtem Auge allerdings doch erkennen: das rosige Perlmutt des Fleischs, sein matter Glanz, seine Festigkeit und sein feines weißes Fett. Kalbfleisch, das mit Hormonen behandelt wurde, schwitzt im allgemeinen Feuchtigkeit aus und ist zu blaß.
Die Italiener, die das vitello schon seit der Antike auf jede Weise zubereitet lieben, haben gute Fleischproduzenten. Diese Menschen verstehen etwas vom Essen, oft mehr als wir. Sie wissen daher, daß am Kalb (von der Zunge bis zu den Füßen) alles gut ist.

Plötzlich, schon beim Aufwachen, erfaßt Sie das Verlangen, sich zum Mittagessen an ein Kalbskotelett zu wagen. So geht es einem meistens mit Kalbfleisch, und einem heftigen Verlangen muß man immer nachgeben, da haben Sie schon recht. Aber ebenso, wie Sie sich nicht der erstbesten Person an den Hals werfen, die oberflächlich betrachtet dem Geschlecht angehört, an dem Sie insgesamt interessiert sind, sollten Sie die strengsten Maßstäbe anlegen, wenn es um Ihr Kalbfleisch geht. Sie verlangen ein schönes Kotelett mit Filetanteil, das schmackhafter ist als das einfache, weil bei ihm das Fett besser verteilt ist. Der Metzger wird den Rand einschneiden, damit es sich beim Braten nicht wellt.

Kalbskotelett

🐖 Sie lassen es in einer schweren Pfanne mit einem Stück Butter langsam bei geringer Hitze braten. Es dauert gut eine Viertelstunde, bis es auf beiden Seiten, wie es sich gehört, eine leicht karamelisierte Oberfläche zeigt, die das schmelzend zarte, blasse Innere schützt.

🐖 Sie salzen das Kotelett während des Bratens, was bei weißem Fleisch angebracht ist (nicht aber bei rotem, dessen Saft sich ungehemmt in der Pfanne ausbreiten würde), und pfeffern es zum Schluß.

🐖 Ein solches Kotelett übertrifft in meinen Augen das Schnitzel bei weitem. Machen Sie sich ein einzelgängerisches Vergnügen daraus, das es Ihnen erlaubt, den Knochen abzunagen und ungestraft das Mark auszusaugen. Mit einem Selleriepüree und in Butter geschmorten Wildpilzen im Herbst, gedünsteten, neuen Gemüsen im Frühling, Brokkoli in Butter im Winter und mit Zucchini im Sommer. Ganz gleich womit, es ist immer köstlich.

In Ligurien, wo Christoph Kolumbus das Licht der Welt erblickte, und zwar in Genua, ißt man ein delikat schmeckendes Schmorgericht vom Kalb, nämlich

SCHMORTOPF » VITELLO ALL'UCCELLETTO «

Das ganze Jahr über – für 2 Personen

Ihr Einkaufszettel:
250 g Kalbsfilet, von Ihrem Metzger in möglichst
feine Scheiben geschnitten
2 Knoblauchzehen
2 EL Olivenöl aus erster kalter Pressung
4 Lorbeerblätter oder 6 frische Salbeiblätter
4 EL trockener Weißwein
Salz, Pfeffer aus der Mühle

Stellen Sie 10 Minuten vor der Mahlzeit eine Servierplatte warm und schneiden Sie die Scheiben vom Kalbfleisch in Vierecke von 2 bis 3 cm Seitenlänge. Schälen Sie den Knoblauch und schneiden Sie ihn dünn auf.

Erhitzen Sie das Öl mit dem Knoblauch und den Kräutern, für die Sie sich entschieden haben (Salbei ist nach meinem Geschmack *ottimo*), bei mäßiger Hitze in einem Schmortopf. Wenn der Knoblauch anfängt, Farbe zu bekommen, den Topf von der Platte nehmen, das Fleisch hineingeben und gut umwenden, damit es rundum von dem aromatischen Öl umgeben wird.

Stellen Sie den Topf wieder auf die Platte und lassen Sie das Fleisch 4 Minuten unter ständigem Umrühren anschmoren. Geben Sie Salz und Pfeffer dazu, nehmen Sie das Fleisch mit dem Schaumlöffel heraus und legen Sie es auf die vorgewärmte Platte.

Den Weißwein *presto* in den Schmortopf gießen und bei starker Hitze reduzieren, wobei Sie den Bratensaft, der sich am Topfboden angesetzt hat, mit dem Löffel aufrühren. Sie bekommen einen dickflüssigen Jus, den Sie über das Fleisch ziehen, das sofort serviert wird. Es ist besonders köstlich mit jungen Erbsen in Butter, die die traditionelle Beilage bilden.

Wir sind in Italien, dem unbestrittenen Spezialisten für Kalbfleisch, und zwar in der Campagna (Hauptstadt: Neapel), und zwar wegen eines etwas ausgefeilteren Rouladenrezepts, das die bei uns sonst üblichen weit hinter sich läßt: es sind die »Bracioletti ripieni«. Die Roulade ist, und daran möchte ich Sie kurz noch einmal erinnern, eine Scheibe Fleisch, die mit einer Farce bestrichen und zusammengerollt wird. Ihre Zubereitung beansprucht schon ein wenig Zeit und Aufmerksamkeit. Legen Sie also neapolitanische *canzonette* mit Mandolinenbegleitung auf und machen Sie sich eine Stunde vor dem Essen an die Arbeit.

KALBSROULADEN
»BRACIOLETTI RIPIENI«

Das ganze Jahr über – für 2 Personen

 Ihr Einkaufszettel:
4 Kalbsschnitzel von je 50 g, von Ihrem Metzger hauchdünn geklopft, möglichst rechteckig
1 Scheibe Weißbrot ohne Rinde
15 cl trockener Weißwein
2 EL helle Smyrna-Rosinen
20 g Pinienkerne
3 EL selbst geriebener Parmesan
1 Bund glatte Petersilie
4 dünne Scheiben Kochschinken
1 EL Olivenöl aus erster kalter Pressung
Salz, Pfeffer aus der Mühle
Holzspießchen

Das Weißbrot in 5 cl Weißwein einweichen, ausdrücken und in eine Salatschüssel geben. Rosinen, Pinienkerne, Parmesan und etwa 2 EL gehackte Petersilie, Salz und reichlich Pfeffer hinzufügen. Mit den (sauberen) Händen gründlich durchmengen.

🐖 Auf jedes Fleischstück eine Scheibe Schinken legen und darauf die Farce verteilen. Die Rouladen fest zusammenrollen und darauf achten, daß von der Füllung seitlich nichts austritt. Mit den Holzspießchen zustecken. Sie werden sehen, es ist einen Versuch wert.

🐖 Das Öl in einem Topf erhitzen und die Rouladen bei mäßiger Hitze rundherum anbräunen. Dann den restlichen Wein zugießen und alles zugedeckt bei schwacher Hitze 25 Minuten köcheln lassen. Nach der Hälfte der Garzeit die Rouladen einmal wenden.

🐖 In der Zwischenzeit die Servierplatte warm stellen. Die gegarten Rouladen darauflegen. Die Sauce bei starker Hitze einkochen lassen, bis sie eine dickflüssige Konsistenz hat.

🐖 Die Spießchen herausziehen und die Rouladen mit der Sauce servieren. Sie werden den Teller ablecken und den Beweis für das kulinarische Genie der Halbinsel auf der Zunge behalten.

Wir setzen unseren Rundgang fort und kommen in die Lombardei (Hauptstadt: Mailand). Sie machen Fortschritte in Geographie und Kochkunst zugleich. Hier ist die Heimat eines der Gerichte, bei denen mir am heftigsten das Wasser im Mund zusammenläuft und das man eigentlich selten kocht: »Vitello tonnato« – Kalbfleisch in einer Thunfischsauce, eine mindestens ebenso geniale Erfindung wie das Ei des Kolumbus. Man mußte nur darauf kommen.

VITELLO TONNATO
Das ganze Jahr über – für 4 Personen

 Ihr Einkaufszettel:
1200 g Kalbsnuß oder Oberschale, fest gebunden, keinesfalls bardiert
1 Dose (90 g) weißer Thunfisch in Olivenöl
1 Dose Anchovisfilets in Olivenöl, nicht gerollt
2 Eier
1 Zitrone
1 Glas Kapern natur
20 cl + 1 EL Olivenöl aus erster kalter Pressung
50 g Butter
Salz, weißer Pfeffer aus der Mühle

🐖 Gehen Sie in zwei Arbeitsschritten vor: zuerst kommt der Braten an die Reihe, und dann, wenn er gar und abgekühlt ist, die Sauce.

🐖 Reiben Sie Ihren Braten mit Salz und Pfeffer ein. Lassen Sie die Butter und 1 EL Öl bei mittlerer Hitze in einem Topf heiß werden und braten Sie darin das Fleisch rundherum an.

🐖 Dann zudecken und bei schwächster Hitze in 1½ Stunden garen. Den Braten dabei ein- bis zweimal wenden. Im Saft, der sich gebildet hat, zugedeckt kalt werden lassen. Nun haben Sie genügend Zeit, Ihre liebsten Verdi-Arien zu hören. Dieser Mailänder, Held der italienischen Vereinigung und des Musiklebens zugleich, hat den Kraftakt vollbracht, seine Meisterwerke in einem bürgerlich-sentimentalen Realismus anzusiedeln.

🐷 Jetzt ist es Zeit, die Thunfischsauce zu machen. Das ist genauso einfach: den Thunfisch mit seinem Öl, 4 Anchovisfilets, die Eigelbe, den Saft der halben Zitrone und das Olivenöl in den Mixer geben und gut pürieren. Sie bekommen eine glatte Paste. Wenn sie zu fest ist, noch einmal in den Mixer geben und Bratensaft zufügen.

🐷 Schneiden Sie den Braten auf einem Brett in sehr dünne Scheiben, die Sie auf einer großen Platte so anrichten, daß sie einander möglichst wenig überlappen (in der Küche sind wir, genau wie in der übrigen Welt, der Relativität unterworfen). Verteilen Sie die Sauce gleichmäßig darüber.

🐷 Decken Sie die Platte mit Alufolie ab und stellen Sie sie bis zum Servieren, das sogar bis zum nächsten Tag warten kann, in den Kühlschrank.

🐷 Wenn es soweit ist, eine Handvoll Kapern abtropfen lassen und über das Fleisch geben. Mit den restlichen Anchovisfilets und der halben, in hauchdünne Scheiben geschnittenen Zitrone garnieren. Ein erlesener Genuß, der mit einem grünen Salat und getoastetem, gebutterten Brot komplettiert wird.

🐷 Heben Sie den Kalbsjus gut auf; Sie können ihn zur Zubereitung von Tauben mit jungen Erbsen verwenden. Sie sehen, daß mit ein bißchen Umsicht nichts verloren geht.

Wir wollen noch ein wenig in der Lombardei verweilen,
denn sie hat eine besonders reiche kulinarische Tradition, und wir gönnen uns einen: »Ossobuco«, den wahren, mit seiner *Gremolata* und seinem *Risotto alla milanese.* Ist Ihnen eigentlich aufgefallen, wie viele weltberühmte Gerichte im Grunde einer wunderbaren Regionalküche entstammen, die nur durch die weite Verbreitung verunstaltet worden ist? Das beste, was man tun kann, ist, sie an Ort und Stelle zu probieren, dann nach Hause zu fahren und die Rezepte nachzukochen, die Einheimische Ihnen gegeben haben, nachdem sie sich von Ihren Talenten überzeugen konnten.

Ossobuco
Sommer bis Herbst – für 4 Personen

 Ihr Einkaufszettel:
4 große Kalbshaxenscheiben von je 300 g,
mit dem Markknochen »mitten im Herzen«
(wenn ich so sagen darf)
100 g Mehl
3 EL Olivenöl aus erster kalter Pressung
1 kleine Zwiebel
1 kleine Karotte
1 zarte Selleriestange
1 Lorbeerblatt
15 cl trockener Weißwein
500 g reife, feste Tomaten
Salz, Pfeffer aus der Mühle

Für die Gremolata *(Würzmischung für Schmorgerichte):*

1 Knoblauchzehe
1 Zitrone
1 Bund glatte Petersilie

Nun sind wir also beim Geschmorten angekommen, obwohl die Kalbshaxe auf der Grenze zwischen dem Edlen und dem Niedrigen steht. Beginnen Sie also schon 2 Stunden vorher mit der Arbeit.

🐖 Salzen und pfeffern Sie das Fleisch, verteilen Sie das Mehl auf einem Teller und wenden Sie die Beinscheiben darin. Überschüssiges Mehl wird abgeklopft.

🐖 In einem schweren Schmortopf das Öl bei eher starker Hitze heiß werden lassen (es darf auf keinen Fall verbrennen) und die Haxenscheiben beidseitig darin anbräunen.

🐖 Schälen Sie inzwischen die Zwiebel und die Karotte, waschen Sie den Sellerie und hacken Sie alles fein.

🐖 Nehmen Sie das Fleisch heraus und stellen Sie es auf einem Teller beiseite. An seiner Stelle kommt das Gemüse in den Topf. Schalten Sie die Hitze herunter und lassen Sie es 5 Minuten unter gelegentlichem Umrühren anschwitzen.

🐖 Fügen Sie den Wein zu, lösen Sie den angesetzten Bratensaft mit einem Holzkochlöffel und schalten Sie die Hitze wieder herauf, damit die Flüssigkeit auf die Hälfte reduziert wird. In der Zeit können Sie die Tomaten abziehen, entkernen und in Würfel schneiden (siehe S. 27), die Sie, wenn der Wein eingekocht ist, mit Salz und Pfeffer in den Topf geben.

🐖 Sobald die Flüssigkeit wieder kocht, das Fleisch mit seinem Saft hineinlegen und zugedeckt bei schwacher Hitze $1^1/_2$ Stunden garen.

🐖 Beginnen Sie $^1/_2$ Stunde vor Ende der Garzeit mit dem *Risotto alla milanese* (siehe S. 54) und stellen Sie die Servierplatte warm. Bereiten Sie auch die *Gremolata* zu: Dazu schälen Sie den Knoblauch, nehmen die Schale der halben Zitrone mit dem Zitronenschaber ab, wiegen soviel Petersilie fein, wie Sie für 2 bis 3 EL voll brauchen, und zerkleinern alles in der Maschine, oder Sie schneiden es von Hand mit dem Messer sehr fein.

🐖 Wenn das Fleisch gar ist, wird es auf die Platte gelegt und warm gestellt. Nehmen Sie das Lorbeerblatt aus der Sauce, die Sie anschließend pürieren. Abschmecken und bei Bedarf nachwürzen. Die Sauce über das Fleisch ziehen.

🐖 Bestreuen Sie das Ganze mit der *Gremolata* und servieren Sie es mit dem Risotto und dem Parmesan. Der Ossobuco ist eine ausgesprochen wohlschmeckende, nahrhafte Mahlzeit. Sie sollte nicht aufgewärmt werden.

Ich habe auf diesen Seiten schon öfter die Kalbsleber in ihrer einfachsten Form erwähnt, nämlich in Butter in der Pfanne gebraten. Schmelzend zart, köstlich und voller Vitamin B. Kurz, die Leber ist, obwohl sie zu den Innereien zählt, meiner Meinung nach das Allerbeste vom Kalb – immer vorausgesetzt, daß das Tier völlig gesund ist und nach den Regeln der Kunst aufgezogen wurde. Noch einmal ist Italien am Zuge für diese Zubereitung, die natürlich aus Venetien kommt:

Leber »alla Veneziana«

 Ihr Einkaufszettel:
300 g Kalbsleber, in 1 cm dicke Scheiben geschnitten
2 große Zwiebeln
1 Bund glatte Petersilie
1 Zitrone
3 EL Olivenöl aus erster kalter Pressung
Salz, Pfeffer aus der Mühle

🐖 Eine halbe Stunde vor der Mahlzeit die Zwiebeln schälen und in sehr dünne Scheiben schneiden. Wenn Ihnen diese Arbeit wirklich verhaßt ist, setzen Sie Ihre Taucherbrille auf, dann müssen Sie nicht weinen. In einer großen Pfanne das Öl erhitzen und die Zwiebeln darin ganz behutsam glasig werden lassen. Ab und zu umrühren. Es dauert ungefähr 20 Minuten.

🐖 Unterdessen die Leber in Vierecke von etwa 5 cm Seitenlänge schneiden und so viel Petersilie fein wiegen, wie in 1 EL paßt.

🐖 Die Zwiebeln salzen und pfeffern, dann die Hitze verstärken, die Leber in die Pfanne geben und rundum etwa 2 Minuten anbraten. Sie muß gar, aber innen noch rosig sein.

🐖 Mit Petersilie bestreut und mit Zitronenvierteln garniert (wenn Sie's mögen, ich bin im allgemeinen nicht fürs Saure) sofort servieren. Die traditionelle Beilage ist Spinat in Butter. Danach versteht man endlich die Bedeutung des Ausspruchs: »Venedig sehen und sterben«.

Mit seinem Bries werden wir uns vom Kalb verabschieden.
Das heißt, mit seiner Thymusdrüse, der »Drüse, die im unteren Teil des Halses liegt und in der Kindheit stark entwickelt ist, während sie sich nach der Pubertät zurückbildet« (so steht es im Lexikon). Ohne Zweifel werden Sie diese Rarität bei Ihrem Metzger bestellen müssen, und er wird sie Ihnen zu einem horrenden Preis verkaufen. Es darf also nichts schiefgehen. Ich empfehle Ihnen

KALBSBRIES AUF GEMÜSE
Das ganze Jahr über – für 3 Personen

Ihr Einkaufszettel:
500 g Kalbsbries
500 g Karotten
250 g Porree
50 g Butter
Salz

Vor allem kommt es darauf an, das Bries richtig zu säubern. Man muß die Haut, oder vielmehr die feine Membran, die die Drüsen umgibt, abziehen, das Fett entfernen und das Bries dann gründlich unter fließend kaltem Wasser waschen.

Die Karotten schälen, waschen und mit dem Sparschäler in feine Streifen schneiden. Den zu harten Strunk weglassen.

Das äußere Blatt und den Wurzelansatz vom Porree entfernen, alles Grün wegschneiden. Sorgfältig waschen und in dünne Scheiben schneiden.

Karotten und Porree in einen Topf geben. Das Bries auf dieses Bett legen. Salzen und bei schwacher Hitze zugedeckt 40 Minuten auf dem Herd lassen. Das kostbare Bries wird im Dampf und im Saft des verkochenden Gemüses gegart. Der Porree gibt ihm seinen charakteristischen, etwas pfeffrigen Geschmack.

Es genügt, die Butterflöckchen kurz vor dem Servieren zuzugeben. Ich habe Ihnen ja schon gesagt, daß es beim Kalb nichts Schlechtes gibt, aber dies hier ist wirklich unvergeßlich.

Bleiben wir noch ein wenig beim Hübschen und Kindlichen, und das ist

Das Lamm

Nicht, daß ich etwas gegen das Schaf hätte. Im Gegenteil. Wir schulden diesem Tier, das wir seit dreiundzwanzigtausend Jahren ausbeuten, jede Menge Dankbarkeit. Es kommt aus dem Maghreb, wo der Cro-Magnon-Mensch es einzupferchen begann, und dem Irak, wo sich seine Verwandlung in ein Nutztier vollendete. Vergessen Sie nicht, daß die Zivilisation sich zeitgleich mit der Viehzucht entwickelte, lange vor dem Ackerbau. *Ovis ammon*, das Wildschaf, dieses sagenumwobene Tier, war dem Schaf, wie wir es heute kennen, gar nicht so unähnlich. Das gemeine Schaf, das wir fast überall auf der Welt weiden sehen, ist also Zeuge unseres ersten Stammelns. Betrachten Sie es mit Ehrfurcht, vor allem, da Sie vorhaben, sich von seinem Nachwuchs zu ernähren, dessen Fleisch tatsächlich viel zarter ist als das seiner Erzeuger, das doch ziemlich stark riecht und schmeckt. Dazu kommt, daß es reichlich fett ist (denken Sie an die Wildschafe im Maghreb mit dem Fettschwanz, der traditionell dem Gast vorbehalten ist, der geehrt werden soll), jedenfalls im Hinblick auf unseren gemäßigten Geschmack und unsere kranken Lebern. »Sage mir, was du ißt, und ich sage dir, wer du bist«, ist eine Lebensweisheit, die sich gut auf das Lamm anwenden läßt. Seien Sie also auf der Hut, was seine Herkunft betrifft, und Ihrem Metzger gegenüber besonders freundlich. Nur er kann Ihnen das Fleisch vom Lamm besorgen, das auf Salzweiden grasen durfte oder von einem guten Biobauernhof stammt, denn nur solche Tiere sind Ihrer anspruchsvollen Kochkunst würdig.

Wie man Lamm grillt oder brät

– **Lammkoteletts** schmecken gegrillt wie auch in der Pfanne bei mäßiger Hitze im eigenen Fett gebraten köstlich. Wenden Sie sie mehrmals, damit sie gleichmäßig bräunen, wobei das Fleisch zart wird und das Fett knusprig. Salzen Sie während des Garens und pfeffern Sie am Schluß. Ich mag sie gern durchgebraten, was ungefähr 10 Minuten braucht. Kaufen Sie die Lammkoteletts immer mit Knochen. So sind sie viel schmackhafter, und außerdem haben Sie noch etwas zum Abknabbern.
– **Der Lammrücken** ist eine Reihe von Koteletts, von der Ihr Metzger vorab den Knochen (die Wirbelsäule) entfernt, um Ihnen das Aufschneiden zu erleichtern. Dieser vertrauenswürdige Mensch nennt Ihnen auch die Garzeiten. Man muß den Ofen vorheizen (220 Grad/Gas Stufe 7), das Fleisch mit Pfeffer und Salz einreiben und in den Ofen schieben. Wie alle Braten, die sozusagen einen brutalen Hitzeschock erlitten haben, bleibt es noch 10 Minuten im ausgeschalteten Ofen, damit Blut und Saft sich wieder gleichmäßig im Fleisch verteilen. Der Lammrücken wird leicht rosa serviert.
– **Der Lammsattel** ist der Teil, der zwischen der Keule und den Koteletts liegt und ein sehr schmackhaftes Fleisch liefert. Man kann ihn in Portionen anbieten (genauso braten wie Koteletts, aber nur 7 bis 8 Minuten; das Fleisch soll leicht rosa bleiben) oder am Stück als Braten; hier gilt das gleiche wie für das Rückenstück (Metzger, Ofen usw.).
– **Die Lammschulter** wird im Ofen gegart wie der Rücken oder der Sattel oder aber langsam im Topf in Butter und Öl gebraten. Bitten Sie den Metzger, die Knochen dranzulassen, weil das Fleisch dann besser schmeckt. Eine Schulter reicht für 3 bis 4 Personen. Genauso wie die Lammkeule schmeckt auch die Schulter kalt sehr gut, mit Mixed Pickles, Senf oder Chutney auf englische Art.
– **Die Lammkeule** weckt in mir vor allem eine Erinnerung, nämlich die an eine bezaubernde Vorlesung, die ein distinguierter Paläontologe an der Sorbonne vor einem Publikum von furchtbar gelehrten Leuten über die Kunst des Tranchierens vom Anbeginn der Menschheit bis in unsere Tage hielt. Ich fand es sehr gut, daß sich die Uni-

versität ernsthaft für haushaltstechnische Dinge interessierte und empfand zugegebenermaßen einigen Stolz auf meine Wissenschaft.

🐖 Wie für andere Braten sollte man hier den Ofen vorheizen (220 Grad/Gas Stufe 7), das Fleisch mit Pfeffer und Salz einreiben, wenn man will, da und dort mit der Spitze des Officemessers einritzen, um Knoblauchstiftchen hineinzustecken, und in den Ofen schieben. Nach Ende der Garzeit ruhen lassen. Vertrauen Sie Ihrem Metzger, was die Garzeit betrifft, aber sagen Sie ihm, daß Sie das Fleisch rosa haben möchten.

🐖 Mit einer Lammkeule kann man 6 bis 8 Personen bewirten. Man schneidet sie, indem man sie mit der linken Hand fest am Knochen packt, mit einem scharfen Messer auf, wie unten abgebildet.

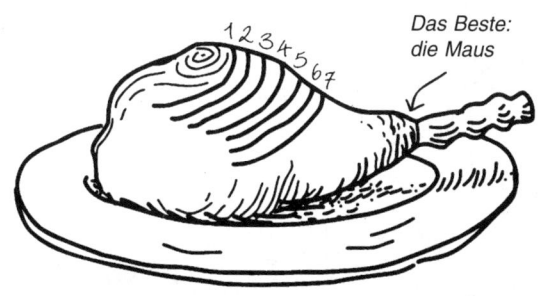

Aufschneiden der Keule

Die beste Sauce für diese Braten ist die Knoblauchcreme aus neuem Knoblauch. Das trifft sich gut, weil das Lamm im Frühling und im Sommer am schmackhaftesten ist, wenn es auf der Weide bei seiner Mutter trinkt und wenn es, halbwüchsig, Gänseblümchen und das neue Gras frißt. Auf der Suche nach Beilagen für soviel Zartheit kommen die Frühgemüse gerade recht: junge Erbsen, dicke Bohnen, grüne Bohnen, junge Karotten, Frühlingsragouts oder ein Zucchinigratin, ein Kartoffelpüree oder geschmorte Äpfel …

Lassen Sie uns in der Abteilung Gehacktes ein Meisterwerk der griechisch-türkischen Kultur nachkochen, das normalerweise fett und schwer verdaulich ist, aber von einer lieben Freundin, die eine ebenso schlanke Feinschmeckerin ist wie ich selber, in eine magerere Fassung gebracht worden ist, die

Moussaka von Madeleine

Sommer bis Herbst – für 4 bis 6 Personen,
je nachdem, ob man eine Vorspeise serviert oder nicht

 Ihr Einkaufszettel:
1,5 kg kleine, feste Auberginen
500 g Lammschulter, gehackt (oder auch Hammel, wie im Orient)
3 schöne Zwiebeln
2 Knoblauchzehen
2 Lorbeerblätter
gemahlener Zimt, Muskat, Oregano, Thymian, Bohnenkraut
4 schöne Tomaten
1 Bund Petersilie
50 g Butter
30 g Mehl
¼ l Milch
1 Ei
100 g Kaskaval (türkischer Schafskäse) oder auch Comté
2 EL Olivenöl aus erster kalter Pressung
Salz, Pfeffer aus der Mühle

Das ganze Geheimnis besteht darin, daß man die Auberginen im Ofen gart, anstatt sie zu braten. Dazu schneidet man mit energisch geführtem Messer ihre Haut auf der Oberseite ein und legt sie (bei 220 Grad/Gas Stufe 7) 30 bis 45 Minuten in den Ofen, bis sie weich sind. Dann nimmt man sie heraus und läßt sie in der Haut abkühlen. All das können Sie schon vorher erledigen. Auf die Art bleibt Ihnen Zeit, all das zu lesen, was Sie über Völkerwanderungen oder das Entstehen von Kulturen und der damit verbundenen Entwicklung kulinarischer Traditionen greifbar haben.

🐖 Eine Stunde vor der Mahlzeit schält Madeleine Zwiebeln und Knoblauch und hackt beides sehr fein. Sie läßt sie in einem großen Schmortopf in Olivenöl unter gelegentlichem Umrühren sacht andünsten.

🐖 Dann gibt sie bei stärkerer Hitze das Fleisch dazu, das dabei gern Klumpen bildet, die man behutsam wieder zerteilen muß. Nun wird gepfeffert und gesalzen, das zerkrümelte Lorbeerblatt, eine starke Prise Zimt, Thymianblättchen, Oregano und Bohnenkraut werden zugefügt. Von Zeit zu Zeit rührt sie um, damit das Fleisch gleichmäßig anbrät. Inzwischen zieht sie die Tomaten ab, entkernt und würfelt sie (siehe S. 27).

🐖 Wenn keine Flüssigkeit mehr im Topf ist, gibt sie die Tomaten hinein und läßt sie kochen, bis sie leicht anschmoren d. h. brutzeln und bräunlich werden). Schließlich streut sie die fein gewiegten Petersilienblättchen darüber und schaltet die Platte aus. Dafür schaltet sie den Ofen wieder ein, und zwar auf 220 Grad/Gas Stufe 7.

🐖 Sie zieht die Auberginen ab und drückt sie vorsichtig aus, damit sie möglichst viel Wasser abgeben, ohne breiig zu werden. Sie zupft das Auberginenfleisch in feine Streifen, mit denen sie eine Gratinform auslegt und verteilt die Fleischfarce darüber.

🐖 Dann bereitet sie aus der Butter, dem Mehl und der Milch eine Béchamel (siehe S. 72) und fügt, wenn sie den Topf vom Herd genommen hat, das mit der Gabel verschlagene Ei, Salz, Pfeffer und die Hälfte des geriebenen Käses zu und geht ein paarmal mit der Muskatreibe darüber.

🐖 Diese Béchamel gießt sie über die Farce und bestreut sie mit dem restlichen geriebenen *Kaskaval*.

🐖 Es dauert 20 bis 30 Minuten, bis die Moussaka schön braun ist. Madeleine hat mir dieses herrliche Gericht eines Abends in ihrem von Rosen überwucherten Garten serviert. Wir haben mit ihrem Freund René einen gut gekühlten Retsina dazu getrunken und fühlten uns wie im Himmel – oder eher wie auf dem Olymp.

Jetzt aber wollen wir nach Frankreich und zu seinen charakteristischen Schmorgerichten zurückkehren, und zwar mit einem großen, blau-weiß-roten Klassiker, dem »Lammragout mit Karotten«, wie es sich gehört. Ich sage »wie es sich gehört«, weil das Lammragout auch eines der fragwürdigen Gerichte ist, die überall in einem Zustand angeboten werden, der bestenfalls noch annäherungsweise an das Original erinnert.

LAMMRAGOUT MIT KAROTTEN

Frühjahr – für 4 gute oder 6 schwache Esser

 Ihr Einkaufszettel:
1 kg Lammschulter, entbeint und in große Würfel geschnitten
2 EL Mehl
2 EL Gänseschmalz
1 Glas guter trockener Weißwein
1 Bouquet garni (Petersilie, Thymian, Lorbeerblatt)
500 g junge grüne Erbsen
250 g extra feine grüne Böhnchen (Prinzeßbohnen)
500 g neue Karotten
6 kleine Lauchzwiebeln
1 walnußgroßes Stück Butter
Salz, Pfeffer aus der Mühle, Muskat

🐖 Es geht 2 Stunden vor der Mahlzeit los: das Fleisch im Mehl wenden und, was zu viel ist, abstreifen. In einen Topf geben und bei mäßiger Hitze, damit das Fett nicht verbrennt, in Gänseschmalz anbraten.

🐖 Mit dem Wein ablöschen, das Bouquet garni, Salz und Pfeffer zugeben und ein-, zweimal mit der Muskatreibe darübergehen. Sobald es kocht, zudecken und 1$^1/_2$ Stunden bei ganz schwacher Hitze köcheln lassen.

🐖 In der Zwischenzeit die verschiedenen Gemüse putzen. Die Erbsen palen, die grünen Böhnchen von Fäden befreien, die Karotten schälen, waschen und ein kleines Stück Kraut oben stehen lassen. Die Lauchzwiebeln putzen, etwas vom Grün dranlassen.

🐖 Die Lauchzwiebeln in einer kleinen Kasserolle bei extrem schwacher Hitze ungefähr 15 Minuten in Butter dünsten. Aufpassen, daß sie nicht braun werden. Den Topf gelegentlich rütteln.

🐖 In einer anderen Kasserolle gesalzenes Wasser zum Kochen bringen. Nacheinander die Karotten 15 Minuten, die jungen Erbsen 7 Minuten und die grünen Bohnen 3 Minuten garen (jeweils vom Wiederaufkochen des Wassers an gerechnet).

🐖 Die abgetropften Gemüse mit den gedämpften Zwiebeln zum Ragout geben und noch 5 Minuten köcheln lassen. Eine köstliche, relativ magere Angelegenheit, wie es sich für eine gut zurechtgemachte Schulter gehört.

Wenn Sie speisen möchten wie ein Maharadscha, geht das ganz leicht mit einem

LAMMCURRY AUF INDISCHE ART
Das ganze Jahr über – für 4 bis 6 Personen

 Ihr Einkaufszettel:
1 kg Lammschulter, in grobe Würfel geschnitten
(Der Metzger, der in Anbetracht der Summen,
die Sie in letzter Zeit bei ihm gelassen haben, Verständnis
für Ihre vorübergehenden Schwierigkeiten hat,
schlägt vor, das Fleisch zur Hälfte aus dem Nacken zu
schneiden. Gehen Sie ruhig darauf ein. Es ist zwar
etwas fett, dafür aber fast geschenkt.)
300 g Basmati-Reis
125 g Crème épaisse (dicke Sahne)
4 gelbe Zwiebeln
2 säuerliche Äpfel
1 Stück frische Ingwerwurzel, etwa 5 cm lang
1 Döschen Madras-Curry »medium« bester Qualität
2 kräftige Prisen Safranfäden
2 große Zimtstangen
3 Nelken
6 weiße Kardamomschoten
1 Lorbeerblatt
1 Msp. Cayennepfeffer
100 g Smyrna-Rosinen
1 Bund glatte Petersilie
1 Dose Kokosmilch (keinesfalls gesüßt!)
1 schwere, duftende Ananas mit grüner Blattkrone,
aus deren Mitte sich leicht ein Blatt herauszupfen läßt
100 g Cashewkerne, hell bernsteinfarben, natur
(auf keinen Fall das gräßliche, gesalzene und halb verbrannte
Zeug, das man Ihnen zum Aperitif aufdrängt)
1 feste, schwere Salatgurke

1 Kokosnuß
2 reife, aber nicht weiche Mangos
4 Becher Vollmilchjoghurt
1 Bund Minze
2 reife Bananen
1 Zitrone
1 Glas Mango-Chutney »hot«
Salz, Pfeffer aus der Mühle

🐖 Bei der Wahl des Currypulvers wie auch des Mango-Chutneys kann ich Ihnen nicht warm genug ans Herz legen, sehr anspruchsvoll zu sein. Durchqueren Sie dafür, wenn nötig, die ganze Stadt. Ein Curry ohne gutes Currypulver und gutes Chutney bedeutet eine Ungeheuerlichkeit und eine Unvollständigkeit, die in ihrem Ausmaß höchstens mit einer Karamelcreme ohne Karamel verglichen werden kann.

🐖 Sie sind wieder zu Hause, zwar völlig geschafft (das hätte ich Ihnen gleich sagen können), dafür aber in ruhiger Verfassung, denn Sie wissen, daß der Einkauf für die Küche von zentraler Bedeutung ist. Dies ist der Moment, sich einen alten Porto oder einen *Single malt* zu genehmigen, Vermächtnisse, die die Engländer neben ihrer Sprache den Indern hinterlassen haben (es ist schon merkwürdig, wenn man bedenkt, daß so viele Kolonien sich der Sprache der verhaßten Eroberer bedienen mußten, um zur nationalen Einheit zu finden). Aber wir wollen auf dem Teppich bleiben.

🐖 Nehmen Sie die Arbeit 2 Stunden vor der Mahlzeit in Angriff. Waschen Sie zuerst den Reis in reichlich kaltem Wasser und weichen Sie ihn dann ein.

🐖 Bringen Sie die Crème épaisse in einer Kasserolle zum Kochen. Nach einer Weile (Sie können inzwischen die Zwiebeln schälen und hacken) werden Sie feststellen, daß sich am Boden der Kasserolle eine bräunliche Substanz kristallisiert hat, über der eine blaßgelbliche, sämige Flüssigkeit steht. Diese ähnelt dem *Ghee*, der geklärten und wieder gekochten Butter, die für die indische Küche typisch ist, und dieses Fett wird Ihrem Gericht jenen Hauch von Exotik verleihen, ohne den es kein authentisches Curry gibt. Seihen Sie es durch ein feines Spitzsieb in den Topf, in dem Sie das Fleisch garen wollen.

🐗 Schmelzen Sie die in Scheiben geschnittenen Zwiebeln bei schwacher Hitze in dem *Ghee* an. Dann das Fleisch, das ein wenig stärker angebräunt werden darf. Öfter mit dem Holzlöffel umrühren. Dieses Anschmoren läßt Ihnen genügend Zeit, die Äpfel und den Ingwer zu schälen und auf der Reibe grob zu raffeln. Passen Sie auf Ihre Finger auf; zur Würze der Zubereitung wird Ihr Blut nichts beitragen. Wenn die Farbe des Fleischs Ihnen den Mund wäßrig macht, fügen Sie die Gewürze zu: 4 gehäufte EL Curry, Safran, Zimt, Nelken, Kardamom, Lorbeerblatt, Ingwer, Salz, Pfeffer aus der Mühle und Cayennepfeffer.

🐗 Rühren Sie gut um, wenden Sie das Fleisch in der Gewürzmischung und haben Sie Geduld. Der heftige Geruch, der Ihnen in die Kehle steigt, ist schon die Ankündigung kommender Tafelfreuden. Fügen Sie jetzt die geriebenen Äpfel, die Rosinen und das zusammengebundene Petersiliensträußchen zu.

🐗 Und sofort hinterher die Kokosmilch und so viel Wasser, daß es eben das Fleisch umspült. Nun wird es ruhiger. Gründlich umrühren und kosten: es muß ziemlich scharf und salzig schmecken.

🐗 Beim ersten Aufkochen die Hitze reduzieren, den Deckel auflegen und 1$^1/_2$ Stunden sanft köcheln lassen. Aus dem Topf muß für das aufmerksame Ohr ein vielversprechendes Zischeln zu hören sein.

🐗 Sie haben jetzt reichlich Zeit, außer zu lesen – »Sindbad, der Seefahrer«, der als erster nach Indien kam, oder die *Odyssee* im Urtext (die sich miteinander decken) – auch die Ananas zu schälen, die »Augen« und die harte, faserige Mitte zu entfernen und das Fruchtfleisch fächerförmig aufzuschneiden. Sie können auch die Cashewkerne grob hacken und ohne Fett kurz in der Pfanne anrösten (Vorsicht! Sie verbrennen leicht), die Gurke schälen und der Länge nach in zwei Hälften schneiden, die Kerne herausnehmen, das Fleisch in feine Scheiben hobeln, in ein Sieb geben und mit Salz bestreuen, damit das Wasser abtropft. Sie haben auch noch Zeit, die Kokosnuß aufzuschlagen, ihre kostbare Flüssigkeit zum Fleisch in den Topf zu gießen, das weiße Fruchtfleisch herauszunehmen und fein zu hacken, und schließlich die Mangos zu schälen und in Würfel zu schneiden.

🐖 Richten Sie diese milden Beilagen in Schälchen an, die Sie um den Rand der Servierplatte stellen: die Cashewkerne, die Ananas, die Kokosnußstückchen, die mit einem Tuch trockengetupfte und mit dem Joghurt vermengte, stark gepfefferte und mit Minzblättchen bestreute Gurke, die Mangowürfel, die dünnen Bananenscheibchen – damit sie ihre zarte Blässe behalten, beträufeln Sie sie mit Zitronensaft – und schließlich das Chutney.

🐖 Kochen Sie den Reis kurz vor dem Servieren. Geben Sie ihn in einen großen Topf mit kochendem, gesalzenen Wasser. Es geht im Handumdrehen. Probieren, und, wenn er *al dente* ist, sofort abschütten und servieren. Wenn er nicht gleich gebraucht wird, bitte im Ofen trocken (bei 120 Grad/Gas Stufe 5) warm stellen.

🐖 Ihnen ist schon soviel Wasser im Mund zusammengelaufen, daß Sie keinen Hunger mehr haben, aber es bleibt Ihnen noch die Kraft, auf den vorgewärmten Tellern je ein Reisbett zu bilden, in das Sie das von Petersilie, Lorbeerblatt und Zimtstangen befreite Curry füllen. Jeder kann sich selbst von den Gewürzen dazunehmen. Und Sie werden Ihren Triumph voll auskosten, wenn Sie zuschauen, wie sich Ihre Tischgenossen an diesem üppigen Mahl gütlich tun, das es wohl wert ist, daß man *blood and tears* des untergegangen Empires hier mitzuschmecken glaubt. Was wieder einmal schlagend beweist, daß Kultur nicht immer dort ist, wo man sie vermutet.

Das Hähnchencurry ist gleichermaßen bemerkenswert. Dazu genügt es, das Lamm durch ein mit Körnern gefüttertes Hähnchen zu ersetzen, dessen Innereien Sie mitnehmen sollten (lassen Sie auch die scheußliche Gallenblase herausnehmen, die die Leber des Tiers gründlich verderben kann. Dieser Handgriff ist für den Neuling, der Sie trotz Ihrer außergewöhnlichen Begabung noch sind, ziemlich kompliziert). Bitten Sie auch darum, daß man Ihnen den Magen zurechtmacht und die Karkasse, die Sie mit dem in acht Portionen geschnittenen Fleisch mitnehmen, von Fleischresten befreit.

🐖 Legen Sie die Karkasse gleich zu Beginn Ihrer Arbeit mit den Flügeln und dem Hals in einen großen Topf und stellen Sie eine Geflügelbouillon her, wie ich Sie Ihnen schon beschrieben habe (siehe S. 54), aber nur mit einem halben Liter Wasser. Das ist notwendig, um den natürlicherweise etwas faden Geschmack des Vogels, den Paul Nizan übrigens haßte, intensiver zu machen.

🐖 Verfahren Sie im weiteren genauso wie beim Lammcurry, nur mit dem Unterschied, daß hier der in Scheiben geschnittene Muskelmagen mit den Gewürzen in den Topf kommt und Sie an Stelle des Wassers die Bouillon zugießen.

🐖 Lassen Sie es nur 1 Stunde köcheln und legen Sie, wenn Sie anfangen, den Reis zu kochen, die Leber oben auf die Fleischteile, die im Dunkel des Topfes schon vor zarter Weichheit zerfallen. Das reicht, wenn man sie innen rosa haben möchte, wie es sich gehört.

Das letzte große Tier, das ich hier erwähnen möchte, ist:

Das Schwein,

welches allerhöchstes Lob verdient. Beim Schwein ist alles gut, und alles an ihm ist eßbar: Ohren, Rüssel, Füße, Därme und Blut mit eingeschlossen. Eine glückliche Fügung für arme Leute – außer für Muslime und gläubige Juden – und das schon seit Tausenden von Jahren. Das Schwein ist ein Tier von zweifelhafter Sauberkeit, aber umweltfreundlich insofern, als es Speisekammer und Abfalleimer zugleich darstellt (im Mittelalter arbeitete es sogar als »Müllwerker«). Es hat die großen Dichter, einschließlich Homer, inspiriert (was etwas heißen will), und in einem fast unvorstellbaren Maß die Kochkunst aller Kontinente geprägt. Außerdem ist es ein zufriedenes und sympathisches Tier, wenn man es nicht gerade furchtbar nervt. Aber einen Haken hat die Sache: ich bin weder scharf auf Schweine noch auf Schweinefleisch und koche es deshalb kaum. So ist das eben. Ich gebe Ihnen trotzdem zwei oder drei Anregungen, wie Sie den wackeren Paarhufer zubereiten können. Wenn Sie tiefer in die Materie eindringen wollen, wenden Sie sich an meine Kollegen.

Die Franzosen haben die unglückselige Neigung, allem, was nicht von ihnen kommt, zu mißtrauen (das gilt ganz allgemein, und im besonderen für die Küche). Das ist ein Fehler: wir kennen die Wunder der arabischen Küche, die Köstlichkeiten der italienischen, die Überraschungen der belgischen, und man kann die chinesische Küche als die beste der Welt betrachten (ich bin da nicht kompetent, besorgen Sie sich die Ausführungen eines chinesischen Experten). Überall außer in den Niederlanden (die meisten Menschen dort haben kein Interesse an guter Küche; sie werfen alles in die Friteuse und übergießen es dann mit Mayonnaise; das bringt mich auf die Palme, weil sie in bemerkenswertem Maß über Kunstsinn und Toleranz verfügen) kann man einheimische Küche entdecken, die das lebhafteste Interesse verdient. In Ungarn zum Beispiel, wo man, wie in den slawischen Ländern, viel Schweinefleisch ißt, habe ich »Gefüllte Paprika« gegessen.

Es war in Budapest, einer der verführerischsten Städte der Welt,
und ich habe sie in so guter Erinnerung behalten, daß ich sie in
Paris nachkochen mußte. Das Resultat war die Anstrengung wert,
wenn auch nicht ganz so verführerisch.

GEFÜLLTE PAPRIKA
Sommer – für 2 oder 3 Personen

 Ihr Einkaufszettel:
3 große grüne Paprikaschoten, gedrungen und regelmäßig
gewachsen
350 g Schweinekamm, gehackt
3 mittelgroße Zwiebeln
1 Knoblauchzehe
1 Thymianzweig
1 kg reife, feste Tomaten
2 EL Olivenöl aus erster kalter Pressung
50 g Reis aus der Camargue oder anderer Langkornreis
1 Ei
eine Handvoll glatte Petersilie
1 Becher Crème épaisse (dicke Sahne)
1 EL Paprika
1 Prise Cayennepfeffer
Salz, Pfeffer aus der Mühle

🐖 Gehen Sie in zwei Etappen vor. Stellen Sie zuerst eine Tomatensauce (siehe S. 52) her, und zwar mit einer Zwiebel, dem Knoblauch,
dem Thymian, den Tomaten, 1 EL Öl sowie Pfeffer und Salz.

🐖 Kochen Sie den Reis in gesalzenem Wasser *al dente*. Lassen Sie
ihn abtropfen. Ruhen Sie sich aus. Informieren Sie sich über Ungarn
und seine Geschichte. Lesen Sie den großen Dichter Petöfi, lesen Sie
auch Joseph Roth, vor allem den *Radetzkymarsch*, oder hören Sie
Musik von Ligeti.

🐖 $1^{1}/_{4}$ Stunden vor der Mahlzeit müßten Sie sich wieder aufraffen.
Setzen Sie einen großen Topf mit Wasser auf, in dem Sie, wenn es

kocht, die ganzen Paprikaschoten 5 Minuten blanchieren. Inzwischen die Zwiebeln schälen und fein hacken. Die Schoten abtropfen lassen. Geben Sie das Öl in eine Pfanne und lassen Sie die Zwiebeln darin bei schwacher Hitze glasig werden. Das Fleisch zufügen und bei stärkerer Hitze 8 Minuten anbraten. Zerteilen Sie die Klumpen, die sich dabei bilden.

🐖 Nehmen Sie den Topf vom Herd und mischen Sie den Reis, das mit der Gabel verschlagene Ei, die Gewürze und die fein gewiegte Petersilie unter das Fleisch. Gründlich miteinander vermengen. Kosten und bei Bedarf nachwürzen.

🐖 Schneiden Sie von den Paprikaschoten einen »Deckel« ab, die Stengel bleiben daran. Kerne und weiße Häute werden entfernt. Passen Sie auf, dabei nicht die Wände zu durchstoßen.

🐖 Füllen Sie die Schoten gleichmäßig mit der Fleischfarce. Stellen Sie sie aufrecht in einen Topf und gießen Sie die Tomatensauce in die Zwischenräume. Zugedeckt bei mäßiger Hitze 1 Stunde garen.

🐖 Mit der kalten Crème épaisse servieren. Wenn sie das nächste Mal in einem Nachtclub Zigeunermusik hören, werden Sie Ihr Trinkgeld weniger knauserig bemessen.

Das Schwein ist aber auch einer der Eckpfeiler der traditionellen französischen Küche. Was ich sehr gern mag, ist: »Gefüllter Wirsing auf Hausmannsart«, ein rustikales, preiswertes und nahrhaftes Gericht.

GEFÜLLTER WIRSING AUF HAUSMANNSART
Winter – für 6 Personen

 Ihr Einkaufszettel:
1 großer, fester Kopf Wirsing
200 g roher Bayonne-Schinken
100 g gekochter Schinken
200 g gepökelter Schweinebauch
2 viereckig geschnittene, dünne Scheiben fetter Speck
¼ l Branntweinessig
1 mittelgroße Zwiebel
2 Knoblauchzehen
1 Bund Petersilie
1 Ei
1 TL Thymianblättchen
1 große Scheibe Weißbrot
1 Glas Milch
12 schöne Backpflaumen (z. B. aus Agen)
½ l trockener Weißwein
1 Becher Crème épaisse (dicke Sahne)
Salz, Pfeffer, Muskat

Fangen Sie 4 Stunden vor dem Essen an. Setzen Sie in einem großen Topf viel Wasser auf, dem Sie den Essig zufügen. Schneiden Sie den Strunk kegelförmig aus dem Wirsing, und passen Sie auf, daß sich dabei die Blätter nicht ablösen. Geben Sie den Kohl im Ganzen in das kochende Wasser und blanchieren Sie ihn 10 Minuten bei starker Hitze. Stellen Sie ihn mit dem Kopf nach unten zum Abtropfen. Etwas abkühlen lassen.

🐗 Bereiten Sie in der Zwischenzeit die Farce zu. Hacken Sie Schweinebauch und Schinken fein, schälen und hacken Sie die Zwiebel und die Knoblauchzehen, aus denen sie den Keim entfernt haben, und die Petersilie. Fügen Sie das mit der Gabel geschlagene Ei, den Thymian und reichlich Pfeffer hinzu. Ein paarmal mit der Muskatreibe darübergehen. Gesalzen wird wegen des Specks nicht. Schneiden Sie die Rinde vom Brot ab und weichen Sie es in Milch ein. Dann ausdrücken und zur Farce geben.

🐗 Lösen Sie die Wirsingblätter einzeln nacheinander ab und legen Sie das Herz frei, das Sie herausnehmen und fein hacken. Es kommt in die Farce, die Sie (mit beiden Händen) gründlich durchmengen.

🐗 Entsteinen Sie die Backpflaumen. Setzen Sie anstelle des Herzens eine große Portion Farce in die Mitte des Wirsings. Bestreichen Sie dann jedes einzelne Blatt damit, das wieder angedrückt und oben nach innen eingeschlagen wird.

🐗 Vergessen Sie nicht, die Backpflaumen darauf zu verteilen. Legen Sie ein Speckviereck über den gefüllten und wieder zusammengesetzten Wirsing. Verschnüren Sie ihn nun sorgfältig rundherum von oben nach unten, so daß er aussieht wie ein Kürbis.

🐗 Legen Sie den Boden eines Topfs, in den der Wirsingkopf bequem hineinpaßt, mit dem zweiten Speckviereck aus und setzen Sie ihn auf dieses Bett. Gießen Sie den Wein zu und lassen Sie den Wirsing zugedeckt bei milder Hitze 3 Stunden garen.

🐗 Zum Anrichten nehmen Sie die Schnur und den Speck ab. Setzen Sie dieses Prachtstück ländlicher Kochkunst auf eine große Platte und schneiden Sie es auf wie einen Kuchen. Jeder kann sich selbst von der kalten Crème épaisse dazu nehmen.

🐗 Hier haben wir eine Hausmannskost, die wirklich alle mögen und deren Zubereitung Sie, insgesamt gesehen, nicht allzuviel Zeit gekostet hat.

Und hier schließlich noch ein Beispiel bäuerlicher Tradition.
Ich kenne niemanden, der das nicht mag, nicht einmal die fanatischen Anhänger fettreduzierter Kost, die Kalorienzähler und Diätbesessenen. Sie können ja hinterher wieder Diät leben, wenn es ihnen Spaß macht. Der »Lothringer Eintopf« rechtfertigt vollauf die Tatsache, daß Frankreich mit Deutschland so erbittert um den Besitz dieser Region gekämpft hat. Dieser Eintopf ist für den großen Hunger gedacht, und er ist gesund und schmackhaft. Kochen Sie ihn, wenn es draußen sehr kalt ist.

Lothringer Eintopf
Winter – für 6 bis 8 Personen

Ihr Einkaufszettel:
1200 g geräucherte Schweineschulter
500 g geräucherter Bauchspeck
4 Zwiebeln
2 Nelken
1 Bouquet garni
1 Glas klarer Branntweinessig
1 schöner Wirsingkopf
250 g dicke Bohnen, gepalt (oder getrocknete weiße Bohnen, vorher nach Packungsaufschrift eingeweicht)
8 Karotten
3 weiße Rübchen
8 Kartoffeln (halbfeste Sorte)
8 kleine Stangen Porree
1 geräucherte Kochwurst (z. B. Mettwurst)
4 geräucherte Würstchen
Salz, Pfefferkörner

Sie sollten 3 Stunden zur Verfügung haben. Manche Leute wässern den Speck und die Schulter eine ganze Nacht, weil sie finden, daß sie sonst zu streng schmecken. Das sind eben sensible Pflänzchen.

🐖 Füllen Sie also einen großen Topf mit 4 Liter kaltem Wasser und bringen Sie Schulter und Speck darin zum Kochen. Eine geschälte und mit den Nelken besteckte Zwiebel, das Bouquet garni und eine Handvoll Pfefferkörner zugeben. Ein- bis zweimal den Schaum abschöpfen und 2 Stunden zugedeckt simmern lassen. Setzen Sie inzwischen eine große, zur Hälfte mit Wasser gefüllte Kasserolle auf, der Sie den Essig zufügen. Schneiden Sie, ohne zu trödeln, den Strunk aus dem Wirsing, nehmen Sie die großen Blätter ab und blanchieren Sie ihn 5 Minuten in der Kasserolle.

🐖 Die frischen Bohnenkerne in einen anderen Topf mit kochendem Wasser geben und einmal kurz aufkochen (getrocknete, eingeweichte Bohnen gleich ins Kochwasser geben). Herausnehmen, abtropfen lassen und in das jetzt gesalzene, wieder zum Kochen gebrachte Wasser geben. Noch 1^1/$_2$ Stunden simmern lassen.

🐖 Nutzen Sie die Zeit, um den Tisch zu decken, ein Bad zu nehmen und die Karotten, weißen Rübchen, Kartoffeln und Zwiebeln zu schälen. Putzen Sie den Porree. Schneiden Sie das Grüne weg und binden Sie die Stangen zu einem Bund.

🐖 Wenn das Schweinefleisch 2 Stunden geköchelt hat, geben Sie die Karotten, die weißen Rübchen, den Wirsing und die Zwiebeln dazu. Probieren Sie die Bouillon und salzen Sie nach, falls nötig. Schalten Sie auf stärkere Hitze, bis sie wieder anfängt zu kochen, und lassen Sie sie dann bei schwacher Hitze sacht weiterkochen.

🐖 Fügen Sie 30 Minuten später auch den Porree, die Kartoffeln, die Wurst und die Würstchen hinzu, die Sie mit einer Gabel angestochen haben (damit sie nicht platzen). Wieder zum Kochen bringen, dann bei schwacher Hitze noch 30 Minuten weiterkochen lassen.

🐖 So, damit wäre es geschafft. Alles herausnehmen und abtropfen lassen und mit künstlerischem Geschick auf einer großen Platte anrichten. Reichen Sie verschiedene Sorten Senf, Cornichons und Silberzwiebeln zu Ihrem Eintopf, der – aber das muß ich nicht extra betonen – ohne Vorspeise und Nachtisch auskommt (außer vielleicht ein bißchen Obst?). Ich habe eine Schwäche für große Tischrunden, und dieses Meisterwerk aus der lothringischen Regionalküche bietet den idealen Vorwand dafür.

Die Schmor- und Suppenküche bildet den glanzvollen Höhepunkt in der Kunst des Garens. Sie belebt in jedem von uns urtümliche Gemeinschaftsinstinkte wieder und gibt ihre Geheimnisse von Generation zu Generation weiter, ohne je zu veralten.

Nach dem Lothringer Eintopf, einem Meisterwerk unter den gekochten Gerichten, wollen wir unseren Ausflug in die Domäne der Fleischzubereitung mit zwei ebenso meisterlichen Beispielen der unter Luftabschluß gegarten und der geschmorten Zubereitung beschließen. Beide Gerichte erfüllen Körper und Seele mit einem zwar einfachen und bescheidenen, aber verläßlichen Wohlbehagen.

Das erste Gericht, das unter Luftabschluß gegart wird, kommt aus dem Elsaß. Es wurde früher die ganze Nacht über im Ofen des Bäckers gegart, zwischen dem letzten Backdurchgang am Abend und dem ersten am Morgen. Man kann es auch zu Hause zubereiten, weil man dazu nur einen Backofen und eine Terrine mit Deckel braucht oder, weniger traditionsbewußt, einen gußeisernen Topf, ebenfalls mit Deckel, der es auch tut. Hinter dem »Baeckeoffe« verbirgt sich die gelassene Freundlichkeit des Elsässers. Dieser hier steht voll und ganz in der Tradition.

DER BAECKEOFFE

Winter (ein sehr nahrhaftes Gericht) – für 8 Personen

 Ihr Einkaufszettel (für den Vortag):
1 kg Schweinekamm
1 kg Hammelschulter (evtl. auch vom Lamm,
aber es ist hierfür weniger geeignet)
1 kg Rinderbrust
2 Schweineschwänze und 3 Schweinsfüße (bitten Sie
Ihren Metzger, das alles in Stücke von je ca. 80 g zu hacken)
6 Zwiebeln
4 Knoblauchzehen
3 Stangen Porree
2 Lorbeerblätter
2 Thymianzweige
1 l Riesling
2 kg Kartoffeln (halbfeste Sorte)
1 Bund glatte Petersilie
grobes Salz, Pfeffer aus der Mühle
Alufolie

Legen Sie am Abend vorher alle Fleischteile in eine große Schüssel aus Keramik oder Glas und gießen Sie eine Marinade darüber, die sich aus folgenden Zutaten zusammensetzt: 2 geschälten und in dünne Scheiben geschnittenen Zwiebeln, den geschälten und mit der flachen Messerklinge angequetschten Knoblauchzehen, dem in je 4 Stücke geschnittenen weißen Teil der Porreestangen (gut gewaschen, das Grüne wird nicht gebraucht), 1 Lorbeerblatt, 1 Thymianzweig, einer kleinen Handvoll grobem Salz, ziemlich viel Pfeffer und der ganzen Flasche Riesling.

🐖 Die Marinade wirkt bei Zimmertemperatur (Marinaden dürfen, mit einigen Ausnahmen, nie in den Kühlschrank gestellt werden, sonst verlieren sie ihre Würze. Der *Homo sapiens* kannte zu der Zeit, als diese Art der Zubereitung entstand, ja auch keinen) die ganze Nacht über auf das Fleisch ein und macht es wie nebenbei zart und würzig.

🐖 Am Tag, an dem Sie den Baeckeoffe essen wollen, sollten Sie 4 Stunden, bevor Sie zu Tisch gehen, die Kartoffeln schälen und in 2 bis 3 mm dicke Scheiben schneiden (mit der Maschine geht es sehr schnell) und die restlichen Zwiebeln schälen und in dünne Ringe schneiden.

🐖 Schalten Sie den Ofen ein (220 Grad/Gas Stufe 7). Legen Sie zwei bis drei Lagen Kartoffelscheiben in die Terrine oder den Topf und darauf das abgetropfte Fleisch, ein paar Stengel Petersilie, den restlichen Thymian und das Lorbeerblatt. Darüber eine Lage Zwiebelringe und dann die restlichen Kartoffelscheiben. Zum Schluß den Wein der Marinade durch ein feines Spitzsieb darübergießen. Decken Sie die Terrine oder den gußeisernen Topf mit einer doppelten Schicht Aluminiumfolie ab, setzen Sie den Deckel darauf und schlagen Sie die überstehende Folie um den Rand. Das Gefäß muß absolut luftdicht verschlossen sein. Ein Mehl-Wasser-Gemisch geht auch (siehe Seite 173).

🐖 Lassen Sie das Gericht 1 Stunde im Ofen, schalten Sie dann auf 180 Grad/Gas Stufe 6 hinunter. Bei dieser Temperatur noch 2 bis $2^1/_2$ Stunden garen.

🐖 Wenn Sie den Deckel abnehmen, steigt Ihnen ein konzentriertes Gemisch von Aromen aus der Terrine entgegen, und Sie werden schwach vor Verlangen. Der Baeckeoffe ist das Gericht, das ich über alles stelle, was die elsässische Küche zu bieten hat. Ihre Tischgenossen werden darin mit Ihnen übereinstimmen.

Unser letztes Beispiel, das Geschmorte, ist in der ganzen Welt berühmt. Wenn Sie dieses gegessen haben, wissen Sie warum. Sie sollten es trotzdem nicht in Ihre Alltagsküche aufnehmen, denn es ist in der Kategorie Kraftnahrung eines der reichhaltigsten Gerichte überhaupt. »Das Cassoulet« kommt aus dem Südwesten Frankreichs, einer Region von geradezu überwältigender Üppigkeit: Eingemachtes Geflügel, Gänseleberpastete, Trüffel, Rugbyspieler, Belcanto, Berge und Flüsse. Mein Cassoulet kommt weder aus Toulouse noch aus Castelnaudary; ich will mich auf keinen Fall in den erbitterten Bruderzwist einmischen, der die beiden Städte entzweit, weil jede von ihnen behauptet, die Heimat des Gerichts zu sein, das uns hier beschäftigt. Sollen die Leute aus der Gascogne die Sache doch unter sich ausmachen; wir probieren *mein* Cassoulet, das beste der Welt, das ist doch klar.

DAS CASSOULET

Winter (wegen der Kalorien) – für 6 bis 8 Personen

 Ihr Einkaufszettel:
500 g weiße Bohnen
2 Bouquets garnis
500 g frischer Schweinekamm oder Hammelnacken
(so mager wie möglich!)
3 Zwiebeln, 4 Knoblauchzehen
2 EL Gänseschmalz (brauchen Sie nicht zu kaufen,
wenn Sie sich für eingemachte Gans
mit ihrem Fett entscheiden)
500 g Saucisses de Toulouse, ersatzweise Bratwurst
1 Karotte
3 Tomaten (nehmen Sie welche aus Marokko,
im Winter noch das geringere Übel)
2 Teile eingemachte Gans oder Ente
Salz, Pfeffer aus der Mühle,
einige Körner weißer Pfeffer

Wie bei allen altüberlieferten Regionalgerichten muß man sich im voraus an die Arbeit machen. Vorsorge ist nun mal die Kardinaltugend des Bauern. Rechnen Sie mit gut 3 Stunden.

🐗 Fangen Sie mit den Bohnen an. Mit reichlich kaltem Wasser bedeckt aufsetzen, ein Bouquet garni, eine geschälte und geviertelte Zwiebel, eine Knoblauchzehe, aus der Sie den Keim entfernt haben, Salz und einige Pfefferkörner hinzugeben. 2 Stunden zugedeckt simmern lassen.

🐗 Wenn die Garzeit der Bohnen zur Hälfte um ist, die Fleischstücke auf den Weg bringen. Erhitzen Sie das Gänseschmalz bei mäßiger Hitze (es verbrennt leicht) in einem Topf, und lassen Sie das Schweine- oder Hammelfleisch und die in Stücke geschnittene Wurst darin goldbraun werden. Schälen Sie die restlichen beiden Zwiebeln und die Karotte und hacken Sie alles ziemlich fein. Wenn das Fleisch angebräunt ist, das Gemüse dazugeben und unter gelegentlichem Umrühren anschmoren; alles soll schön braun werden und fröhlich brutzeln.

🐗 Die Tomaten häuten, entkernen und in grobe Würfel schneiden (siehe S. 26), die restlichen Knoblauchzehen schälen, die Keime herausnehmen und die Zehen mit der flachen Messerklinge zerdrücken. Alles zusammen mit dem zweiten Bouquet garni (im Südwesten ist man nicht kleinlich) in den Topf geben.

🐗 Bei sehr schwacher Hitze zugedeckt eine Stunde köcheln lassen, dann die eingemachten Gänse- oder Enteteile zufügen.

🐗 Die Bohnen werden abgegossen (einen Teil des Kochwassers auffangen!) und kommen zum Fleisch in den Topf. Etwas vom Kochwasser ans Fleisch geben. So bekommen Sie eine sämige, weder zu dicke, noch zu flüssige Sauce. Probieren Sie und salzen Sie nach, falls nötig.

🐗 Bei ganz schwacher Hitze zugedeckt noch 1 Stunde köcheln lassen. Behäbigere Leute gratinieren das Ganze noch mit Paniermehl. Ich mag das Cassoulet lieber so, einfach als Ragout. Es schmeckt überwältigend (ich wäge meine Worte ab), und wenn Sie egoistisch sind, können Sie für sich bleiben und drei Tage hintereinander alleine davon essen, denn aufgewärmt schmeckt es genauso großartig. Höchstwahrscheinlich wird Ihnen auch ein bißchen schlecht davon, aber das ist nicht schlimm. Die Erfahrung ist es, die uns das Maß lehren soll, nicht das Gesetz. Als ich das Cassoulet entdeckte, habe ich soviel davon gegessen, daß ich drei Tage lang sozusagen im Koma lag. Aber wie man sieht, hat mir das meinen Spaß daran nicht verleiden können.

Die tierischen Nebenprodukte

Mit tierischen Nebenprodukten sind die Eier gemeint (die uns das Geflügel liefert) und die Milchprodukte, beziehungsweise der Käse (von den Tieren, die in der Metzgerei verkauft werden).

Eier

… sind eine Gaumenfreude der Reichen, denn wer ein Ei ißt, tötet, was ein Hähnchen hätte werden können. Unser gewohntes Ei kommt vom Huhn, aber erst seit zweitausendfünfhundert Jahren, das heißt, der Zeit, als dieses Geflügel anfing, die Bauernhöfe Griechenlands und Italiens zu bevölkern. Vorher aß man kaum Eier. Und in der Küche hielten sie erst nach Christus bei den Römern Einzug. Wenn es also sozusagen das Nahrungsmittel der Neureichen ist, heißt das noch lange nicht, daß es keine Rolle spielt, wie man damit umgeht. Betrachten Sie es mit Ehrfurcht: das Ei hat auch, wie übrigens alles, was man ißt, einen symbolischen Wert – denken Sie an die Ostereier, die tausendjährigen chinesischen Eier, das Ei des Kolumbus, die Eier von Georges Bataille … Heute ist das Ei eine billige Eiweißquelle, die selbst von Vegetariern akzeptiert wird.

Es gibt drei kategorische Imperative: nur die Eier von freilaufenden Hühnern kaufen, sie frisch verzehren und eine Stunde vor dem Zubereiten, ganz gleich in welcher Form das geschieht, aus dem Kühlschrank nehmen.

Fünf Basistechniken der Zubereitung

In allen Rezepten, die ich Ihnen nenne, werden Eier mittlerer Größe verwendet.

Das weich gekochte Ei kann man auf zwei Arten zubereiten.

🐖 Die erste besteht darin, es in eine kleine Kasserolle zu legen, mit kaltem Wasser zu bedecken, zum Kochen zu bringen und dann noch 30 Sekunden bis 2 Minuten kochen zu lassen, je nachdem in welcher

Höhe über dem Meeresspiegel Sie wohnen. In höheren Lagen kocht das Wasser erst bei etwa 95 °, so daß Eier entsprechend länger gekocht werden müssen.

🐷 Nach der zweiten Methode gibt man das Ei vorsichtig in bereits kochendes Wasser und rechnet mit 3 bis 5 oder sogar 6 Minuten Kochzeit.

🐷 Auf beide Arten erhält man ein vorbildlich weich gekochtes Ei: das Weiße ist gestockt, das Eigelb flüssig. Essen Sie es mit Salz und Pfeffer, mit Schnittchen von gebuttertem Landbrot zum Eintunken oder mit Stangensellerie, Karotte, Paprikaschote, grünem Spargel o.ä. Manche Leute veredeln ihr Ei auch mit einem Löffelchen Kaviar oder Lachseiern. Das ist gar nicht schlecht.

Das hart gekochte Ei: dazu schauen Sie bitte auf Seite 30 nach, so kann ich mir die Wiederholung schenken.

Das Spiegelei: dafür braucht man eine kleine antihaftbeschichtete Pfanne von sehr guter Qualität und einen Deckel.

🐷 Bei mittlerer Hitze ein walnußgroßes Stück Butter in die Pfanne geben und, wenn sie anfängt zu brutzeln, das Ei hineinschlagen (ohne das Eigelb zu beschädigen). Zudecken. Beobachten. Nach 1 bis 2 Minuten ist das Weiße gestockt. Salzen, pfeffern und auf einen Teller gleiten lassen. Aufpassen, daß es nicht zu lange brät, sonst wird das Eigelb hart. Erst nach dem Garen salzen; auch dadurch könnte das Eigelb hart werden. Mit gutem frischen Brot dazu einfach ein Gedicht. Essen Sie niemals Spiegelei in einer Kneipe: es wird egal wie in die Pfanne gehauen, meistens in Erdnußöl und bei starker Hitze gebraten, was schlicht katastrophal ist.

Das Rührei – oder vielmehr die Rühreier, denn man braucht mindestens 2 pro Person – im Wasserbad.

🐷 Den Boden einer Kasserolle mit Wasser bedecken und dieses zum Kochen bringen. Eine zweite, etwas kleinere Kasserolle hineinstellen, in die Sie die mit einer Gabel verquirlten Eier und pro Person 1 EL Crème épaisse gegeben haben (das traditionelle Rezept nennt die gleiche Menge Butter; das können Sie halten, wie Sie wollen).

Rühren Sie ständig mit dem Holzlöffel um. Servieren Sie diese sämige Creme, sobald sie gestockt ist. Zu langes Garen würde die Eier zersetzen, die Konsistenz würde krümelig, und das Rührei wäre mißlungen. Zum Abschluß mit Salz, Pfeffer und Muskat abschmecken.

🐖 Sie können feine Streifen geräucherten Lachs, Streifen von Parmaschinken usw. zufügen, aber erst am Ende der Garzeit. Wenn Sie unterwegs sind, rate ich Ihnen, Rühreier nur in ausgezeichneten Hotels (zum Frühstück) oder Restaurants zu essen. Mittelmäßige Häuser pflegen dieses Gericht immer zu lang gegart, also ungenießbar, zu servieren.

Das Omelett, das Rabelais wohlwollend erwähnt, ist in den ungepflegten Restaurants, die es auf ihrer Speisekarte anbieten, meist ungenießbar.

Auch beim Omelett sollten Sie mindestens 2 Eier pro Person rechnen.

🐖 Nehmen Sie eine antihaftbeschichtete Pfanne sehr guter Qualität, die dem Volumen der Eier entspricht: das Omelett darf nicht zu dünn sein.

🐖 Schlagen Sie die Eier in eine Schüssel. Geben Sie eine Spur Milch dazu und vermengen Sie Eigelb und Eiweiß nicht zu heftig mit der Gabel.

🐖 Lassen Sie bei milder Hitze ein großes Stück Butter in der Pfanne zergehen. Wenn sie anfängt zu brutzeln, den Inhalt der Schüssel hineingeben und von Zeit zu Zeit mit einem Holzspatel die Ränder zur Mitte hinschieben: so wird das Omelett gleichmäßig gar. Erst zum Schluß salzen und pfeffern, wenn es gestockt ist. Servieren Sie das Omelett, indem Sie es aus der Pfanne auf einen Teller gleiten lassen und dabei eine Hälfte über die andere klappen.

🐖 Gut dazu passen würden etwa Frischkäse mit Pfefferminzblättchen oder sonst ein Frischkäse aus Ziegenmilch mit Schnittlauch (was ich am liebsten mag), aber auch Roquefort, Parmesan, Champignons, Schalentiere, Schinkenstreifchen, Geflügelleber oder sogar geschmorte Nieren oder gedünstetes Gemüse usw. Aber Vorsicht, nicht einfach irgend etwas: die gute Küche nimmt Rücksicht darauf, welche Geschmacksrichtungen miteinander vereinbar sind. Das möchte ich vor allem im Hinblick auf den Mann feststellen, den ich geheiratet habe und der, als wir total verliebt noch im Anfangsstadium unserer Beziehung standen, einmal für mich gekocht hat. Auf meinem Teller fand ich verkohlte rohe Zwiebeln, Eier, die dank höllischer Hitze in der Friteuse hart und krümelig geworden waren, und ein Stück *Bleu de Bresse*, das teils gefroren, teils geschmolzen schien, und das alles großzügig mit Ketchup überschwemmt. Er muß schon seltene Verführungskünste angewandt haben, die verhinderten, daß ich damals Hals über Kopf abgehauen bin. Ich blieb also und nahm das Kochen selbst in die Hand.

Es gibt viele tausend Arten, Eier zuzubereiten, und ganze Bücher sind ihnen gewidmet. Ich will Ihnen deshalb nur eine davon vorstellen, und zwar, nach all den einfachen Zubereitungsarten, die ich Ihnen genannt habe, hier mein Lieblingsrezept für die »Piperade«, die aus Spanien kommt, und die man, leicht abgewandelt, auch im Baskenland ißt.

Piperade

Sommer – für 4 Personen

 Ihr Einkaufszettel:
4 Eier
3 grüne Paprikaschoten
2 große Zwiebeln
500 g reife und feste Tomaten
1 dicke Scheibe (spanischer) Serranoschinken
oder (baskischer) Bayonneschinken
4 EL Olivenöl aus erster kalter Pressung
Salz, Pfeffer aus der Mühle

🐖 Die Paprikaschoten häuten (siehe S. 35), in Streifen schneiden.
🐖 Die Zwiebeln schälen und fein hacken, die Tomaten abziehen, entkernen und in grobe Würfel schneiden (siehe S. 27).
🐖 Den Schinken fein hacken. Der Rest geht wie von selbst. In einer großen Pfanne bei mittlerer Hitze das Öl heiß werden lassen und Zwiebeln und Paprikastreifen unter gelegentlichem Umrühren darin andünsten. Wenn sie schön weich sind, das Tomatenfleisch und den Schinken zufügen und weiterköcheln lassen, bis die Tomaten verkocht sind, was etwa 20 Minuten dauert. Ab und zu mit dem Holzlöffel umrühren.
🐖 Die Eier mit der Gabel verschlagen, der Mischung zufügen und weiterrühren, bis sie fest werden und sich alles gut vermengt hat.
🐖 Pfeffern, mit Bedacht salzen (wegen des Schinkens) und sofort auf den Tisch bringen. Die Piperade ist eine leichte Mahlzeit oder eine reichhaltige Vorspeise, auf jeden Fall aber köstlich rustikal.

Käse

Seine Entstehungszeit liegt mindestens achttausend Jahre zurück. In der Nähe von Neuchâtel hat man irdene Töpfe mit Löchern gefunden, die aus dieser Zeit stammen. Die ursprüngliche dicke Milch entstand ohne Zweifel aus Milch, die man in der Sonne stehen und dann abtropfen ließ, was auch heute noch, zum Beispiel bei den Mongolen, gebräuchlich ist. Auf diese Art hatte sich ein Mittel zum Haltbarmachen der Milch von Schafen, Ziegen und schließlich auch Kühen und Büffelkühen gefunden.

Die Frischkäse, Brousse in der Provence, Broccio in Korsika, Ricotta und Mozzarella in Italien, *leskem* im Kaukasus, Feta in Griechenland, *tauhem* in Anatolien, *Tomme fraîche* in der Auvergne, *cottage cheese* in England usw. sind Ausgangsprodukte für unzählige Rezepte; einige habe ich Ihnen schon gegeben, und Sie werden im weiteren Verlauf meiner Ausführungen noch andere kennenlernen.

Der einfache Quark oder Schichtkäse, aus dickgelegter tagesfrischer Milch, nur abgetropft, ist mit Crème épaisse, ebenfalls vom selben Tag, ein wunderbarer Nachtisch, ob leicht gesalzen und mit Schnittlauchröllchen bestreut oder mit Honig oder Zucker gesüßt. Man muß ihn genießen, wie er ist, nicht glattgerührt, so ist er viel besser.

Danach kommen die verfeinerten Käse aus Vollmilch oder entrahmter Milch, der entweder Labferment zugesetzt oder die mit Milchsäurebakterien geimpft wurde. Der Käsebruch wird abgetropft, geformt und gepreßt. Man kann Käse in drei große Kategorien einteilen: die Weichkäse, kürzer oder länger gereift, wozu man z.B. Camembert, Munsterkäse (Vogesen), Roquefort usw. zählt; die gepreßten und erhitzten Käse (halbfeste oder Schnittkäse) wie Schweizer Käse und Comté, und schließlich die Hartkäse wie Parmesan und Pecorino.

Frankreich ist der größte Käseproduzent der Welt, mit einem Volumen von mehr als einer Million Tonnen pro Jahr und mindestens dreihundertfünfundsechzig verschiedenen Sorten, von denen nur

zweiundzwanzig das Recht auf eine geschützte Herkunftsbezeichnung haben. Auch Italien ist ein bedeutendes Herstellerland. Schauen Sie genau hin, wenn es um die Qualität Ihres Käses geht. Die meisten Käse, die verkauft werden, sind pasteurisiert, also eigentlich schon tot, bevor sie überhaupt geboren werden. Suchen Sie beharrlich nach einem Käsehändler, der den Käse selber reifen läßt und vertrauenswürdig ist. Kaufen Sie niemals Käse im Supermarkt.
Gute Käse sind teuer. Sie haben ihre Jahreszeit und jeder einen speziellen Zeitpunkt, zu dem er seine höchste Reife und Qualität erreicht. Importierte Käse sind oft nur mittelmäßig, weil pasteurisiert und industriell hergestellt. Ich habe mich abfällig über die kulinarischen Gepflogenheiten der Niederländer geäußert, und dazu stehe ich. Aber während ich damals dachte, auch ihre Käse seien dementsprechend, habe ich Abbitte leisten müssen, seit ich dort Käse probiert habe, die nicht exportiert werden: uralten Gouda und alten Friesischen Nelkenkäse, den man zwischen den Fingern zerkrümeln konnte. Probieren Sie also die Käse an Ort und Stelle: die angenehmen Überraschungen, die Sie dabei erleben, werden ihre Reise um so erfreulicher gestalten. Und Sie werden zauberhafte Verbindungen kennenlernen: *blue stilton* mit Portwein, Roquefort mit einer Beurré-Hardy- oder Comice-Birne, Munsterkäse mit Kümmel, Comté mit Walnüssen, Ziegenkäse aus dem Beaujolais mit Chasselas-Trauben usw. Es sind köstliche Desserts. Aber wir sind hier, um zu kochen, und ich war wieder dabei, abzuschweifen.

In allen Ländern spielt Käse eine Rolle in der Küche.
In Griechenland ist es die »Tiropita« (siehe Seite 255), von der ich nicht genug kriegen kann. Eine Blätterteigpastete mit Feta, die man auch bei uns ganz ordentlich zubereiten kann, weil es viele griechische oder türkische Händler gibt, bei denen man Trockenfrüchte (Rosinen und Korinthen aus Smyrna, Aprikosen und Feigen aus Izmir und auch Pistazien), echten Feta und die Filoteigblätter kaufen kann, die den nordafrikanischen Brickblättern ziemlich ähnlich sind.

Tiropita

Das ganze Jahr über – für 6 Personen

Ihr Einkaufszettel:
400 g Feta
125 g Butter
50 g Mehl
¼ l Vollmilch
6 Eier
6 Filoteig- oder Brickblätter
Pfeffer, Muskat

Heizen Sie den Backofen auf 170 Grad/Gas Stufe 6 vor. Stellen Sie mit der Hälfte der Butter, dem Mehl und der Milch eine Béchamel her (siehe S. 72), die Sie zwei- bis dreimal kurz aufkochen lassen und mit Pfeffer und Muskat abschmecken.

Zerdrücken Sie den Feta mit der Gabel und vermengen Sie ihn gut mit den geschlagenen Eiern und der Béchamel. Probieren Sie und salzen Sie nach, falls nötig (sicherlich nicht; der Feta ist sehr salzig).

Lassen Sie die restliche Butter zergehen und pinseln Sie damit eine geschlossene Tortenform ein. Auch die Blätter werden auf einer Seite damit bestrichen. Legen Sie die Form mit 3 übereinander geschichteten Teigblättern aus und geben Sie die Farce mit dem Feta hinein. Bedecken Sie die Füllung mit den übrigen Blättern und schlagen Sie die überstehenden Ränder ein wie bei einer Pastete. Bepinseln Sie die oberste Schicht noch einmal mit Butter.

Die Tiropita braucht 45 Minuten im Ofen. Es ist eine Blätterteigpastete, außen schön braun und knusprig und innen schmelzend zart.

In der Form abkühlen lassen, herausnehmen und warm servieren. Die Pastete wird aufgeschnitten wie ein Kuchen. Mit grünem Salat und einem guten Schluck Retsina eine köstliche Mahlzeit.

Hier noch eine andere, etwas individualisierte Version dieser wunderbaren Blätterteigpastete. Sie ist auf die Zutaten abgestellt, die wir ständig verwenden, Sie müssen daher nicht extra zum Griechen laufen.

BÖREK

Das ganze Jahr über – nur für Sie

Ihr Einkaufszettel:
250 g Brousse oder Ricotta
30 g Butter
4-5 Brickblätter (oder Filoteigblätter)
1 Eigelb
ein paar Stengel glatte Petersilie
Pfeffer aus der Mühle

Heizen Sie Ihren Backofen auf 170 Grad/Gas Stufe 6 vor. Lassen Sie die Butter zergehen und pinseln Sie damit ein kleines Blech oder den Boden einer Gratinform aus. Bestreichen Sie auch die Teigblätter, die Sie vom Papier abgelöst haben, mit der Butter.

Zerkrümeln Sie den Frischkäse und vermengen Sie ihn mit dem Eigelb und reichlich Pfeffer. Teilen Sie die Füllung in zwei Hälften. Die erste lassen Sie natur, während Sie an die zweite 1 EL fein gewiegte Petersilie geben, die Sie gut damit verkneten. Setzen Sie einen gehäuften Eßlöffel voll von der einen oder der anderen Füllung an den gebogenen Rand eines jeden Blatts, rollen Sie es nicht zu fest auf (der Teig dehnt sich aus) und schlagen Sie die Enden um wie bei einem Paket. Auf das Blech oder in die Form legen und mit der zerlassenen Butter bepinseln.

20 Minuten im Ofen backen. Das Ergebnis ist goldbraun, knusprig und sehr appetitlich. Mit einem Salat dazu ein beneidenswertes Junggesellenessen.

Hier zwei weitere Vorschläge für eine Füllung, in der Reste verwertet werden können:
Wenn Sie von einer Lammkeule oder -schulter noch Fleisch übrig haben (ungefähr 100 g), hacken Sie es fein, würzen Sie es mit einer kleinen gehackten Zwiebel, 1 Eßlöffel fein gewiegter Petersilie und vermengen Sie es mit der gleichen Menge Brousse oder Ricotta, einem Eigelb und Pfeffer. Und wenn Sie auch noch einen Rest Spinat mit Butter finden (auch etwa 100 g), hacken Sie ihn und vermengen Sie ihn mit der gleichen Menge Frischkäse, 1 EL geriebenem Parmesan, einem Eigelb und, wie immer, Pfeffer. Portionsweise in fertig gekaufte, gebutterte Teigblätter hüllen und backen, wie auf Seite 258 beschrieben. Es gibt unzählige Wege, die zum Börek führen, nutzen Sie also die Möglichkeiten, um Abwechslung in ihren Küchenzettel zu bringen.

Nun sind wir schon unversehens beim Gebäck angelangt, das heißt, beim Teig und beim Backen. Diesen Teig haben Sie fertig gekauft, und zwar in seiner ursprünglichen Form (Mehl und Wasser). Jetzt werden Sie lernen, wie Sie ihn reichhaltiger und raffinierter machen können, damit Sie sich an die kleinen Wunderwerke wagen können, die man mit Eiern und Käse herstellen kann. Zunächst also die »Goyère von den drei Brunnen«. Sie kommt aus Nordfrankreich, wo die Leute, die *ch'timi*, nicht reich, dafür aber gastfreundlich und großzügig sind.

GOYÈRE VON DEN DREI BRUNNEN

Das ganze Jahr über – für 6 Personen

 Ihr Einkaufszettel:

Für den Teig:

200 g Mehl
1 ordentliche Prise Salz
100 g kalte Butter
1 Ei

Für den Belag:

500 g Quark (mit hohem Fettgehalt)
¼ von einem reifen Maroilles (ein wunderbarer Käse aus Nordfrankreich)
2 EL Crème épaisse
3 Eier
15 g Mehl
50 g Schweizer Käse
feines Salz, Pfeffer aus der Mühle

Legen Sie am Morgen den Quark für das Abendessen zum Abtropfen in ein feines Spitzsieb und bereiten Sie gleich auch den Teig zu. Dazu geben Sie Mehl und Salz in eine große Schüssel, und geben auch die in ganz kleine Stückchen geschnittene Butter dazu.

Schlagen Sie das Ei auf und reiben Sie alles mit den Fingerspitzen zusammen.

🐖 Sobald alles glatt vermengt ist, formen Sie den Teig zu einer Kugel, schlagen ihn in ein Stück Frischhaltefolie (auf keinen Fall Alufolie – der Teig würde schwarz) ein und legen ihn ins Gemüsefach des Kühlschranks. So, jetzt wissen Sie schon, wie man einen Mürbeteig macht und kriegen sich vor Staunen nicht mehr ein.

🐖 2 Stunden vor der Mahlzeit nehmen Sie den Teig aus dem Kühlschrank und legen ihn in eine Springform. Bewilligen Sie sich ein Bier und nehmen Sie Ihren Zola wieder mal zur Hand. Oder lesen Sie den Bericht, den Victor Hugo über das Elend der Arbeiter von Lille geschrieben hat.

🐖 1 Stunde später reiben Sie den Schweizer Käse und schalten den Backofen ein (220 Grad/Gas Stufe 7). Drücken Sie den Teig in die Form und bilden Sie einen Rand. Der Boden wird mit der Gabel mehrmals eingestochen. Stellen Sie die Form mit dem Teig in den Kühlschrank, während Sie den Belag zubereiten.

🐖 In einer Schüssel werden der Quark, der entrindete und in kleine Würfel geschnittene Maroilles, die Crème épaisse, die Eigelbe, das Mehl und etwas Salz miteinander vermengt. Mahlen Sie frischen Pfeffer darüber. Schlagen Sie die Eiweiße zu festem Schnee und vermengen Sie 1 gehäuften Eßlöffel davon kräftig mit der Masse, damit sie weniger kompakt ist. Dann den restlichen Eischnee vorsichtig unterziehen, immer von unten nach oben, damit sie nicht zerstört wird. Auf den Teigboden gießen, mit dem geriebenen Schweizer Käse bestreuen und in den Ofen schieben.

🐖 45 Minuten später haben Sie einen der leckersten Kuchen vor sich. Sie öffnen den Springrand, nehmen ihn aus der Form und verzehren ihn sofort und *presto* begleitet von einem schönen grünen, mit Cidre-Essig und Walnußöl angemachten Salat. Und dann verstehen Sie auch, was mit den drei Brunnen gemeint ist: es sind die drei Käse Ihrer Goyère.

Mit der »Mangoldpastete Nizza« sind wir wieder in der Stadt angekommen, die für ihre Promenaden, ihre alten Hotelpaläste und ihre Rentner berühmt ist. Was ich an Nizza besonders liebe, ist sein Herz, der alte Markt, dessen intensive Gerüche nach Salzlake, Oliven, Kräutern, Würstchen und, alles andere überlagernd, diesem aus Kichererbsenmehl hergestellten Fettgebäck, das man *chichi fregi* nennt, über den engen, gewundenen Gäßchen liegen. Dazu der Duft der köstlichsten kandierten Früchte vom besten Confiseur der Welt; und schließlich der von Terra Amata, wo der Cro-Magnon-Mensch schon im höher und kühler gelegenen Teil der Stadt lebte. Die Mangoldpastete hat nichts mit der Küche der Altsteinzeit zu tun, aber sie müßte wenigstens einer mittelalterlichen Zubereitung ziemlich nahe kommen, und zwar dadurch, daß sich hier Salziges mit Süßem verbindet, daß ein Gemüse verwendet wird, das damals weit verbreitet war und daß es im Teig gegart wird, Dinge, die unwillkürlich an das Zeitalter erinnern, das so dunkel vielleicht nicht war, da man – zumindest die Reichen – so überaus erfreuliche Genüsse kannte.

Mangoldpastete Nizza

Von Herbst bis Winter – für 6 bis 8 Personen

 Ihr Einkaufszettel:

Für den Teig:

500 g Mehl (plus 100 g für die Arbeitsplatte)
1 TL Salz, 100 g Zucker
200 g weiche Butter
2 Eier

Für die Füllung:

1,5 kg junger Mangold, mit nicht zu großen Blättern, schön grün, die Rippen schön weiß
100 g Smyrna-Rosinen
1 kleines Glas Tresterschnaps

4 mittelgroße Renetten
2 Eier
100 g Pinienkerne
2 EL Johannisbeergelee
120 g brauner Zucker
1 EL Olivenöl aus erster Pressung
50 g Parmesan
Pfeffer aus der Mühle, Puderzucker

🐖 Machen Sie 3 Stunden vor der Mahlzeit den Teig fertig. Dazu geben Sie das Mehl in eine große Schüssel, fügen Salz und Zucker hinzu, die weiche Butter und die mit der Gabel verschlagenen Eier. So wenig wie möglich kneten und eine Kugel formen, sobald alles miteinander vermengt ist. Lassen Sie den Teig bei Zimmertemperatur 1 Stunde ruhen. Weichen Sie die Rosinen im Tresterschnaps ein.

🐖 Ruhen Sie sich aus. Machen Sie sich ein Brot mit Marmelade aus kandierten Mandarinen oder essen Sie ein paar Feigen mit Kräutern, beides sind Spezialitäten aus Nizza. Schauen Sie in ein Buch von Michel Butor, dem Schriftsteller, der hier beheimatet ist.

🐖 Putzen Sie den Mangold, von dem Sie nur das Grüne verwenden. Die Blätter waschen, mit einem Tuch trockentupfen und in feine Streifen schneiden. Schälen Sie die Äpfel. Die Kerngehäuse herausnehmen, vierteln. Schneiden Sie jedes Viertel in feine Scheibchen.

🐖 Heizen Sie den Backofen auf 170 Grad/Gas Stufe 6 vor. Geben Sie die Mangoldblätter und die Apfelscheiben in eine große Salatschüssel, fügen Sie die verschlagenen Eier, die Rosinen mit dem Tresterschnaps, die Pinienkerne, das Johannisbeergelee, den braunen Zucker, das Öl, den geriebenen Parmesan und viel Pfeffer hinzu. Gehen Sie mit beiden Händen hinein, alles muß gut vermengt werden.

🐖 Waschen Sie sich die Hände. Geben Sie 50 g Mehl in ein feines Sieb und bestreuen Sie Ihr Backbrett oder einen Tisch gleichmäßig damit. Legen Sie zwei Drittel des Teigs, der schon eine ganze Weile geruht hat, darauf. Walzen Sie ihn mit einer Flasche flach (man nennt das ausrollen), und zwar so, daß er mit einer Zugabe für den Rand den Durchmesser Ihrer großen Tortenform erreicht. Nicht nervös werden, wenn der Teig anklebt; bestreuen Sie ihn mit etwas Mehl. Nehmen Sie den ausgerollten Teig mit einem breiten Wender auf und legen Sie ihn mit der bemehlten Seite nach unten in die Form. Sacht hineindrücken, er läßt sich gut einpassen. Schneiden Sie mit dem Messer ab, was übersteht, und legen Sie es zum letzten Drittel des Teigs, das Sie zurückbehalten.

🐖 Verteilen Sie den gesamten Belag auf dem Teig. Jetzt brauchen Sie wieder ein bißchen Mehl, um den restlichen Teig auf die Größe der Form auszurollen, diesmal ohne Rand. Setzen Sie diesen Deckel auf den Belag und schlagen Sie ein, was übersteht. Na also, jetzt haben Sie sogar eine Pastete fabriziert (einen Kuchen, dessen Belag zwischen zwei Teigschichten eingeschlossen ist, im Gegensatz zur Torte, wo der Teig nur den Boden bildet). Sie sind echt überwältigt.

🐖 Schieben Sie sie in den Ofen, nachdem Sie den Deckel mit einem kleinen Messer mehrfach eingestochen haben. Nach 50 Minuten ist die Pastete wunderbar braun und einfach vollkommen.

🐖 Sie wird noch warm gestürzt: Legen Sie einen großen Teller darauf, den Sie gut festhalten. Jetzt das Ganze wieder umdrehen, und die Pastete vom Teller direkt auf die Servierplatte stürzen. Durch ein feines Sieb mit Puderzucker überstäubt wird sie auf den Tisch gebracht. Ein schweres Essen, aber von unglaublicher Zartheit und Milde, und es gleicht in nichts dem, was wir sonst kennen. Auch kalt schmeckt die Mangoldpastete wunderbar.

Die weißen Stiele vom Mangold sind, abgezogen und in Streifen geschnitten, 2 Minuten in kochendem, gesalzenen Wasser blanchiert und dann in Butter geschmort, eine ausgezeichnete Beilage für Fleisch oder Fisch vom Grill. Sie können auch ein Gratin daraus machen, indem Sie sie wie Karden (siehe Seite 73) verarbeiten.

Unsere Exkursion ins Reich der Landtiere ist damit beendet, und Sie sind dabei selbst (fast) schon zum Koch geworden. Ihr neuer Status macht Sie großzügig, Sie sind neugieriger und sinnlicher geworden, und Sie wissen jetzt, daß die Geschichte der Kochkunst ein Teil unserer Geschichte überhaupt ist. Darüber freue ich mich.
Um die beneidenswerte Qualität eines wahrhaftigen Kochkünstlers zu erreichen, müssen Sie nur noch einen allerletzten Einführungsritus durchlaufen.

DAS REINE VERGNÜGEN

Desserts aus Früchten
oder
von der Natur zur Kultur

Süßspeisen
oder
die Kultur des Zarten

Selbstgebackene Kuchen
oder
die Höhepunkte der Verbindung von Fett und Zucker

Am Anfang waren die Tiere Menschen, die sich ausschließlich von Bienenhonig ernährten, erzählt eine Legende aus Amazonien, von der Claude Lévi-Strauss im zweiten Band seiner »Mythologica« (deren Lektüre ich Ihnen wärmstens empfehle, wenn Sie etwas über den Übergang von Natur in Kultur und damit über die Geschichte der Kochkunst erfahren wollen) berichtet.

Das Milde und Süße lieben wir schon von Anfang an. Es ist der einzige Geschmack, außer dem von Muttermilch, den Neugeborene erkennen und der ihnen sofort, ohne daß sie es lernen müßten, Befriedigung verschafft. So war der Honig, der in den frühzeitlichen Wäldern gesammelt wurde, die Nahrung der Götter, das heißt eine Nahrung, die dem Entzücken, nicht dem Überleben diente.

So intensiv, wie sie unserem Vergnügen gewidmet sind, gehören unsere modernen Desserts in den rein sinnlichen Bereich unseres Handwerks. Man kann darauf verzichten und sich mit dem Notwendigen begnügen: die Diätpolizisten sehen unsere Ernährung sowieso nur als Verbindung von Proteinen, Kohlehydraten, Fetten, Vitaminen, Mineralien, Aminosäuren usw. Das ist sicher gut für die Gesundheit, aber auch ziemlich traurig. Wenn Sie Desserts essen, befriedigen Sie damit nicht nur eine legitime Sinnlichkeit, sondern Sie verteidigen das, was die Kultur uns an Unschätzbarem schenkt: das Überflüssige, das Unnötige, das, was als genausowenig rentabel zu veranschlagen ist wie eine geistreiche Bemerkung.

Desserts aus Früchten

oder von der Natur zur Kultur

Die ersten Süßigkeiten waren der Honig, der gesammelt, und die Früchte, die gepflückt wurden. Essen Sie nur das Obst, das die Jahreszeit bietet, verkneifen Sie es sich, im Winter Erdbeeren oder Kirschen zu kaufen und im Sommer Äpfel; Sie werden doch nur bitter enttäuscht. Es gibt allerdings eine Ausnahme: das sind die exotischen Früchte, die man jetzt das ganze Jahr über bei guten Obst- und Gemüsehändlern finden kann. Reif gepflückt, eingeflogen und köstlich. Nichts schmeckt so herrlich wie reife Früchte, die weich und aromatisch sind und die ich oft zum Nachtisch esse. Was mich nicht hindert, sie auch in gewisser Weise zuzubereiten, um der Natur etwas nachzuhelfen. So werden Sie, wenn auch die Mai-Erdbeeren voll wunderbarer, schmelzender Süße sind, ganz gleich ob natur oder mit Sahne, etwas später andere Sorten finden, die es zur gleichen Zeit gibt wie Himbeeren und Johannisbeeren. Das ist dann der Moment, sich ein rohes Dessert zu genehmigen, das ganz einfach, aber vollkommen ist:

Suppe aus drei roten Früchten
Juli bis September – für 4 Personen

 Ihr Einkaufszettel:
500 g rote Johannisbeeren (es gibt auch weiße)
250 g schön reife, aromatische Erdbeeren
250 g Himbeeren
100 g Zucker

🍓 Die Johannisbeeren im Sieb waschen, abtropfen lassen und abzupfen: dafür den Stiel der Traube mit der linken Hand festhalten und die Beeren mit der Gabel abstreifen. Es geht ganz schnell. Die Beeren in den Mixer geben und pürieren. Das Johannisbeerpüree über einer Schüssel mit einem Holzlöffel durch ein feines Sieb streichen. Rühren, bis der ganze Saft durchgelaufen ist und in dem feinen Gitter nur noch Häute und Kerne hängen. Sie können die Johannisbeeren auch durch die Scheibe mit den feinen Löchern der Passiermaschine treiben, wobei die Häute und Kerne ebenfalls zurückgehalten werden. Den lebhaft rot gefärbten, dickflüssigen Saft mit dem Zucker süßen.

🍓 Die Erdbeeren schnell unter fließend kaltem Wasser waschen, gut abtropfen lassen, die Stengel abzupfen (immer erst nach dem Waschen, damit die Früchte nicht an Aroma verlieren). Der Länge nach halbieren oder auch vierteln, wenn sie groß sind. In die Schüssel geben.

🍓 Die Himbeeren werden nicht gewaschen, aber man sollte darauf achten, daß sie keine Stengel mehr haben. Auch in die Schüssel geben.

🍓 Alles behutsam miteinander vermengen. Bis zum Servieren kalt stellen. Ein leichtes, köstlich schmeckendes Dessert, das nach Sommer duftet.

»**Suppe aus vier roten Früchten**« ist kaum komplizierter in der Zubereitung. Sie müssen sich nur zusätzlich ein kleines Gerät zulegen: einen Kirschenentsteiner. Im Haushaltwarengeschäft kennt man den Artikel.

SUPPE AUS VIER ROTEN FRÜCHTEN
Juli bis August – für 4 Personen

 Ihr Einkaufszettel:
300 g Erdbeeren
250 g rote Johannisbeeren
250 g Kirschen (Burlat, Herzkirschen oder auch
große schwarze Kirschen)
250 g Himbeeren
100 g Zucker
2 EL Kirschwasser

Die vier roten Früchte, aus denen übrigens eine meiner Lieblingskonfitüren besteht, gibt es nicht lange zur gleichen Zeit. Sie sollten die Gelegenheit nutzen.

🍓 Die Erdbeeren waschen und abtropfen lassen, die Stiele abzupfen. Die Erdbeeren im Mixer pürieren. Anschließend über einer Schüssel durch ein feines Sieb streichen. Mit dem Holzlöffel so lange rühren, bis nur noch Körnchen im Sieb hängen. Den Zucker und das Kirschwasser unter den durchgeseihten Saft mengen.

🍓 Die Johannisbeeren waschen und abzupfen, wie auf Seite 268 beschrieben. Auch die Kirschen waschen. Mit Hilfe Ihrer neuesten Erwerbung entsteinen. Darauf achten, daß die Himbeeren keine Stiele mehr haben.

🍓 Alle Früchte in die Schüssel geben, vorsichtig umrühren und gut gekühlt und durchgezogen frühestens nach 2 und spätestens nach 3 Stunden servieren. Wenn Sie echte Genießer sind, werden Sie dieses duftende Wunder mit Crème épaisse oder einem Vanilleeis bester Qualität zu sich nehmen. Aber das muß eigentlich nicht sein.

Glauben Sie nur nicht, der Winter würde Sie aller Genüsse berauben. Auch mit seinen bescheidenen Früchten kann man bestechend einfache und köstliche Desserts zaubern. Wie zum Beispiel: »Apfelmus«. Es kann die erfreulichste oder die trübseligste Sache der Welt sein (denken Sie nur mal an die trostlosen Konserven). Hier zeige ich Ihnen, wie man das erfreulichste Ergebnis erzielt:

Apfelmus

Herbst – Winter – für vier Personen

 Ihr Einkaufszettel:
1 kg Cox Orange oder Boskop (brechen Sie definitiv jede Beziehung,
ob roh oder gekocht, zu Ersatzlösungen mit Kleenex-Geschmack
wie Golden Delicious und Granny Smith ab,
die man überall bekommt)
100 g brauner Rohrzucker oder aromatischer Honig wie
Thymian- oder Rosmarinhonig
1 große Zimtstange
1 unbehandelte Zitrone

Die Äpfel mit dem Sparschäler schälen, vierteln und die Kerngehäuse entfernen.

🍎 Die Apfelschnitze mit einem Becher Wasser, dem braunen Zucker oder dem Honig, dem Zimt und der Schale der halben Zitrone (gewaschen und mit dem Sparschäler abgeschält) in eine Kasserolle geben.

🍎 Bei mittlerer Hitze im offenen Topf zum Kochen bringen und unter gelegentlichem Umrühren kochen, bis die Äpfel so weich sind, daß sie zerfallen, was nach 10 bis 15 Minuten der Fall ist.

🍎 Nehmen Sie die Zimtstange und die Zitronenschale heraus. Drücken Sie die letzten, noch Widerstand leistenden Früchte mit dem Löffelrücken gegen die Topfwand. So bekommen Sie ein Püree mit kleinen Apfelstückchen, das Sie noch einmal abschmecken, wenn es lauwarm oder vollständig abgekühlt ist.

🍎 So, wie es ist oder mit Crème épaisse ergänzt, ist dieses Apfelmus ein kleines Alltagsglück.

Im Sommer können Sie aus vollreifen Aprikosen mit nichts weiter als Zucker oder Honig und Wasser auf die gleiche Art ein wunderbares Püree machen. Es erreicht den Zustand der Vollkommenheit, wenn Sie es mit Mandelblättchen oder Pinienkernen bestreuen. Im Herbst werden die Zwetschgen Sie begeistern: entsteinte Früchte, Zucker, Wasser. Überpudern Sie das noch heiße Zwetschgenpüree in der Servierschale mit einer dicken Schicht Zimt, die sein Aroma wunderbar unterstreicht. Sie kennen den Ruf dieses Gewürzes als Aphrodisiakum. Wie auch immer – eine gute Küche fördert die Bereitschaft zur Liebe!

P.S. Wenn Sie Karamelisiertes mögen, kochen Sie dieses Püree nur mit der Hälfte Wasser, sie müssen dann nur aufpassen und öfter umrühren, bis es eben karamelisiert. Ich bin darauf gekommen, als ich die Kasserolle mit Zwetschgen auf dem Herd vergessen hatte.

Wir bleiben noch ein wenig im Bereich der einfach herzustellenden sinnlichen Genüsse mit den »Backpflaumen in Portwein«, die sich zu »Backpflaumen in Wein« etwa so verhalten wie der Palast zur Hütte.

Backpflaumen in Portwein
Das ganze Jahr über – für 4 Personen

Ihr Einkaufszettel (2 Tage vor der Mahlzeit):
etwa 40 große Backpflaumen mit Kern, schön weich
½ l roter Portwein sehr guter Herkunft
(es muß aber kein Jahrgangswein sein)
½ l Bordeaux sehr guter Qualität
1 Bourbon-Vanillestange

🍒 Die Steine, die zur Entfaltung des Aromas beitragen, nicht entfernen. Die Früchte werden über Nacht, zugedeckt und bei Zimmertemperatur, in Portwein eingeweicht.

🍒 Am nächsten Tag 10 Minuten bei schwacher Hitze, vom ersten Aufwallen an gerechnet, mit den übrigen Zutaten zusammen offen kochen lassen (die Vanillestange wird zuvor der Länge nach aufgeschlitzt).

🍒 Zum Abkühlen in eine Schüssel geben. Dann noch eine Nacht bei Zimmertemperatur, diesmal zugedeckt, stehen lassen.

🍒 Und das war's schon. Gut gekühlt servieren, und es schmeckt einfach himmlisch. Mit schön gekühlter Crème épaisse genossen, könnten Sie geradewegs in Ekstase geraten.

Ein altes Rezept, das vermutlich auf die Renaissance zurückgeht,
da man bereits damals diese Geschmackskombination liebte:

BIRNEN IN ROTWEIN
Herbst bis Winter – für 4 Personen

🪴 *Ihr Einkaufszettel (2 Tage vor dem Essen):*
4 Birnen (Comice oder Butterbirnen, vergessen Sie Williams Christ oder Bergamotte, die meist enttäuschen)
1 Flasche exzellenter Rotwein, z. B. ein Burgunder
1 Zimtstange, 2 Nelken
ein paar Pfefferkörner
etwas abgeriebene Muskatnuß
1 Bourbon-Vanillestange
1 unbehandelte Zitrone
100 g Zucker

🍐 Gießen Sie den Wein in eine Kasserolle, in die die ganzen Birnen gerade hineinpassen (vorher ausmessen). Fügen Sie die Gewürze zu, die der Länge nach aufgeschnittene Vanillestange (es sind die feinen Körnchen, die das Aroma abgeben), die mit dem Sparschäler abgenommene Zitronenschale und den Zucker. Zum Kochen bringen.

🍐 Die mit dem Sparschäler geschälten Birnen – die Stiele bleiben dran – werden aufrecht, mit dem Stiel nach oben, in den kochenden Wein gesetzt. Decken Sie den Topf nicht zu. Lassen Sie die Birnen 40 Minuten schwach kochen. Sie müssen schmelzend weich werden.

🍐 Im Sirup abkühlen lassen, dann in eine Schüssel geben. Warten Sie bis zum nächsten Tag, damit die Aromen Zeit haben, sich untereinander auszutauschen. Eine köstliche Abwandlung, etwas schärfer gewürzt, besteht darin, daß Sie die Vanille durch ein Stückchen geschälten und in Scheibchen geschnittenen frischen Ingwer ersetzen.

Früchte liefern den Vorwand für alle möglichen Werke der Backkunst. Nehmen Sie das abgestumpfteste Individuum, den absoluten Küchenmuffel, den ignorantesten seiner Spezies: sobald Sie von Torten sprechen, erhellt ein Aufleuchten seine trübe Miene. Ihnen selbst bleiben die Freuden des Knetens vorbehalten, die Hände voll Butter und gesiebtem Mehl, die berauschenden Düfte des gebackenen Teigs, die geheimnisvolle Alchimie in der Abgeschlossenheit des Backofens. Sie möchten all das nie mehr missen. Wir wollen mit dem »Crumble oder Krümelkuchen« beginnen, der aus Albion kommt, wo man sich aufs Kuchenbacken versteht.

CRUMBLE ODER KRÜMELKUCHEN
Das ganze Jahr über – für 2 bis 6 Personen
(oder vielleicht auch nur für zwei, z. B. Sie und Ihre Nichte)

 Ihr Einkaufszettel:
100 g feiner Zucker
125 g Kristallzucker
125 g Mehl
125 g kalte Butter

Im Sommer:

250 g rote und 250 g schwarze Johannisbeeren
(meine Lieblingsmischung)
oder die gleiche Menge Johannisbeeren
und Himbeeren o. ä.

Im Winter:

2 Renetten
2 Birnen (Comice oder Butterbirnen)
1 Nelke
das Mark einer Bourbon-Vanillestange
1 TL Zimt
1 kleine Handvoll Mandelblättchen
Zum Servieren: 1 Becher Crème épaisse

🍓 Entscheiden Sie sich für eine möglichst hübsche Gratinform, weil der Kuchen darin serviert wird. Heizen Sie den Ofen auf 170 Grad/Gas Stufe 6 vor.

🍓 Die roten und schwarzen Beerenträubchen waschen, abtropfen lassen und die Beeren abstreifen, was Sie schon können (siehe S. 268). Oder gegebenenfalls die Birnen und Äpfel schälen und in Würfel schneiden, nachdem Sie die Kerngehäuse entfernt haben. Mit den Mandelblättchen vermengen.

🍓 Die Früchte in eine Schüssel geben und gleichmäßig mit dem feinen Zucker bestreuen. Fügen Sie – falls sie gebraucht werden – die Gewürze zu und vermengen Sie alles miteinander.

🍓 Stellen Sie jetzt den *Crumble* her (von *to crumble*: zerkrümeln). Geben Sie den Kristallzucker, das Mehl und die in sehr kleine Stückchen geschnittene Butter in eine Schüssel und reiben Sie die Zutaten mit den Fingerspitzen zusammen, bis Sie eine Art grobkörnigen Sand bzw. Streusel bekommen.

🍓 Verteilen Sie diese Mischung über die Früchte, die ganz damit bedeckt werden müssen. 45 Minuten im Ofen backen, dann ist die Kruste goldbraun.

🍓 Bringen Sie den Crumble lauwarm mit kalter Crème épaisse auf den Tisch. Man könnte vor Wonne vergehen. Die Engländer, die sonst in der Küche nichts Besonderes geleistet haben, sind hier über sich selbst hinausgewachsen.

Die Erdbeertorte ist ein großer Klassiker des Sommers.
Von ihr existieren ungezählte Varianten, aber hier ist die, die ich am liebsten mag:

ERDBEERTORTE

Sommer – für 4 bis 6 Personen

 Ihr Einkaufszettel:

Für den Teig:
200 g Mehl
1 große Prise Salz
100 g kalte Butter
1 Ei
1 EL Zucker

Zum Belegen:
1 kg schöne reife Erdbeeren, fest und aromatisch
200 g Johannisbeergelee sehr guter Qualität
1 Zitrone

🍓 Bereiten Sie zuerst den Mürbeteig zu (siehe S. 260), den Sie zu einer Kugel formen und in Frischhaltefolie eingeschlagen mindestens 2 Stunden im Gemüsefach des Kühlschranks ruhen lassen.

🍓 2 Stunden vor dem Essen den Teig aus dem Kühlschrank holen und bei Zimmertemperatur stehen lassen. Ausrollen und eine Springform damit auslegen. Wieder in den Kühlschrank stellen.

🍓 Heizen Sie den Backofen 15 Minuten auf 220 Grad/Gas Stufe 7 vor. Stechen Sie den Kuchenboden mit einer Gabel mehrmals ein. 25 bis 30 Minuten backen, er soll goldgelb werden.

🍓 Abkühlen lassen, dann den Springrand öffnen und den Tortenboden auf einen Kuchenteller legen.

🍓 Waschen Sie die Erdbeeren schnell unter fließendem kalten Wasser. Abtupfen und die Stiele entfernen. Verteilen Sie die Erdbeeren kreisförmig, vom Rand her beginnend, auf dem Tortenboden. Das sieht sehr hübsch aus.

🍓 Pressen Sie eine halbe Zitrone aus und geben Sie den Saft mit dem Johannisbeergelee in eine kleine Kasserolle. Bei schwacher Hitze erwärmen, bis es flüssig wird. Glattrühren und gleichmäßig über die Erdbeeren verteilen, deren Rot dadurch einen lebhaften Glanz erhält. Probieren Sie die Torte, ohne lange zu warten, noch warm, solange der Teig schön knusprig ist. Eine unkomplizierte, leckere Sache.

Wenn der Sommer etwas weiter fortgeschritten ist, können Sie sich mit einer »Brombeer-Heidelbeertorte« etwas Gutes tun. Sie ist kaum komplizierter als die Erdbeertorte, hat aber den Geschmack von Wildfrüchten.

BROMBEER-HEIDELBEERTORTE

Ende des Sommers bis Anfang Herbst – für 6 Personen

 Ihr Einkaufszettel:

Für den Teig:

125 g zimmerwarme Butter
60 g Zucker
1 große Prise Salz
1 Ei
50 g gemahlene Mandeln
200 g Mehl

Zum Belegen:

100 g trockene Mandelmakronen sehr guter Qualität
250 g Brombeeren
250 g Heidelbeeren
2 Eier
100 g Zucker
100 ml Sahne

🍓 Bereiten Sie zuerst den Teig zu, der in Klarsichtfolie eingeschlagen mindestens 2 Stunden im Kühlschrank liegen soll, das wissen Sie ja. Es ist ein süßer Teig, der sich ein wenig vom Mürbeteig unterscheidet, aber genauso leicht herzustellen ist. Geben Sie die weiche Butter, den Zucker und das Salz in eine Schüssel. Rühren Sie alles etwa 1 Minute lang mit dem Holzlöffel kräftig durch. Fügen Sie das Ei hinzu und rühren Sie weiter. Geben Sie dann die gemahlenen Mandeln und das gesiebte Mehl zu und vermengen Sie alles mit den Fingerspitzen, ohne zuviel zu kneten. Den Teig zur Kugel formen und in den Kühlschrank stellen.

🍓 2 Stunden vor der Zubereitung herausnehmen und in eine Springform legen. Sie haben noch 2 Stunden Zeit, einer anderen Arbeit nachzugehen oder sich auszuruhen.

🍓 Heizen Sie den Ofen vor (220 Grad/Gas Stufe 7). Legen Sie Boden und Rand der Form mit dem Teig aus, stechen sie den Boden mit einer Gabel mehrfach ein und stellen Sie die Form wieder kalt.

🍓 Zerkrümeln Sie die Makronen. Vergewissern Sie sich, daß an den Brombeeren keine Stiele mehr sind.

🍓 Schlagen Sie die Eier und den Zucker mit dem Handrührgerät, bis eine hellgelbe Schaumcreme entsteht. Fügen Sie die Sahne zu und rühren Sie mit dem Holzlöffel weiter. Verteilen Sie die Makronenbrösel auf dem Tortenboden und geben Sie darauf die Brombeeren und die Heidelbeeren. In den Ofen schieben und 15 Minuten backen.

🍓 Nehmen Sie dann die Springform heraus (Vorsicht, heiß!), rühren Sie die Creme noch einmal durch und gießen Sie sie über das Obst. Noch einmal für 25 Minuten in den Ofen schieben. Genießen Sie die Torte, solange sie noch warm ist: alle Torten schmecken dann am besten. Kurz vor dem Servieren können Sie durch ein Sieb Puderzucker darüberstreuen. Wie frisch gefallener Schnee auf dunklen Waldfrüchten sieht es dann aus.

In der Auslage des Obst- und Gemüsehändlers finden wir im Herbst köstliche Früchte, unter anderem auch Pflaumen, von denen es erstaunlich viele Sorten gibt. Was ich Ihnen nicht warm genug empfehlen kann, ist der »Zwetschgenkuchen« einer meiner Favoriten, die man leider nur einen Monat lang haben kann. Ein Grund mehr, sich darauf zu stürzen.

ZWETSCHGENKUCHEN

Herbst – für 4 Personen
(normalerweise für 6, aber ich weiß ja, daß Sie
doch nicht widerstehen können).

 Ihr Einkaufszettel:

Für den Teig:

200 g Mehl
1 EL Zucker
1 große Prise Salz
100 g kalte Butter
1 Ei

Zum Belegen:

1 kg reife Zwetschgen
100 g Zucker
1 EL gemahlener Zimt

🍑 Wie man einen Mürbeteig macht, brauche ich nicht zu wiederholen (siehe S. 260). Die Hauptarbeit besteht darin, die Zwetschgen vorzubereiten: also waschen, abtropfen lassen, der Länge nach in der Furche aufschneiden, den Stein entfernen und jede Hälfte noch einmal halbieren, auch wieder der Länge nach. Holen Sie sich einen guten Freund dazu, dann merken Sie gar nicht, wie die Zeit vergeht.

🍑 Heizen Sie den Ofen vor (220 Grad/Gas Stufe 7). Legen Sie die Form mit dem Teig aus. Den Boden mit einer Gabel einstechen. Belegen Sie ihn kreisförmig vom Rand her beginnend und leicht überlappend mit den Zwetschgenvierteln (Hautseite nach unten). Es dauert ein bißchen, aber das Resultat ist ästhetisch sehr ansprechend, weil es ordentlich und stachelig zugleich aussieht.

🌺 Der Kuchen braucht 35 Minuten im Ofen. Nehmen Sie ihn noch heiß aus der Form und bestreuen Sie ihn (durch ein Sieb) mit der Mischung aus Zucker und Zimt.

🌺 Servieren Sie ihn noch heiß mit einem Zimteis, das Sie beim besten Eiskonditor gekauft haben. Geradezu fürstlich. Aber mit Vanilleeis auch nicht schlecht.

P.S. Lassen Sie diesen Kuchen nie lange stehen: die Zwetschgen ziehen Saft, der den Teig aufweicht, und dann ist alles dahin.

Auch der Winter hat sein Gutes, und er hält etwas für Sie bereit, das Sie den Rauhreif vergessen läßt, nämlich die

ORANGEN- ODER ZITRONENTORTE
Winter – für 4 bis 6 Personen

 Ihr Einkaufszettel:

Für den Teig:

200 g Mehl
100 g kalte Butter
1 EL Zucker, 1 große Prise Salz
½ Glas Wasser (haben Sie)

Für den Belag:

2 Eier
75 g Butter
2 unbehandelte Orangen oder Zitronen
200 g Zucker

🍓 Bereiten Sie den gewohnten Mürbeteig zu (siehe S. 260), mit dem einen Unterschied, daß Sie das Ei durch Wasser ersetzen. Sie stellen ihn kalt, legen ihn 2 Stunden vor der Mahlzeit in die Form und lassen ihn 1 Stunde ruhen (ich frage mich, warum ich es noch mal sage, nachdem ich es schon so oft wiederholt habe; ist es ein Zeichen der Unsicherheit? der Verkalkung? des absoluten Mißtrauens Ihnen gegenüber? Verzeihung!).

🍓 Heizen Sie den Backofen vor (170 Grad/Gas Stufe 6). Legen Sie die Form mit dem Teig aus und stechen Sie den Boden mit der Gabel ein. Stellen Sie den Belag her: Lassen Sie die Butter bei sehr schwacher Hitze zergehen. Schlagen Sie die Eier und den Zucker mit dem Handrührgerät zu einer weißlichen Schaummasse. Waschen Sie die Früchte und ziehen Sie von einer der beiden mit dem Zestenreißer die Schale ab. Beide auspressen. Vermengen Sie die geschlagenen Eier mit dem Saft und der Schale der Früchte und rühren Sie sorgfältig durch.

🍓 Gießen Sie die Masse auf den Teigboden. Die Torte 35 Minuten im Ofen backen, herausholen und den Springrand öffnen. Nehmen Sie sie noch heiß aus der Form. Auf Zimmertemperatur abgekühlt servieren.

Sehen Sie, das war doch nicht viel Arbeit. Ich verwende am liebsten Orangen. Die Verbindung von Säure, Süße, Milde und Knusprigkeit hebt die Stimmung, die in dieser Jahreszeit ein ziemliches Tief erreicht.

Zum Abschluß noch die Quintessenz der Apfeltorte schlechthin, ein absolutes Meisterwerk:

TARTE TATIN ODER APFELKUCHEN »VERKEHRT«

Herbst bis Winter – für 4 Personen
(auch hier geht man eigentlich davon aus,
daß 6 davon satt werden, aber man
sollte sich besser keine Illusionen machen).

 Ihr Einkaufszettel:

Für den Belag:

*1 kg Renetten, die beim Garen nicht zerfallen
(der Obsthändler Ihres Vertrauens weiß,
welche Sorte je nach der Jahreszeit in Frage kommt)
125 g Butter
150 g Zucker*

Für den Teig:

*200 g Mehl
100 g kalte Butter
1 Ei
1 gute Prise Salz*

🍎 Sie haben gemerkt, daß ich Ihnen diesmal die Zutaten in umgekehrter Reihenfolge genannt habe. Nicht, weil ich zerstreut war. Die ganze Tarte Tatin basiert auf einem Irrtum. Da die alten Fräulein, die der Nachwelt dieses Meisterwerk hinterließen, einen Gast zum Essen geladen hatten, der ihnen große Ehrfurcht einflößte (ich weiß nicht mehr, wer es war), vergaßen sie in der Aufregung, die Backform mit dem Mürbeteig auszulegen. Und kamen auf die geniale Idee, ihn auf die schon gegarten Früchte zu legen, das ganze wieder in den Ofen zu schieben und hinterher umzudrehen. Denken Sie dabei an Marc

Bloch: »Nehmen wir an, jemand benütze einen Gebirgspfad. Er stolpert und fällt in einen Abgrund. Damit dieser Unfall passieren konnte, mußten zahlreiche bestimmende Elemente zusammentreffen. (…) Stellt man sich jedoch die Frage nach seiner Ursache, wird jeder antworten: der falsche Schritt. Dies liegt keineswegs daran, daß diese Voraussetzung für das Eintreten des Ereignisses besonders notwendig war: Viele andere Umstände waren genauso notwendig. Aber sie unterscheidet sich von allen anderen durch mehrere sehr auffallende Merkmale: Sie war die letzte, die unbeständigste, die außergewöhnlichste in der allgemeinen Ordnung der Welt…« Denken Sie darüber nach, aber verlieren Sie das, was wir vorhaben, nicht aus den Augen.

🍓 Bereiten Sie einen Mürbeteig zu, den Sie kalt stellen. Lesen Sie die »Apologie der Geschichte oder Der Beruf des Historikers« noch mal von Anfang an.

🍓 Den Teig 2 Stunden vor der Mahlzeit aus dem Kühlschrank nehmen. Die Äpfel vorbereiten. Schälen, vierteln und die Kerngehäuse entfernen. In einer geschlossenen Tortenform die Butter und den Zucker erhitzen, bis sie einen dicken, hellen Karamel bilden. Bei Desserts denkt man nicht an Kalorien. Die Äpfel mit ihrer gewölbten Seite nach unten in die Form legen, so daß der Boden ganz bedeckt ist. Wenn manche Schnitze nicht hineinpassen, werden sie in einer zweiten Lage darüber geschichtet. Sie rutschen nach, wenn die unteren Äpfel beim Garen weich werden und Platz machen.

🍓 Alles bei milder Hitze kochen lassen, 15 Minuten zugedeckt, dann offen. Wenn der Saft der Äpfel verdampft ist, karamelisiert die Sache wieder. Überlassen Sie die Äpfel sich selbst. Nichts daran tun. Begnügen Sie sich damit, den Ofen einzuschalten (220 Grad/Gas Stufe 7).

🍓 Wenn die Äpfel gerade richtig sind, die Form vom Herd nehmen. Den Teig mit der Kuchenrolle oder einer Flasche auf einer bemehlten Fläche ausrollen. Das Sieb mit Mehl in Reichweite halten, falls der Teig klebt. Rund ausrollen, von der Mitte nach außen.

🍓 Die Scheibe aus rohem Teig mit einem breiten Wender aufnehmen und schnell auf die Äpfel legen. Abschneiden, was übersteht und den Rand des Teigs ringsum bis zum Boden der Form herunterdrücken. Mehrfach mit der Gabel einstechen. Das Ganze in den Ofen expedieren und 35 bis 40 Minuten backen, bis der Teig goldbraun ist.

🍓 Aus dem Ofen nehmen und auf eine Platte stürzen: die Äpfel sind also jetzt oben, und es sieht wunderschön aus und schmeckt herrlich, am besten noch warm. Manche nehmen Crème fraîche dazu, ich mag ihn lieber natur, so wie er ist. Machen Sie hinterher einen schönen einstündigen Geländelauf, und Sie werden sehen, Sie haben kein Gramm zugenommen.

Süßspeisen

oder die Kultur des Zarten

Mit dieser Gruppe von Desserts aus Eiern, Milch und Sahne können Sie im Weichen, Süßen, Lieblichen und Wohlabgerundeten geradezu schwelgen.
Hier erschließt sich Ihnen die Welt der Kaffeestündchen, der ausgeleckten Kasserollen und der unschuldigen Freuden, die Sie mit den Kindern aus Ihrer Bekanntschaft, die glücklich und dankbar sein werden, teilen können.

Zu den großen Klassikern gehören die »Schnee-Eier«. Sie erfreuen sich wirklich großer Beliebtheit, aber es scheint fast unmöglich, sie in Restaurants in annehmbarer Form zu bekommen. Machen Sie die Schnee-Eier also lieber selber.

Schnee-Eier

Das ganze Jahr über – für 4 Personen

Ihr Einkaufszettel:
6 Eier, zimmerwarm wie immer
$^1/_2$ l Vollmilch, roh oder pasteurisiert,
aber keinesfalls H-Milch, und $^1/_4$ l Milch zum Ausgleich
für die Menge, die verdampft
1 Bourbon-Vanillestange
100 g Zucker

Trennen Sie die Eier und geben Sie das Eiweiß in eine große Schüssel – ich glaube, das haben Sie schon raus. Es darf keine Spur von Eigelb dabei sein.

🍓 ½ Liter Milch mit der aufgeschnittenen Vanillestange in einer großen Kasserolle zum Sieden bringen.

🍓 Ein gefaltetes Küchentuch in Reichweite danebenlegen. Nach 5 Minuten Sieden die Vanillestange herausnehmen, die Milch auf dem Herd lassen.

🍓 Das Eiweiß mit dem Handrührgerät schlagen. Sobald es schaumig wird, 50 g Zucker unter ständigem Weiterschlagen langsam einrieseln lassen. Es entsteht ein sehr steifer, fester Schnee. Mit einem großen Löffel 8 Portionen formen und immer 2 davon auf einmal in die siedende Milch geben. Vorsicht: die Milch darf nicht kochen, sonst wird das Eiweiß hart. 1 Minute auf der einen Seite ziehen lassen, dann umdrehen und 1 weitere Minute auf der anderen. Mit dem Schaumlöffel herausheben und auf das Tuch legen. Es hört sich schrecklich schwierig an, ist es aber nicht.

🍓 Die Milch durch ein feines Spitzsieb gießen, damit etwaige Eiweißpartikel darin zurückbleiben. Das ausgekratzte Mark der Vanillestange zugeben. Die verdampfte Milch ersetzen, damit Sie wieder einen halben Liter haben, und alles zum Kochen bringen.

🍓 Den restlichen Zucker mit den Eigelben zu einem blaßgelben Schaum schlagen, dann unter ständigem Rühren mit dem Kochlöffel die kochende Milch zuerst löffelweise, dann zügig zur Masse geben. Das Ganze wieder in die Kasserolle füllen und bei sehr schwacher Hitze unter geduldigem Rühren eindicken lassen, bis die englische Creme den Kochlöffel mit einer gleichmäßigen, glänzenden Schicht überzieht.

🍓 In eine hübsche Schale füllen, abkühlen lassen, aber nicht in den Kühlschrank stellen. Zum Servieren mit den Schnee-Eiern garnieren. Diese Nachspeise hat etwas von der Lieblichkeit der Kindheit, so wie Jean Jacques Rousseau sie beschrieb.

P.S. Die englische Creme zersetzt sich, wenn Sie ein paar Sekunden zu lang kocht. Das ist aber kein Unglück. Man braucht sie nur in den Mixer zu geben, damit sie wieder die richtige, gebundene und sämige Konsistenz bekommt. Es ist gut, das zu wissen.

Etwas nahrhafter, aber auch viel verlockender:
»Gebrannte Creme«. Hier ist die Zubereitung so einfach,
daß Sie Ihre Nichte damit betrauen können.
Sie müssen dafür allerdings einen Backofen mit Infrarotgrill haben.

GEBRANNTE CREME
Das ganze Jahr über – für 4 Personen

 Ihr Einkaufszettel:
5 Eier
200 g Zucker
$1/2$ l Sahne (auf keinen Fall H-Sahne,
der sicherste Weg zum Mißerfolg) – wenn Sie
zugenommen haben, mischen Sie
Sahne und Vollmilch (doch wenigstens) zu gleichen Teilen,
aber es schmeckt weniger gut
1 Bourbon-Vanillestange

🍓 Die Arbeit vollzieht sich in zwei Schritten. Fangen Sie also morgens damit an, wenn die Creme für den Abend bestimmt ist. Der erste Schritt besteht darin, 1 ganzes Ei und 4 Eigelbe mit der Hälfte des Zuckers zu schlagen, bis eine sämige Schaumcreme entsteht. Dieser werden die Sahne und das ausgekratzte Mark der aufgeschnittenen Vanillestange zugefügt.

🍓 Heizen Sie den Ofen vor (120 Grad/Gas Stufe 5) und stellen Sie eine Fettpfanne, deren Boden mit heißem Wasser bedeckt ist, hinein. Gießen Sie die Creme in kleine Förmchen oder eine Gratinform mit niedrigem Rand und setzen Sie diese ins Wasserbad. Ohne zu kochen, bleibt sie 1 bis $1^{1}/_{2}$ Stunden im Ofen. Sie ist fertig, wenn sie gestockt ist. Nehmen Sie die Creme aus dem Ofen und lassen Sie sie auf Zimmertemperatur abkühlen; in der Zwischenzeit können Sie anderen Dingen nachgehen.

🍓 Der zweite Schritt erfolgt, wenn die Creme abgekühlt ist. Geben Sie die andere Hälfte des Zuckers durch ein Sieb darüber, und zwar so, daß die Oberfläche möglichst gleichmäßig davon bedeckt wird.

🍓 Schalten Sie den Infrarotgrill ein und schieben Sie die Creme so dicht wie möglich darunter, sobald die Stäbe aufglühen. Gut aufpassen. In wenigen Sekunden schmilzt und karamelisiert der Zucker. Nehmen Sie die Creme heraus, wenn die ganze Oberfläche goldbraun ist.

🍓 Es gibt zwei Lehrmeinungen: nach der einen wird die Creme sofort, das heißt, lauwarm mit glühendheißer Oberfläche, serviert. Nach der anderen, der ich anhänge, läßt man sie abkühlen und stellt sie kurz (ich betone: kurz, bei längerem Verweilen würde sich der Karamel verflüssigen) in den Kühlschrank, um sie schön kalt zu genießen. Aber in beiden Fällen ist die Verbindung der unterschiedlichen Konsistenzen – der absoluten Zartheit der Creme mit der Knusprigkeit der Glasur – eine unvergeßliche Geschmackserfahrung.

»**Mousse au chocolat**« ist auch so eine Süßspeise, nach der alle verrückt sind. Entscheiden Sie sich für meine, sie ist die beste, die ich kenne, und ich bin nicht die einzige, die das behauptet.

Mousse au chocolat

Das ganze Jahr über (aber in Anbetracht der Kalorien eher etwas für den Winter) –
für 2 etwas dünnere oder 4 etwas molligere Personen

 Ihr Einkaufszettel:
200 g Bitterschokolade mit hohem Kakaobestandteil
(mindestens 55%). Qualität und Frische der Schokolade
sind sehr wichtig: kaufen Sie im besten Fachgeschäft
der Stadt ein. Tun Sie sich um, es lohnt sich.
Die sehr kräftig schmeckende Schokolade, die ich
Ihnen empfehle, ist sogenannte Kuvertüre-Schokolade,
die beste für diesen Zweck;
sehr guter Kaffee, ungemahlen, stark
4 sehr frische Eier
1 Prise Salz
40 g zimmerwarme Butter

● Ich nehme an, daß Sie eine Espressomaschine oder eine italienische Kaffeemaschine für zwei Tassen und auch eine Kaffeemühle besitzen. Sie brauchen nämlich vor allem eine halbe Tasse sehr starken Kaffee. Wenn es Ihnen an entsprechenden Möglichkeiten fehlt, gehen Sie ins nächste Café und verlangen Sie einen extrastarken Espresso, der es auch tut. Diesen Kaffee in eine kleine Kasserolle gießen und die in grobe Stücke gebrochene Schokolade zugeben. Die Kasserolle ins Wasserbad stellen und warten. Die Schokolade soll langsam schmelzen. Lassen Sie am besten die Finger davon; einmal zu hastig gerührt, und die empfindliche Creme wird krümelig.
● Die Eier trennen. Die Eigelbe in eine kleine Schüssel, das Eiweiß mit einer Prise Salz in eine große Schüssel geben.

🍓 Die vollständig geschmolzene Schokolade aus dem Wasserbad nehmen und schnell mit der Butter vermengen, danach auch die Eigelbe einzeln nacheinander unterrühren.

🍓 Das Eiweiß schnell mit dem Handrührgerät zu festem Schnee schlagen. Unbesorgt 1 EL voll davon unter die Schokoladenmasse mengen, damit sie etwas flüssiger wird. Dann den Rest, ohne zu rühren, behutsam unterheben, damit der Eischnee nicht zusammenfällt. Das muß geschickt und schnell passieren: Sie haben schon Übung darin.

🍓 In eine Schale geben und mindestens 4 Stunden kalt stellen. Lecken Sie die Kasserolle sorgfältig aus.

🍓 Die Mousse ist fest und cremig. Ihr kräftiger Schokoladengeschmack wird durch den Kaffee noch besonders hervorgehoben. Dieses himmlische Gebilde sollte noch am selben Tag verzehrt werden, aber da mache ich mir überhaupt keine Sorgen. Wußten Sie übrigens, daß die Bohne des Kakaostrauchs schon bei den Azteken als Aphrodisiakum und geistiges Stimulans zugleich bekannt war? Das alles geht ja auch, wie Sie wissen, Hand in Hand.

Wir wollen noch bei den Süßspeisen bleiben, die sich im Laufe ungezählter Generationen in der bürgerlichen Küche bewährt haben. Jetzt leisten wir uns eine »Karamelcreme«, wofür hier das unverfälschte Originalrezept folgt.

KARAMELCREME
Das ganze Jahr über – für 6 Personen

Ihr Einkaufszettel:
250 g Zucker
8 Eier
1 l Vollmilch
Das ist alles!

Stellen Sie zuerst den Karamel her: geben Sie 150 g Zucker in eine Kasserolle, befeuchten Sie ihn mit Wasser und lassen Sie ihn bei starker Hitze kochen, bis er gleichmäßig goldbraun ist. Nicht rühren (sonst kristallisiert der Zucker); schwenken Sie ihn nur ab und zu in der Kasserolle herum, sobald er an den Rändern braun wird. Gehen Sie bis zu einem tiefen Goldbraun und gießen Sie den Karamel dann schnell in eine Souffléform, die Sie entsprechend neigen, damit er sich gleichmäßig über Boden und Ränder verteilt. Das muß schnell gehen, denn bei der Berührung mit der Form erhärtet er sich in Sekundenschnelle. Na also, jetzt können Sie auch eine Form mit Karamel auskleiden. Den Rest können Sie fast vergessen.

Schalten Sie den Backofen ein (120 Grad/Gas Stufe 5) und schieben Sie eine mit heißem Wasser bedeckte Fettpfanne hinein.

Lassen Sie 6 ganze Eier in eine Schüssel gleiten, geben Sie den restlichen Zucker hinzu und schlagen Sie die Eier mit dem Handrührgerät, bis sich der Zucker aufgelöst hat. Gießen Sie unter gründlichem Rühren mit dem Kochlöffel die Milch hinzu.

Geben Sie die Masse in die vorbereitete Souffléform und setzen Sie sie in das Wasserbad im Ofen. Bis zum Stocken der Creme dauert es etwa $1^1/_2$ Stunden. Sie ist gar, wenn eine Stricknadel, die man in der Mitte einsticht, feucht, aber sauber herauskommt. Es ist wichtig, daß der Garvorgang langsam und behutsam erfolgt, denn die Eier dürfen auf keinen Fall kochen.

🍓 Lassen Sie die Karamelcreme in der Form abkühlen. Tauchen Sie sie vor dem Servieren mit dem Boden in ein Spülbecken mit kochendheißem Wasser, zählen Sie bis 15, dann ist sie ganz leicht zu stürzen. Alle werden sich an diesem Nachtisch freuen, der die Erinnerung an die Gerüche der Kindheit wieder lebendig macht. Sie sollte nicht in den Kühlschrank gestellt, sondern am selben Tag gegessen werden. Ich kann mir allerdings nicht vorstellen, daß davon etwas übrigbleibt!

Hier nun eine etwas anspruchsvollere gestockte Creme,
die den Vorzug hat, daß man sie am Tag vorher zubereiten kann.
So behalten Sie den Kopf frei für die übrigen Gerichte, die
rechtzeitig fertig sein müssen, wenn Sie Gäste erwarten: es ist die

KARMELITERCREME

Das ganze Jahr über – für 6 Personen

Ihr Einkaufszettel (für den Vortag):
1 l rohe Vollmilch
8 Eigelb
200 g Zucker
4 Blatt Gelatine
250 g Sahne
Und das ist schon alles!

🍓 Die Gelatine in einer Schüssel mit kaltem Wasser einweichen. Alles, was Sie für die Schlagsahne brauchen (Schüssel, Quirle des Handrührgeräts, Sahne), in den Kühlschrank stellen.

🍓 Aus der Milch, den Eigelben und der Hälfte des Zuckers eine englische Creme bereiten, wie Sie es gelernt haben (siehe S. 287). Sobald sie angedickt ist, die Gelatine zwischen den Fingern ausdrücken und schnell unter die heiße Creme mengen. Gründlich rühren, bis sie vollständig aufgelöst ist.

🍓 Umgehend ein Glas Wasser zum Kochen bringen. Und ebenso schnell mit dem restlichen Zucker einen Karamel herstellen: auch das können sie schon (siehe S. 292).

🍓 Sobald der Karamel eine tief goldbraune Färbung annimmt (nicht zu braun, sonst wird er bitter), nehmen Sie ihn vom Herd und löschen ihn mit 3 EL kochendem Wasser ab. Sofort in die noch sehr heiße Creme geben, die Sie energisch umrühren. Dies alles muß sehr schnell geschehen; ausruhen können Sie sich hinterher, während die Creme abkühlt.

🍓 Sie können die Zeit dazu benutzen, um darüber nachzudenken, welche Verbindung wohl zwischen der Creme, deren Lieblichkeit sich schon ahnen läßt, und dem Kloster bestehen mag. Normalerweise kommen Sie schnell auf die Antwort (sie steht weiter unten, da können Sie nachsehen).

🍓 Wenn die Creme abgekühlt, aber noch nicht fest ist, schlagen Sie die Sahne, wie Sie es schon gelernt haben (siehe S. 103).

🍓 Die englische Creme dazugeben und vorsichtig unterziehen.

🍓 In eine schöne Schale füllen und die ganze Nacht über im Kühlschrank stehen lassen. Servieren Sie dieses Wunderwerk mit Mandelhippen und Orangenplätzchen von einem sehr guten Konditor.

Die Antwort lautet: die sinnliche Genugtuung. Lesen Sie die heilige Therese von Avila, schauen Sie sich in Rom die Statue an, die Bernini geschaffen hat und rufen Sie sich Lacan in Erinnerung und das Buch XX seines Werks »Das Seminar«.

Diese »Charlotte« ist eine glanzvolle Verherrlichung des Zarten,
eine Art Überhöhung jener mythischen Nahrung am
Ursprung unseres Lebens. Wie übrigens für alle Charlotten,
muß man ein wenig Zeit aufwenden.

Honig-Charlotte

Das ganze Jahr über – für 4 bis 6 Personen
(im Fall der Charlotte bin ich vorsichtig: so sehr es bei einer Torte
auffällt, wenn man daran genascht hat, so vielfältig sind
hier die Möglichkeiten, sich während der verschiedenen Fertigungs-
stadien daran gütlich zu tun – wovon ich Ihnen aber dringend
abgeraten haben möchte).

 Ihr Einkaufszettel:
75 g sehr aromatischer Honig nach Ihrem Geschmack
¼ l Vollmilch
1 Prise Salz
2 Eier
75 g Zucker
25 g Mehl
3 Blatt Gelatine
2 EL Armagnac
225 g Löffelbiskuits von einem vertrauenswürdigen
Konditor
75 g Mokkabaisers oder trockene Makronen
aus der gleichen Quelle
250 g Sahne
50 g Puderzucker

🌿 Fangen Sie mindestens 8 Stunden vor Ihrem Essen mit der Arbeit an. Legen Sie das, was Sie für die Schlagsahne brauchen (Schüssel, Quirle vom Handrührgerät, Sahne), in den Kühlschrank und weichen Sie die Gelatine in kaltem Wasser ein.

🌿 Bringen Sie die Milch mit der Prise Salz zum Kochen (das Salz gibt dem Süßen Würze), während Sie 1 ganzes Ei und 1 Eigelb mit

60 g Zucker schlagen. Fügen Sie das Mehl zu und schlagen Sie weiter. Gießen Sie dann nach und nach unter Rühren mit dem Kochlöffel die kochende Milch hinzu. Geben Sie alles wieder in die Kasserolle. Stellen Sie aus dem restlichen, angefeuchteten Zucker in einer anderen Kasserolle einen Karamel her (siehe S. 292).

🍓 Bringen Sie die Kasserolle mit der Eiermilch bei mäßiger Hitze unter ständigem Rühren zum Kochen. Beim ersten Aufwallen vom Herd nehmen und den Karamel, der dann gerade fertig sein muß, zugießen. Rühren Sie kräftig um und lassen Sie die Masse noch einmal aufkochen. Nehmen sie die Creme vom Herd und geben Sie die ausgedrückte Gelatine unter gründlichem Rühren zu. Lassen Sie diese karamelisierte Konditorcreme bei Zimmertemperatur abkühlen.

🍓 Faulenzen Sie nicht in der Zwischenzeit. Gießen Sie den Armagnac in einen Suppenteller und weichen Sie darin die Löffelbiskuits ein, mit denen Sie den Boden und den Rand einer Charlottenform dicht an dicht auslegen. Einige bleiben übrig, was normal ist.

🍓 Lassen Sie den Honig bei sehr schwacher Hitze in einer kleinen Kasserolle flüssig werden und bepinseln Sie die Biskuits in der Form damit. Auch vom Honig bleibt etwas übrig, und auch das ist normal.

🍓 Zerbröseln Sie die Baisers oder Makronen. Die Creme, die sich schon gelangweilt hat, ist jetzt abgekühlt, aber noch nicht fest. Schlagen Sie die Sahne (siehe S. 103) nach der ewig gleichen Methode mit Puderzucker.

🍓 Ziehen Sie die Schlagsahne mit der gebotenen Vorsicht unter die Konditorcreme, sacht von unten nach oben, damit sie nicht zerfällt.

🍓 Geben Sie die Hälfte der Mischung in die Charlottenform, darüber eine dünne Schicht flüssigen Honig, dann eine dünne Schicht Baiser- oder Makronenkrümel. Darüber in Schichten die restliche Creme, den Honig und wieder die Krümel. Als letztes folgt eine Schicht mit in Armagnac getränkten Biskuits. Ihre Charlotte wird im Kühlschrank nach einigen Stunden fest, spätestens nach zwölf.

🍓 Servieren Sie die Charlotte so, wie sie ist. Sie werden den Geschmack des Honig wahrnehmen, der, wenn auch leicht verwandelt, immer noch deutlich genug ist, um an archaische Genüsse zu erinnern.

Sie haben sehr wahrscheinlich eine moderne Großmutter gehabt, die Ihnen aus diätetischen Gründen Süßigkeiten vorenthielt oder zum Kaffeetrinken mit Ihnen ins Café ging. Dann haben Sie den grundlegenden Einführungskurs, der mit dem »Milchreis« beginnt, nie mitbekommen. Er ist es, der das gräßlichste Kind gefügig macht und den unnachgiebigsten gestandenen Mann vor Nachsicht und Zärtlichkeit dahinschmelzen läßt.

Milchreis

Das ganze Jahr über – für 3 Personen
(laden Sie unbedingt Ihre Nichte ein)

Ihr Einkaufszettel:
100 g superfino Arborioreis aus der Poebene
1 l Vollmilch, vorzugsweise roh, zur Not auch pasteurisiert
1 Bourbon-Vanillestange
100 g Zucker

● Die Milch mit der aufgeschnittenen Vanillestange in die Kasserolle geben. Langsam zum Kochen bringen, dann unter Rühren den ungewaschenen Reis einstreuen. Wenn die Milch wieder zu kochen beginnt, den Topf halb zudecken, und den Reis 1 Stunde bei schwächster Hitze ausquellen lassen. Genug Zeit für eine richtige Unterhaltung mit Ihrer Nichte, die auch mal das Bedürfnis hat, sich auszusprechen.
● Einige Minuten vor Ende der Garzeit den Zucker zufügen und den Reis vorsichtig mit der Gabel umrühren. In eine Schüssel geben und bei Zimmertemperatur abkühlen lassen. Nehmen Sie Ihre Nichte, die die Kasserolle ausgeleckt hat, zum Säubern mit ins Bad.
● Essen Sie den Milchreis noch lauwarm. Das überwältigte Kind wird Ihnen grenzenlose Bewunderung entgegenbringen.

Etwas üppiger und ausdrucksvoller im Geschmack ist die orientalische Version von Milchreis, die aus der Türkei kommt:

GEWÜRZREIS
Das ganze Jahr über – für 4 Personen

Ihr Einkaufszettel:
100 g superfino Arborioreis aus der Poebene
1 l Vollmilch roh oder pasteurisiert
100 g von Ihrem Lieblingshonig, aber keinen Tannenhonig
1 Zimtstange
2 Nelken
1 Bourbon-Vanillestange
1 walnußgroßes Stück frischer Ingwer
50 g Smyrna-Rosinen
1 dl alter dunkler Martinique-Rum
20 g Sesamsaat (wenn Sie wollen)

Gießen Sie die Milch in eine Kasserolle, geben Sie Honig, Zimt, Nelken, die aufgeschnittene Vanillestange und den geschälten und fein geriebenen Ingwer dazu und bringen Sie alles zum Kochen.

Streuen Sie den Reis unter Rühren ein. Wenn die Milch wieder zu kochen beginnt, halb zudecken und 1 Stunde bei sehr schwacher Hitze quellen lassen.

Weichen Sie in der Zwischenzeit die Rosinen im Rum ein und rösten Sie die Sesamsaat in der trockenen Pfanne. Die leichte Röstung erhöht ihr Aroma.

Geben Sie diese Zutaten gegen Ende der Kochzeit zum Reis, den Sie vorsichtig mit der Gabel umrühren, nachdem Sie die Vanillestange und die Zimtstange herausgenommen haben.

Bringen Sie dieses altüberlieferte Gericht gut gekühlt auf den Tisch. In ihm vereinigen sich – dank dem Austausch der besten Dinge, die die unterschiedlichen Zivilisationen zu bieten haben – der Reis aus Italien mit dem Rum von den Antillen, und dies unbezweifelbar zu seinem Besten. Von diesem Reis und der Liebe kann man leben.

Abschließen möchte ich dieses Kapitel mit einem Rezept, das heute fast völlig in Vergessenheit geraten ist, in meiner Kindheit aber eine der beliebtesten Kleinigkeiten war, die man zum Nachmittagskaffee verputzte. Beglücken Sie Ihre Nichte damit, und Sie werden sie so schnell nicht wieder los.

ARME RITTER

Das ganze Jahr über –
für Sie und Ihre Nichte

 Ihr Einkaufszettel:
1 süßes Hefebrot
⅛ l Vollmilch, vorzugsweise roh
50 g Zucker
1 Päckchen Vanillezucker (Bourbon)
2 Eier
100 g Butter
Zum Anrichten:
Zucker in der Streudose und Aprikosenmarmelade erstklassiger Qualität

Das Kind hat gerade erst seine Schulsachen weggelegt, und schon verlangt es nach seinem Essen. Sagen Sie ihm, es solle sich ein paar Minuten gedulden.

🍓 Von einem süßen Hefebrot 4 bis 6 nicht zu dünne Scheiben abschneiden. Die Milch mit dem Zucker in einer Kasserolle erwärmen, bis sich der Zucker aufgelöst hat. In einen Suppenteller gießen. In einem anderen Teller die Eier verquirlen.

🍓 Ein Drittel der Butter in der Pfanne zerlaufen lassen. 2 Brotscheiben in die Milch tunken, dann im verquirlten Ei wenden. In die Pfanne mit der Butter legen, die zu brutzeln beginnt. Die Hitze sollte nicht so stark sein, daß die Butter verbrennt, aber stark genug, um das Brot goldbraun werden zu lassen, und zwar auf beiden Seiten.

🍓 Mit Zucker bestreut oder mit der Marmelade bestrichen heiß servieren.

🍓 Backen Sie eine zweite Runde und schließen Sie vielleicht auch noch eine dritte an. Erzählen Sie Ihrer Nichte, daß das, was ihr so wahnsinnig gut schmeckt, daß sie sogar den Teller ableckt, die üppigere Abwandlung eines Armeleuterezepts darstellt. Es diente der Verwendung von altbackenem Brot. Ihre pädagogischen Bemühungen werden um so erfolgreicher sein, als Ihre Nichte Sie von nun an bedingungslos bewundern wird. Dieser Umstand sollte Sie hinsichtlich der Genauigkeit des Wissens, das Sie ihr vermitteln, zu doppelter Wachsamkeit verpflichten.

Selbstgebackene Kuchen

oder
die Höhepunkte der Verbindung von Fett und Zucker

Wozu braucht man eigentlich Kuchen und Gebäck?
Es gibt Tausende von Abhandlungen über Kuchen, was an sich nicht erstaunlich ist, wenn man bedenkt, daß schon die Frau der Neusteinzeit vor mehr als fünftausend Jahren im Nahen Osten gemahlenes Korn, Butter, Eier und Honig miteinander vermischt und im Ofen gebacken haben muß. Etwas später gab es schon Rezepte in Hülle und Fülle: Ägypter und Griechen waren auf Kuchen geradezu versessen, wie übrigens auch ihre als Allesfresser geltenden Götter. In Frankreich bilden die Kuchenbäcker erst im 15. Jahrhundert eine eigenständige Gilde. Auch heute noch sollten Sie, wenn Sie Lust auf Kuchen haben, eher zum Konditor als zum Bäcker gehen: er kennt die subtilen Techniken, die sich in den Jahrhunderten der Spezialisierung herausgebildet haben und offeriert Ihnen (oder eher: verkauft Ihnen für teures Geld) die kompliziertesten Kunstwerke der Backkultur. Ich halte mehr davon, die besten Konditoreien der Welt kennenzulernen, als selber Torten backen zu wollen, mit Ausnahme derer natürlich, die uns eine lange Tradition hausfraulicher Kunstfertigkeit überliefert hat. Es sind jene üppigen, schweren und völlig unmodernen Kuchen, und niemand käme auf die absurde Idee, sie in einer Konditorei, wo wir andere Genüsse suchen, zu verlangen. Mit der modernen Konditorkunst ist es wie mit der modernen Restaurantküche, die diesen Namen verdient: man kann sie mangels Material, Arbeitskraft und Wissen nicht bei sich zu Hause nacharbeiten. Es sei denn, man würde sich das alles erwerben und den größten Teil seiner Zeit darauf verwenden. Was ich entschieden ablehne, da ich auf meinem Amateurstatus bestehe und die Freiheit haben möchte, die üppigen Wunderwerke der hausfraulichen Überlieferung ungeniert zu genießen.

Wenn man sich an rustikale Backerzeugnisse hält, heißt das noch lange nicht, man sei unfähig, etwas Raffinierteres zustande zu bringen. Sie werden schwerlich etwas Besseres finden als diesen »Käsekuchen«, den ich im Rahmen Ihrer Lehre ebenfalls zum Ausbildungsgegenstand machen möchte.

Käsekuchen

Das ganze Jahr über – für 8 Personen

 Ihr Einkaufszettel (für den Vortag):

Für den Teig:

125 g zimmerwarme Butter
50 g Zucker
1 große Prise Salz
1 Ei
1 unbehandelte Zitrone
250 g Mehl

Für den Belag:

750 g Quark (mit hohem Fettgehalt)
100 g Smyrna-Rosinen
1 kleines Glas dunkler Antillen-Rum
200 g Zucker
4 Eier
3 EL Crème épaisse (dicke Sahne)
75 g Butter
1 unbehandelte Zitrone
3 EL Mehl

🍓 Geben Sie den Quark am Abend vorher an einem kühlen Ort zum Abtropfen in ein Sieb, das Sie mit einem Stück Gaze, Musselin oder einem feinen Taschentuch ausgelegt haben. Weichen Sie die Rosinen im Rum ein.

🍓 Nutzen Sie am nächsten Tag einen freien Augenblick, um den Teig zuzubereiten. Rühren Sie mit dem Handrührgerät die Butter mit dem Zucker und dem Salz schaumig, bis sie weiß wird. Geben Sie das ganze Ei hinein, rühren Sie weiter und fügen Sie dann die Schale der Zitrone, die Sie mit dem Zitrusschaber abgenommen haben, und das gesiebte Mehl zu. Kneten Sie den Teig mit der Hand, formen Sie ihn zu einer Kugel, die Sie in Frischhaltefolie einschlagen und für mindestens eine Stunde in den Kühlschrank legen. Sie haben eine Art *pasta frolla* hergestellt, einen italienischen Teig, für den ich schwärme.

🍓 Nehmen Sie ihn 2 Stunden, bevor Sie den Kuchen essen möchten, heraus, damit er sich erwärmt, und heizen Sie den Backofen vor (170 Grad/Gas Stufe 6).

🍓 Machen Sie nun den Belag fertig. Geben Sie den Zucker und die Eigelbe in eine Rührschüssel, das Eiweiß in eine große Salatschüssel. Schlagen Sie die Eigelbe mit dem Zucker, bis eine hellgelbe, dicke Masse entsteht.

🍓 Fügen Sie den Quark und die Crème épaisse hinzu und rühren Sie alles mit dem Kochlöffel gut durch.

🍓 Lassen Sie 60 g Butter zergehen, geben Sie sie in die Schüssel und rühren Sie weiter. Nehmen Sie über der Schüssel die ganze Schale der gewaschenen und abgetrockneten Zitrone mit dem Zitronenschaber ab. Die abgetropften Rosinen werden in 1 EL Mehl gewälzt, in ein Sieb gegeben, um den Überschuß auszusieben, und dem Quark hinzugefügt. Nochmals gut durchrühren.

🍓 Fetten Sie eine Springform mit hohem Rand mit der restlichen Butter aus, streuen Sie 1 EL Mehl hinein und schwenken Sie die Form herum, damit es sich überall verteilt. Das überschüssige Mehl auskippen.

🍓 Rollen Sie den Teig (siehe S. 264) auf einer mit Mehl bestreuten Unterlage zu einer dünnen Scheibe aus, mit der Sie Boden und Rand der Form auslegen.

🍓 Schlagen Sie das Eiweiß zu steifem Schnee. Vermengen Sie einen EL davon mit der Quarkmasse, damit sie etwas weicher wird, und ziehen Sie dann den gesamten Eischnee geschickt und vorsichtig unter. Geben Sie die Mischung in die Form, streichen Sie die Oberfläche glatt und backen Sie den Kuchen in 50 Minuten goldbraun.

🍓 Lassen Sie ihn abkühlen. Servieren Sie den aus der Form genommenen Käsekuchen noch etwas warm. Er ist gehaltvoll und schmeckt betörend gut. Sie können ihn noch etwas üppiger machen, indem Sie dem Belag außer den Rosinen noch 150 g gestiftelte Mandeln oder grob gehackte Walnußkerne zufügen. Dies sind Varianten, die auszuprobieren sich lohnt.

Es gibt noch unzählige andere Arten. Käsekuchen wird überall in der Welt gegessen, von Frankreich bis Italien (wo man ihn *tórta di ricotta* nennt), von Rußland bis Polen (wo die Quarkpastetchen *watruschki* heißen), von England bis Amerika (wo er als *cheese-cake* bekannt ist). Er ist in das Gedächtnis vieler Völker eingegangen und damit eines der ältesten Backerzeugnisse überhaupt. ... Wenn Sie sich beim Genuß Ihres Käsekuchens daran erinnern, könnte sich Ihr Vergnügen, falls überhaupt möglich, noch um ein Vielfaches steigern.

Alle wirklich humanen Menschen haben in irgendeiner Schublade ein Rezept für Schokoladenkuchen liegen. Leider begnügen sich die meisten von ihnen aus reiner Faulheit mit dem abscheulichen Machwerk, das skrupellose Händler, von denen es zu viele gibt, mit dieser Bezeichnung zu belegen wagen. Versuchen Sie einmal, in Paris einen echten Schokoladenkuchen zu bekommen; Sie werden mit Sicherheit den Bus nehmen müssen, um die fünf oder sechs wirklich vertrauenswürdigen Konditoreien der Hauptstadt abzuklappern. Oder Sie müssen ihn selber machen. Hier also:

DER BESTE SCHOKOLADENKUCHEN DER WELT

Das ganze Jahr über – paßt aber eigentlich besser für den Winter – für 6 Personen

 Ihr Einkaufszettel:
375 g Bitterschokolade, sog. Kuvertüre-Schokolade aus dem besten Fachgeschäft Ihrer Stadt
6 Eier
100 g Zucker + 1 EL zusätzlich
100 g gemahlene Mandeln
3 gestrichene EL Stärkemehl
½ TL Backpulver
250 g zimmerwarme Butter
+ 1 walnußgroßes Stück für die Form
1 große Prise Salz
100 g Puderzucker

🍓 Den Backofen auf 170 Grad/Gas Stufe 6 vorheizen. Eine geschlossene Tortenform ausbuttern und mit 1 EL Zucker ausstreuen. Die Form im Kreis schwenken, damit der Zucker sich überall verteilt. Den Überschuß wegkippen.

🍓 250 g Schokolade mit 2 EL Wasser ohne Umrühren im Wasserbad zum Schmelzen bringen.

🍓 Die Eier trennen: die Eigelbe in eine tiefe Schüssel, 3 Eiweiße in eine Salatschüssel geben. (Die restlichen Eigelbe für ein anderes Rezept verwenden.)

🍓 Die Eigelbe und den Zucker mit dem Handrührgerät schlagen, bis eine blaßgelbe Schaummasse entsteht. Jetzt die geschmolzene Schokolade nach und nach unter kräftigem Rühren mit dem Holzlöffel zugeben.

🍓 Die gemahlenen Mandeln und das mit dem Backpulver zusammen gesiebten Stärkemehl hinzufügen und alles gründlich miteinander vermengen. Die weiche Butter zugeben und weiterrühren (was auch für die Muskulatur gut ist).

🍓 Das Eiweiß mit dem Salz zu sehr steifem Schnee schlagen. 1 EL davon unter den Teig mengen, um ihn geschmeidiger zu machen, dann den Rest vorsichtig unterziehen, wie immer bei Eischnee von unten nach oben.

🍓 Den Teig in die Form füllen und in 20 bis 30 Minuten backen. Die Mitte soll cremig bleiben, die Ränder müssen fest geworden sein.

🍓 Noch warm stürzen. Wenn der Kuchen abgekühlt ist, mit Glasur überziehen: die restliche Schokolade mit 1 EL Wasser im Wasserbad schmelzen lassen, aus dem Wasserbad nehmen und gut mit der übrigen Butter verrühren, dann löffelweise den Puderzucker dazugeben, bis eine glatte, geschmeidige Masse entsteht. Über die Mitte des Kuchens geben und mit einem biegsamen Spatel gleichmäßig über Oberfläche und Ränder verteilen.

🍓 Wenn Sie zu faul sind, den Kuchen in dieser Weise zu vollenden, können Sie ihn kurz vor dem Servieren mit Puderzucker, den Sie durch ein Sieb geben, überstäuben. Das sieht auch hübsch aus, wirkt aber weniger sinnlich.

Es wäre schön, wenn Sie sich beim Genuß dieses Prachtstücks in Dankbarkeit an die Mayas erinnern würden, die in den Wäldern Yucatáns und Guatemalas den Strauch der Götter zu finden wußten, von dem *xocolatl* kam. Und an seinen göttlichen Gärtner Quetzalcoatl.

Der Honigkuchen, der sich im 10. Jahrhundert unter der Tang-Dynastie in China auf den Weg machte und auf komplizierten Umwegen über die Türkei, die arabischen Länder (dank Dschingis-Khan, der, wie Sie daraus sehen, nicht durch und durch schlecht gewesen sein kann), das heilige Land der Kreuzzüge und Rumänien schließlich im 16. Jahrhundert in Dijon ankam, wurde vom burgundischen Hof angemessen gefeiert. Heute wird er in dieser Stadt aus Weizenmehl gebacken, in Reims aus Roggenmehl, immer aber mit Honig. Hüten Sie sich vor dem Industrieprodukt, das sich diese Bezeichnung anmaßt, aber nur einen faden Abklatsch der Köstlichkeit darstellt, die Sie ohne weiteres zu Hause selber backen können. Hier also ein:

ECHTER GUTER HONIGKUCHEN

Das ganze Jahr über – für 2 bis 3 Kaffeestündchen

Ihr Einkaufszettel (für 2 Tage vorher):
60 g Butter + 1 walnußgroßes Stück für die Form
300 g Honig aus der Bretagne
(oder, wenn Sie es lieber so mögen:
150 g Honig und 150 g brauner Zucker, was Ihrem Kuchen einen flämischen Touch gibt)
300 g Weizen- oder Roggenmehl, oder
je nach Geschmack, eine Mischung aus beidem
je 1 TL von folgenden Zutaten: Backpulver, Natron,
Quatre-épices-Gewürzmischung (siehe Seite 309),
gemahlener Ingwer, gemahlener Zimt, Salz
1 Ei
$^1/_8$ l Vollmilch

Heizen Sie den Backofen vor (80 Grad/Gas Stufe 4). Legen Sie eine mit Butter gefettete Kastenform mit Pergamentpapier aus, das Sie mit zerlaufener Butter bepinseln.

Erwärmen Sie Butter und Honig bei sehr schwacher Hitze in einer Kasserolle. Etwas abkühlen lassen. In der Zwischenzeit sieben Sie das mit Backpulver und Natron vermischte Mehl in eine große Schüssel. Fügen Sie das Salz und sämtliche Gewürze zu und vermengen Sie alles miteinander. Dann kommen das geschlagene Ei und die Milch dazu, zuletzt der Honig mit der Butter.

🍓 Rühren Sie diesen ziemlich schweren Teig gründlich durch. Füllen Sie ihn in die Form. Der Kuchen wird 45 Minuten gebacken. Schalten Sie dann die Temperatur auf 50 Grad/Gas Stufe 3 herunter und lassen Sie ihn weitere 30 Minuten im Ofen. Eine Stricknadel, die man in die Mitte einsticht, soll feucht herauskommen, aber keine Teigspuren aufweisen.

🍓 Den Kuchen noch heiß stürzen. Gedulden Sie sich noch zwei Tage, ehe Sie ihn in Scheiben schneiden, die mit Butter bestrichen werden. Er paßt vorzüglich zum Tee. Wenn Sie möchten, können Sie 100 g ganze, abgezogene Mandeln oder in Streifen geschnittene, kandierte Orangen- oder Zitronenschale oder auch Zitronat dem Teig zufügen. Dies sind absolut köstliche Verfeinerungen.

Die **Quatre-épices-Gewürzmischung** besteht aus 125 g weißem Pfeffer, 30 g Ingwer, 10 g Nelken und 25 g Muskatnuß. Alle Gewürze fein mahlen oder bereits gemahlene Zutaten verwenden, gut miteinander mischen und trocken aufbewahren.

Eine anderes Gebäck, das zur Kaffee- oder Teestunde wie geschaffen scheint, ist der Cake (engl. für Kuchen; er ist sozusagen der Archetyp eines Kuchens). Ich gestehe den Briten das Verdienst zu, die besten Teekuchen der Welt zu machen. Vermeiden Sie auf jeden Fall das industriell hergestellte Produkt und backen Sie ihn lieber selber, wenn Sie Lust darauf haben. Weil es ziemlich langwierig ist, ihn zu machen, und er eine Woche lang aufbewahrt werden kann (im Prinzip, aber so lange halten Sie bestimmt nicht durch), rate ich Ihnen, gleich 2 davon zu backen.

Englischer Kastenkuchen

Das ganze Jahr über (eigentlich eher für den Winter gedacht, um sich gegen die Kälte zu behaupten)

🌶 *Ihr Einkaufszettel (für den Vortag):*
300 g Mehl + 2 EL
1 unbehandelte Orange
je 250 g Smyrna-Rosinen und -Korinthen
250 g weiche Butter
250 g Zucker, 6 Eier
1 Päckchen Backpulver
6 EL alter dunkler Martinique-Rum
3 EL Aprikosenmarmelade sehr guter Qualität

🍓 Über einer kleinen Schüssel, in die Sie 2 EL Mehl gegeben haben, die Schale einer gewaschenen und abgetrockneten Orange mit dem Zestenreißer raspeln. Die Rosinen dazugeben. (Bemehlt sinken die Früchte während des Backvorgangs nicht auf den Boden der Form.) In ein Sieb geben und überschüssiges Mehl aussieben.

🍓 Die Butter und den Zucker mit dem Handrührgerät schaumig schlagen. Die ganzen Eier einzeln nacheinander unter ständigem Rühren zufügen. Keine Sorge, wenn die Masse sich trennt, was meistens passiert. Kurz ins Wasserbad stellen und geduldig weiterschlagen, bis alles homogen ist.

🍓 Das mit dem Backpulver vermischte Mehl in die Schüssel sieben.

Jetzt mit dem Rührlöffel weiterrühren. Dann die bemehlten Rosinen und die Orangenschale hinzufügen und den Teig 30 Minuten in den Kühlschrank stellen.

🍓 Trinken Sie in der Zwischenzeit ein Schlückchen und rufen Sie Ihre Nichte an, um sie für den nächsten Tag zum Kaffee einzuladen. Schalten Sie den Backofen ein (250 Grad/Gas Stufe 8), fetten Sie die Kastenform aus (wenn Sie zwei davon haben, ist es einfacher, dann können Sie beide Kuchen gleichzeitig backen. Wenn nicht, ist es auch nicht schlimm, dann backen Sie sie eben nacheinander).

🍓 Wenn Ihre Form nicht antihaftbeschichtet ist, müssen Sie sie mit Pergamentpapier auslegen, weil der Teig für den Cake gern anklebt.

🍓 Geben Sie ihn in die Form (oder die Formen) und schieben Sie ihn für 50 Minuten in den Ofen. Die ersten 5 Minuten bei starker Hitze (250 Grad/Gas Stufe 8) backen, damit es den Kuchen heiß »erwischt«, dann 25 Minuten bei 170 Grad/Gas Stufe 6, und dann noch 20 Minuten bei 120 Grad/Gas Stufe 5, damit er gut durchgebacken wird. Testen Sie mit einer Stricknadel, mit der Sie in der Mitte des Kuchens einstechen: der Kuchen ist gar, wenn sie etwas feucht herauskommt, aber keine Teigspuren aufweist.

🍓 Den fertig gebackenen Kuchen aus dem Ofen nehmen und sofort mit dem Rum übergießen. Noch warm aus der Form stürzen.

🍓 Wenn Ihre Kuchen kalt sind, bereiten Sie den Überzug aus Aprikosenmarmelade zu, die Sie zuerst im Mixer fein pürieren und anschließend ein paar Sekunden aufkochen. Bepinseln Sie den Kuchen mit dem dickflüssigen Sirup.

🍓 Warten Sie einen Tag, bevor Sie mit Ihrer Nichte davon kosten. Er schmeckt dann viel besser. Was übrigbleibt, in Alufolie wickeln und bei Zimmertemperatur aufbewahren. Ich mag den Kastenkuchen lieber ohne kandierte Früchte; wenn Sie sie mögen, können Sie die Hälfte der Rosinen durch Früchte Ihrer Wahl ersetzen (gewöhnlich sind es kandierte Kirschen, Orangen- und Zitronenschale und Zitronat), die ebenso bemehlt werden. (Bei kandierten Früchten ist Vorsicht geboten: kaufen Sie sie nur in einem sehr guten Geschäft).
Wenn Sie auf Mandeln stehen, können Sie es damit genauso machen. Bei dem Wissensstand, den Sie jetzt haben, können Sie Ihrem eigenen Geschmack folgen und ihm anpassen, was ich Ihnen erzähle.

Sie müssen dieses Rezept nicht an die große Glocke hängen
(Leute, die um ihre Linie kämpfen müssen, könnten es Ihnen verübeln), aber in ihm erreichen bretonische Lebensart und Diätverachtung ihren Höhepunkt: es ist der

Guiscriff-Kuchen

Immer – für 1 bis 12 Personen

Ihr Einkaufszettel:
500 g Mehl
500 g gesalzene kalte Butter
500 g Zucker
12 Eier + 1 für die Glasur

🍓 Einfacher geht es nicht. Geben Sie das Mehl in eine große Schüssel. Schneiden Sie darüber die Butter in sehr kleine Stückchen, fügen Sie den Zucker und die Eigelbe hinzu (das Eiweiß verwenden Sie für ein anderes Rezept, zum Beispiel für Baisers). Verarbeiten Sie alles miteinander mit den Händen zu einem glatten Teig. Wenn Sie Ihre Finger ablecken, merken Sie, wie himmlisch er schmeckt. Jetzt besteht die hohe Wahrscheinlichkeit, daß Sie auf einen Sitz alles verputzen, roh und bis zum letzten Fitzelchen. Was ich schon mal gemacht habe. Aber es wird von Ihren Kuchenfreunden nicht gern gesehen werden.

🍓 Sie können den Teig aber auch in eine antihaftbeschichtete Tortenform füllen, die Oberfläche mit der Hand, die Sie unter kaltes Wasser gehalten haben, glätten und mit dem letzten Eigelb bestreichen. Mit der Gabel ein Gittermuster einzeichnen und im vorgeheizten Ofen (170 Grad/Gas Stufe 6) in etwa 1 Stunde kräftig goldbraun backen.

🍓 Der Kuchen ist genauso schwer und würzig wie der rohe Teig, aber ihn zu backen, gilt eben als zivilisierter. In einer Blechdose soll er sich lange halten. Ich kann dazu nichts sagen, denn damit fehlt mir die Erfahrung; bei mir hält er sich allerhöchstens zwei Tage.

Zum Abschluss

Wenn ich mich nun von Ihnen verabschiede, so habe ich dasselbe Gefühl, wie wenn ich mich von Freunden nach einem hervorragenden Abendessen verabschiede. Nachdem der Großteil meiner Freunde nicht kochen kann, treffen wir uns meist bei mir. Ihre Ignoranz und mein Know-how haben aus meinem Haus einen Ort gemacht, an dem sich alle wohl und glücklich fühlen, und wenn sie wieder nach Hause gehen, fühlen sie sich besser als vorher, dank der vergnüglichen Unterhaltung und der kulinarischen Genüsse, die ich für sie mit der Sorgfalt und Leichtigkeit zubereite, ohne die Kochen nur lästige Arbeit oder, noch schlimmer, katastrophaler Ehrgeiz wäre.

Ich koche nur für Leute, die ich mag, und denen ich aufrichtig dankbar dafür bin, daß sie dieses schlichte gemeinsame Vergnügen so zu schätzen wissen. Einige von ihnen äußerten im Laufe der Jahre den Wunsch, mehr über meine Küche zu erfahren, und so fing ich an, zunächst mit der Hand einige kleine Küchenratgeber zu schreiben, die mich schließlich auf die Idee zu diesem Buch brachten.

Danken möchte ich auch jenen »fachkundigen« Personen, dank derer die Arbeit in der Küche für mich heute zu einer umfassenden Geistesübung und einer Herausforderung an die Intelligenz wurde: der Historikerin Maguelonne Toussaint-Samat, deren Buch »Histoire naturelle et morale de la nourriture« (das mir der Verfasser des Vorwortes schenkte) zu den hervorragendsten Sachbüchern gehört, die ich kenne; Claude Lévi-Strauss, dessen Geist aus jeder der vorliegenden Seiten spricht; allen, die mich unterstützt und mir Ratschläge gegeben haben mit der ihnen eigenen Begeisterung und Fähigkeit, wie Thérèse, Martine, meine Nichte Alice, meine Schwägerin Elisabeth, mein Bruder Michel, meine Freundinnen Lydia und Manette und mein lieber Quentin; oder die mich mit ihrer vertrauensvollen Zuneigung und ihren Verkostungen unterstützt haben, wie zum Beispiel Franz, Jacques und Pierre.

Schließlich noch Dank an einige Freunde, die die Kochkunst gebührend zu schätzen wissen. Und nun gehören Sie auch dazu. Sie können mich nun gerne mal einladen.

Was Sie griffbereit haben sollten

Zutaten, die lange haltbar sind
- Mehl
- Reis: Basmati (Duftreis), Langkornreis aus der Camargue oder aus Madagaskar, *superfino* Arborio aus der Po-Ebene (Risotto-Reis) ...
- Nudeln aus *grano duro* (Hartweizengrieß): Spaghetti, Makkaroni, feine Tagliatelle ...
- Weizen- oder Maisgrieß
- Stärkemehl (z. B. Maizena)
- Backpulver
- Gelatineblätter
- Zucker (feiner Zucker, Hagelzucker, Puderzucker, Würfelzucker, Vanillezucker)
- Salz: feines Salz und grobes Meersalz (z. B. graues Salz aus Guérande)
- verschiedene Essigsorten: Sherry-Essig, Rotweinessig, Balsamessig, Cidre-Essig (oder Apfelessig), Branntweinessig
- Spirituosen: Rum, Marc, Cognac, Armagnac, Portwein, Marsala, Kirschgeist ...

Zutaten mit begrenzter Haltbarkeit
- getrocknete Hülsenfrüchte: weiße Bohnen, Linsen ...
- Trockenfrüchte: Smyrna-Rosinen, Korinthen, Aprikosen
- Öle: Olivenöl aus erster kalter Pressung, Walnußöl, Erdnußöl ...
- getrocknete Kräuter: Thymian, Rosmarin, Lorbeerblätter, Oregano, Bohnenkraut, Salbei ...
- Gewürze: verschiedene Pfeffersorten, milder Paprika, Chilischoten, Cayennepfeffer, Kardamom, Gewürznelken, Zimtstangen oder gemahlener Zimt, Muskatnuß, Safran, Bourbon-Vanillestangen, Madras-Curry ...

- weitere Würzzutaten: Senf aus Dijon, scharfes Mango-Chutney, Gewürzgurken und sauer eingelegte Silberzwiebeln, schwarze und grüne Oliven (natur) in Olivenöl...

Zutaten mit kurzer Haltbarkeit (bei Zimmertemperatur):
- Zwiebeln, Schalotten, Knoblauch
- Zitronen

Was Sie sonst noch benötigen
- Küchenpapier, Aluminiumfolie, Backpapier, Klarsichtfolie, Küchengarn und eine große Nadel

Ihre Küchenutensilien (einfach, aber von guter Qualität)
- einige Holzkochlöffel und -spatel zum Umrühren
- ein Holzbrett zum Aufschneiden
- einen Schaumlöffel und eine Suppenkelle
- einen Meßbecher, um die Zutaten abzumessen, die Sie häufig benötigen
- ein paar kleine, schmale, spitz zulaufende Gemüsemesser, ein paar Sparschäler und ein großes Messer
- einen Wetzstahl oder einen Schleifstein
- eine Knoblauchpresse aus Gußeisen
- einen Mörser mit einem Stößel aus Holz
- einen kleinen Schneebesen
- einen Zestenreißer (um die Schale von Zitrusfrüchten abzuziehen)
- eine stabile Haushaltsschere
- einen sehr guten gußeisernen Topf mit einem Deckel, der die Ofenhitze verträgt
- einen sehr guten breiten, niedrigen Topf (oder Bratpfanne)
- zwei antihaftbeschichtete Pfannen, eine kleine und eine große
- einige schwere Edelstahltöpfe in verschiedenen Größen
- einen schweren, großen Kochtopf zum Kochen
- zwei Schüsseln, eine große und eine kleine
- eine Bratpfanne
- eine mittelgroße Souffléform

- eine große Obstkuchenform, und eine mittelgroße Springform, bei der man den Boden herausnehmen kann, antihaftbeschichtet
- eine antihaftbeschichtete mittelgroße Kuchenform (23 x 25 x 15 cm)
- eine mittelgroße Kuchenform (22 cm) und noch eine größere Form, beide antihaftbeschichtet
- eine Terrinenform mit Deckel
- eine Flotte Lotte (Gemüsepresse)
- einen Elektro-Quirl
- ein Elektro-Zerhacker
- einen einfachen Mixer mit Schüssel
- eine Reibe, ggf. auch elektrisch, mit verschieden feinen Reibflächen
- ein feinmaschiges Sieb und ein großes Abtropfsieb zum Aufstellen
- eine Salatschleuder
- zwei hitzebeständige Küchenhandschuhe
- eine flache Zange.

Ich verabscheue Eierkocher und Kochautomaten: bei den einen kann man nichts sehen, die anderen berauben einen des Vergnügens, manuell mitzuhelfen. Im übrigen gilt: je kühner der Geist, desto konservativer ist der Geschmack. Bleiben wir also, dem Beispiel des vertrauenswürdigen Kaufmanns folgend, bei der Tradition und dem Kunsthandwerk.

Der Originalverlag dankt Francette Orin für ihre sachkundigen Ratschläge und ihre zutreffenden Hinweise.

Rezeptverzeichnis nach Sachgruppen

Salate

Auberginen in Öl 36
Auberginenkaviar 37
Champignonsalat 24
Chicorée mit Roquefort, Birne und Walnüssen 41
Echter Salat niçoise 30
Feldsalat mit roter Bete 20
Fenchel mit Schafskäse 38
Grünroter Salat 18
Gurkensalat 22
Karottensalat 40
Linsensalat 42
Melone 34
Paprika in Öl 35
Romanasalat mit Parmesan 16
Selleriesalat mit Crevetten 26
Taboulé 32
Tomaten mit Mozzarella oder Ricotta 28
Tomaten mit Thunfisch und/oder hart gekochten Eiern 29
Tomatensalat 27
Vinaigrette 20
Zucchini in Öl 36

Getreide

Grüne Gnocchi 58
Nudeln kochen 45
Penne mit Frischkäse 50
Polenta 60
Risotto alla Milanese 54
Risotto mit Basilikum 57
Risotto mit Safran 56
Risotto mit Waldpilzen 57
Spaghettata 46
Stroh und Heu mit Gemüse 48
Tagliatelle al Pesto 47
Tortellini »al magro« mit Salbei 51

Gemüse

Auberginen »alla Parmigiana« 90
Auberginen mit Schafskäse 88
Blumenkohlgratin 72
Bratkartoffeln 63
Brokkoli mit Butter 77
Cardy-Gratin 73
Gebratenes Frühlingsgemüse 82
Gedämpfter Lauch 96
Gefüllte Tomaten mit Basilikum 94
Karden-Gratin 73
Karotten mit Knoblauch 71
Karottenpüree 70
Kartoffelgratin 67
Kartoffelpüree 65
Kartoffelpüree mit Olivenöl 66
Kartoffelsorten auswählen 62
Lauch, gedämpft 96
Mangoldstiele als Beilage 264
Mein Ratatouille 92
Pellkartoffeln 64
Ratatouille, Mein 92
Rosenkohl mit Maronen 75

Rosenkohl-Frikassee 76
Rotkohlkompott 79
Selleriepüree 69
Spargel »alla Parmigiana« 80
Spargel kochen 80
Spinat mit Butter 84
Tomaten, gefüllt, mit Basilikum 94
Zucchinikuchen mit Basilikum 86

Saucen

Aioli 102
Echte Tomatensauce 52
Frische Knoblauchcreme 101
Leichte Mayonnaise 81
Meerrettichsauce 103
Rohe Tomatensauce 97
Rote Paprikasauce 98
Tomatensauce, echt 52

Suppen

Gazpacho 105
Geflügelbrühe selbstgekocht 56
Kürbiscremesuppe 104

Weichtiere, Krustentiere und andere Meeresfrüchte

Garnelencurry 122
Jakobsmuscheln auf Karottenstreifen 110
Jakobsmuscheln im Spinatkranz 112
Kalmare mit Oregano 118
Krustentiere in Brühe kochen 121
Krustentiere und ihre Zubereitung 120
Miesmuscheln auf Seemannsart 113
Queller (Salicorn) 125
Scampisalat 124
Seeigel 125
Spaghettini mit Muscheln 114
Wellhornschnecken im Sud 116

Frischer Fisch

Echte Bouillabaisse 150
Flan von weißem Fisch mit Basilikum 146
Goldbrasse mit Thymian 136
Holzkohlengrill 133
Kabeljau mit Estragon 142
Lachs auf »einseitige Art« 134
Lachstatar 129
Petersfisch mit Basilikum 144
Restaurants 135
Rotbarben in der Folie 140
Sardinen unter der Rosmarindecke 132
Seebarsch oder Wolfsbarsch 136
Seeteufel-Meurette 148
Seezungenfilets mit Zitrone 138
Thunfisch-Carpaccio 130
Thunfischsteak 137
Wolfsbarsch oder Seebarsch 136

Konservierter Fisch

Pochierter geräucherter Haddock 158
Stockfisch 159
Stockfischbrandade 160
Weiße Bohnen mit Thunfisch 155

*Geflügel
oder das kleine Tier*

Ente mit Marsala 168
Entenbrust mit Honig 166
Fasan im Wirsingbett 172
Gebratenes Hähnchen 178
Hähnchencurry 236
Hähnchen, gebraten 178
Hähnchen von Isabel und Diego
  mit Mandeln und Honig 180
Hähnchen-Waterzooi 182
Huhn im Topf 184
Kaninchen mit Backpflaumen 192
Kaninchen mit Tomaten in Aspik 188
Mariniertes Kaninchen 191
Perlhuhn mit Schalottenconfit 175
Perlhuhn mit Zitrone 176
Tauben mit grünen Erbsen 170

Fleischgerichte

Rindfleisch
Fleischbällchen in Tomatensauce 203
Gemischter Fleischeintopf 205
Haschee Parmentier 209
Keftedes 201
Marseiller Schmorfleisch 211
Rindfleisch im Ofen braten 200
Rindfleisch grillen oder braten 199
Rindfleisch-Carpaccio 198
Rindfleischsalat 208
Steak Tatar 197

Kalbfleisch
Kalbsrouladen »Bracioletti ripieni« 217
Leber »alla Veneziana« 223
Kalbsbries auf Gemüse 224
Kalbskotelett 215
Ossobuco 221
Schmortopf »Vitello all'uccelletto« 216
Vitello tonnato 219

Lamm
Lamm grillen oder braten 226
Lammcurry auf indische Art 232
Lammragout mit Karotten 230
Moussaka von Madeleine 228

Schwein
Baeckeoffe 245
Cassoulet 247
Gefüllte Paprika 238
Gefüllter Wirsing auf Hausmannsart 240
Lothringer Eintopf 242
Paprika, gefüllt 238
Wirsing, gefüllt, auf Hausmannsart 240

Eier
Basistechniken der Zubereitung 250
Hart gekochtes Ei 251
Omelett 252
Piperade 254
Rührei 251
Spiegelei 251
Weich gekochtes Ei 250

Käse
Börek 258
Goyère von den drei Brunnen 260
Mangoldpastete Nizza 262
Tiropita 257

Desserts, Kuchen und Torten

Apfelkuchen »verkehrt« – Tarte Tatin 283
Apfelmus 271
Aprikosenpüree 272
Arme Ritter 300
Backpflaumen in Portwein 273
Bester Schokoladenkuchen der Welt 306
Birnen in Rotwein 274
Brombeer-Heidelbeertorte 278
Crumble oder Krümelkuchen 275
Echter guter Honigkuchen 308
Englischer Kastenkuchen 310
Erdbeertorte 277
Gebrannte Creme 288
Gewürzreis 299
Guiscriff-Kuchen (bretonisch) 312
Honig-Charlotte 296
Honigkuchen, echter guter 308
Karamelcreme 292
Karmelitercreme 294
Käsekuchen 303
Milchreis 298
Mousse au chocolat 290
Orangen- oder Zitronentorte 281
Schnee-Eier 286
Schokoladenkuchen, der beste der Welt 306
Selbstgebackene Kuchen – Allgemeines 302
Suppe aus drei roten Früchten 268
Suppe aus vier roten Früchten 270
Tarte Tatin oder Apfelkuchen »verkehrt« 283
Zwetschgenkuchen 280
Zwetschgenpüree 272

Alphabetisches Rezeptregister

A

Aioli 102
Apfelkuchen »verkehrt« – Tarte Tatin 283
Apfelmus 271
Aprikosenpüree 272
Arme Ritter 300
Auberginen »alla Parmigiana« 90
Auberginen in Öl 36
Auberginen mit Schafskäse 80
Auberginenkaviar 37

B

Backpflaumen in Portwein 273
Baeckeoffe 245
Basistechniken der Zubereitung von Eiern 250
Bester Schokoladenkuchen der Welt 306
Birnen in Rotwein 274
Blumenkohlgratin 72
Bohnen, weiß, mit Thunfisch 155
Börek 258
Bouillabaisse, echt 150
Brandade, Stockfisch- 160
Bratkartoffeln 63
Bretonischer Guiscriff-Kuchen 312
Brokkoli mit Butter 77
Brombeer-Heidelbeertorte 278

C

Cardy-Gratin 73
Carpaccio 198
Cassoulet 247
Champignonsalat 24
Chicorée mit Roquefort, Birne und Walnüssen 41
Creme, gebrannt 288
Crumble oder Krümelkuchen 275

E

Echte Bouillabaisse 150
Echte Tomatensauce 52
Echter guter Honigkuchen 308
Echter Salat niçoise 30
Eier, hart gekocht 251
Eier, weich gekocht 250
Eintopf, Lothringer 242
Englischer Kastenkuchen 310
Ente mit Marsala 168
Entenbrust mit Honig 166
Erdbeertorte 277

F

Fasan im Wirsingbett 172
Feldsalat mit roter Bete 20

Fenchel mit Schafskäse 38
Flan von weißem Fisch mit
  Basilikum 146
Fleischbällchen in Tomatensauce
  203
Fleischeintopf, gemischt 205
Frische Knoblauchcreme 101
Frühlingsgemüse, gebraten
  82

G

Garnelencurry 122
Gazpacho 105
Gebrannte Creme 288
Gebratenes Frühlingsgemüse 82
Gebratenes Hähnchen 178
Gedämpfter Lauch 96
Geflügelbrühe selbstgekocht 56
Gefüllte Paprika 238
Gefüllte Tomaten mit Basilikum 94
Gefüllter Wirsing auf Hausmannsart
  240
Gemischter Fleischeintopf 205
Gewürzreis 299
Gnocchi, grün 58
Goldbrasse mit Thymian 136
Goyère von den drei Brunnen
  260
Grüne Gnocchi 58
Grünroter Salat 18
Guiscriff-Kuchen (bretonisch)
  312
Gurkensalat 22

H

Hähnchen von Isabel und Diego
  mit Mandeln und Honig 180
Hähnchen, gebraten 178

Hähnchencurry 236
Hähnchen-Waterzooi 182
Hart gekochtes Ei 251
Haschee Parmentier 209
Holzkohlengrill 133
Honig-Charlotte 296
Honigkuchen, echter guter
  308
Huhn im Topf 184

J

Jakobsmuscheln auf Karottenstreifen 110
Jakobsmuscheln im Spinatkranz
  112

K

Kabeljau mit Estragon 142
Kalbfleisch auf »Vögelchen«-Art
  (all'uccelletto) 222
Kalbfleisch mit Thunfischsauce
  218
Kalbsbries auf Gemüse 224
Kalbskotelett 215
Kalbsrouladen »Bracioletti ripieni«
  217
Kalmare mit Oregano 118
Kaninchen mit Backpflaumen
  192
Kaninchen mit Tomaten in Aspik
  188
Kaninchen, mariniert 191
Karamelcreme 292
Karden-Gratin 73
Karmelitercreme 294
Karotten mit Knoblauch 71
Karottenpüree 70
Karottensalat 40

Kartoffelgratin 67
Kartoffelpüree 65
Kartoffelpüree mit Olivenöl 66
Kartoffelsorten auswählen 62
Käsekuchen 302
Kastenkuchen, englisch 310
Keftedes 201
Knoblauchcreme, frisch 101
Krümelkuchen oder Crumble 275
Krustentiere in Brühe kochen 121
Krustentiere und ihre Zubereitung 120
Kuchen, selbstgebacken, Allgemeines 302
Kürbiscremesuppe 104

L

Lachs auf »einseitige Art« 134
Lachstatar 129
Lamm grillen oder braten 226
Lammcurry auf indische Art 232
Lammragout mit Karotten 230
Lauch, gedämpft 96
Leber auf venezianische Art 223
Leichte Mayonnaise 81
Linsensalat 42
Lothringer Eintopf 242

M

Mangoldpastete Nizza 262
Mangoldstiele als Beilage 264
Mariniertes Kaninchen 191
Marseiller Schmorfleisch 211
Mayonnaise, leicht 81
Meerrettichsauce 103
Mein Ratatouille 92
Melone 34
Meurette vom Seeteufel 148
Miesmuscheln auf Seemannsart 113
Milchreis 298
Moussaka von Madeleine 228
Mousse au chocolat 290

N

Nudeln kochen 45

O

Omelett 252
Orangen- oder Zitronentorte 281
Ossobuco 221

P

Paprika in Öl 35
Paprika, gefüllt 238
Pellkartoffeln 64
Penne mit Frischkäse 50
Perlhuhn mit Schalottenconfit 175
Perlhuhn mit Zitrone 176
Petersfisch mit Basilikum 144
Piperade 254
Pochierter Smoked Haddock 158
Polenta 60

Q

Queller (Salicorn) 125

R

Ratatouille, Mein 92
Restaurants 135
Rindfleisch grillen oder braten 199
Rindfleisch im Ofen braten 200
Rindfleisch-Carpaccio 198
Rindfleischsalat 208
Risotto alla Milanese 54
Risotto mit Basilikum 57
Risotto mit Safran 56
Risotto mit Waldpilzen 57
Rohe Tomatensauce 97
Romanasalat mit Parmesan 16
Rosenkohl mit Maronen 75
Rosenkohl-Frikassee 76
Rotbarben in der Folie 140
Rote Paprikasauce 98
Rotkohlkompott 79
Rouladen, gefüllt, auf italienische Art 216
Rührei 251

S

Salat niçoise, Echter 30
Salat, grünrot 18
Sardinen unter der Rosmarindecke 132
Scampisalat 124
Schalottenconfit zu Perlhuhn 175
Schmorfleisch, Marseiller 211
Schmortopf »Vitello all'uccelletto« 216
Schnee-Eier 286
Schokoladenkuchen, der beste der Welt 306
Seebarsch oder Wolfsbarsch 136
Seeigel 125
Seeteufel-Meurette 148
Seezungenfilets mit Zitrone 138
Selbstgebackene Kuchen – Allgemeines 302
Selbstgekochte Geflügelbrühe 56
Selleriepüree 69
Selleriesalat mit Crevetten 26
Spaghettata 46
Spaghettini mit Muscheln 114
Spargel »alla Parmigiana« 80
Spargel kochen 80
Spiegelei 251
Spinat mit Butter 84
Steak Tatar 197
Stockfisch 159
Stockfischbrandade 160
Stroh und Heu mit Gemüse 48
Suppe aus drei roten Früchten 268
Suppe aus vier roten Früchten 270

T

Taboulé 32
Tagliatelle al Pesto 47
Tagliatelle grün und weiß mit Erbsen-Sahne-Sauce 48
Tarte Tatin oder Apfelkuchen »verkehrt« 283
Tatar vom Lachs 129
Tatar, Steak- 197
Tauben mit grünen Erbsen 170
Thunfisch-Carpaccio 130
Thunfischsteak 137
Tiropita 257
Tomaten mit Mozzarella oder Ricotta 28
Tomaten mit Thunfisch und/oder hart gekochten Eiern 29
Tomaten, gefüllt, mit Basilikum 94

Tomatensalat 27
Tomatensauce, echt 52
Tortellini »al magro« mit Salbei 51

V

Vinaigrette 20
Vitello tonnato 219

W

Waterzooi, Hähnchen- 182
Weich gekochtes Ei 250
Weiße Bohnen mit Thunfisch 155
Weißfisch-Flan mit Basilikum 146
Wellhornschnecken im Sud 116
Wirsing, gefüllt, auf Hausmannsart 240
Wolfsbarsch oder Seebarsch 136

Z

Zitronen- oder Orangentorte 281
Zucchini in Öl 36
Zucchinikuchen mit Basilikum 86
Zwetschgenkuchen 280
Zwetschgenpüree 272

Gesunde Küche leichtgemacht

Eve Marie Helm
Feld-, Wald und Wiesen-Kochbuch
07/4295

Anita Höhne
Medizin am Wegesrand
Die Heilkraft der Kräuterküche
07/4700

07/4700

Anita Höhne
Dr. Leonard Hochenegg
Zauberkraft Saft
Frisch gepreßte Obst-, Gemüse- und Kräutersäfte
07/4704

Amadea Morningstar
Urmila Desai
Die Ayurveda-Küche
Eine harmonische Ernährungsweise zur Stärkung des Energiesystems von Körper und Seele
07/4633

Rose-Marie Nöcker
Fit mit Rohkost
Sonne essen – ungekocht
150 Rezepte zur Rohkosttherapie
07/4689

Ursula Paschen
Fit durch Trennkost
Alles über die gesunde Ernährungsform mit zahlreichen Rezepten
07/4653

Vegetarische Trennkost
Neue Trennkost-Rezepte für alle, die lieber fleischlos essen
07/4679

H e y n e - T a s c h e n b ü c h e r

Die gute Küche

Das Standardwerk österreichischer Kochkunst von Ewald Plachutta, Dreihaubenkoch in Wien, und Christoph Wagner, Österreichs meistgelesenem Gourmetkritiker.

07/4694

Heyne-Taschenbücher

Die große Kochbuch-Spezialsammlung

Praktisch, handlich, preiswert

Cornelia Adam
Preiswerte Gerichte mit Pfiff
Rezepte für jeden Tag, Gästemenüs und Partyideen
07/4699

Rotraud Degner
Schnell ein Essen für uns zwei
Das Kochbuch für Eilige
07/4661

Rotraud Degner
Fische und Meeresfrüchte
150 ausgewählte internationale Rezepte
07/4698

Kenneth Lo
Das Wok-Kochbuch
Über 100 Originalrezepte
07/4619

Barbara Rias-Bucher
Internationale Reisküche
Viele Rezepte von herzhaft bis süß und allerlei Wissenswertes rund um den Reis
07/4701

07/4701

Heyne-Taschenbücher